서술원리, 논술원리 1

서술은 매듭-풀이다

구연상 · 김원명

HUFS BOOKS

지은이의 말

논술에 관한 책을 쓰는 까닭은 어디에 있을까? 논술에 관한 책은 '어떤 주제에 대해 실제로 논술하는 책'과는 다르다. 이는 '한국말을 말할 줄 아는 것'과 '그 앎의 까닭을 말할 줄 아는 것'이 서로 다른 것과 같다. 논술 책을 쓰는 까닭은 우리가 이제까지 써 왔던 논술의 목적, 구조, 방법 등에서 어떤 문제를 발견했고, 그것을 바로잡음으로써 보다 나은 논술 습관을 갖도록 해 주기 위한 것이다.

이 책의 가장 큰 특징은 **한자투성이의 논술 개념어들을 토박이 갈말로** 바꾸고, 그 갈말들에 대한 뜻매김을 낱낱이 풀이했다는 점이다. 한자로 된 갈말, 보기를 들어, 논술(論述)은 그 쓰임에는 아무런 어려움이 없지만, 그 낱말의 뜻은 사전을 통해서도 쉽사리 밝혀지지 않을 뿐 아니라, 별도의 한자 공부를 통해 문리를 터득할 때에야 비로소 올바로 이해할 수 있다. 만일 우리가 논술의 낱말 뜻을 '주어진 말글의 올바름을 따져 (그 따진 바를 말글로써) 풀이하는 일'로서 새길 수 있다면, 우리는 논술을 보다 쉽게 그리고 보다 잘 이해할 수 있게 된다. 이 책에서 이러한 방식으로 바꾼 갈말을 표로 나타내면 아래와 같다.

한자낱말 (쪽수)	토박이 갈말 (쪽수)	짤막 뜻매김 (쪽수)
견해(見解) (2권 237)	보는 바 (2권 237)	보는 마당에서 '눈에 보이는 전체'와 '그것으로부터 미루어 보이는 전체'를 한데 동여맨 것(2권 237)/어떤 것을 자신이 처한 입장에서 보고, 그 본 바를 통해 무엇인가를 미루어 보는 모든 것(2권 240)

한자낱말 (쪽수)	토박이 갈말 (쪽수)	짤막 뜻매김 (쪽수)
결론(結論) (2권 253)	끝맺기 (2권 253)	주어진 물음에 대한 올바른 대답을 찾아온 자신의 전 과정을 마무리하는 곳(2권 253)
구성(構成) (1권 150)	짜임새 (1권 150)/ 짜임틀 (2권 247)	맞춤 조각들이 따로 흩어지지 않도록 할 뿐 아니라 그 짜인 것들이 '하나'의 모양이나 기능을 이루도록 하는 것(1권 150)/ 글 전체를 그것의 시작 부분과 중간 부분 그리고 끝 부분으로 기능적 또는 영토적으로 나누기 위한 틀(2권 247)
귀납법 (歸納法) (2권 158)	끄집어들이기 (2권 158)	작은 생각들로부터 큰 생각을 빚어내는 것(2권 158)
근거(根據) (2권 194)	뒷받침말 (2권 194)	어떤 일이 일어나는, 그 일을 뒷받침하는 바탕(1권 118)/나무와 같은 것이 서 있기 위한 뿌리이자 그 뿌리가 뿌리내리고 있는 터와 자리(2권 151)
근원(根源) (1권 116)	비롯-자리 (1권 116)	어떤 것의 있음의 첫자리(1권 116)
논(論) (2권 59)	따지기 (2권 60)	올바른 뜻을 드러내고 참거짓을 가려 밝히는 일(2권 59)/서로 뒤엉켜 있거나 흐트러져 있던 것들을 따로 또는 함께 '갈라-묶는-것'(2권 61-62)
논술(論述) (2권 64)	따져 풀기 (2권 64)	'주어진 말글의 올바름을 따져 (그 따진 바를 말글로 써) 풀이하는 일'(2권 64)
논점(論點) (2권 184)	따질 점 (2권 184)	따지기 위해 물어진 문제점(2권 184)
논지(論旨) (2권 105)	마침내 말하고자 하는 바 (2권 105)	자신이 말한 바로써 뜻하고자 하는 바(2권 105)
단어(單語) (1권 110)	낱말 (1권 110)	뜻과 소리와 문맥의 꾸러미(1권 111)
대화(對話) (1권 179)	말-나누기 (1권 179)	서로의 관심이나 흥미 또는 이해관계가 맞아떨어지는 말거리에 대해 이야기를 함께 나누는 것(1권 179)

한자낱말 (쪽수)	토박이 갈말 (쪽수)	짤막 뜻매김 (쪽수)
독(讀) (2권 71)	읽기 (2권 71)	'글 속에 심긴 뜻의 씨앗'을 솟아나게 하는 것(2권 71)/글에 쓰인 것을 '말로써 알려 주는 것'(2권 72)
동사(動詞) (1권 128)	으뜸-풀이말 (1권 128)	매듭의 때의 갖가지 모습들을 나타내는 것(1권 129)
동의(同義) (2권 255)	의견-같이하기 (2권 255)	저마다의 '나의 입장'과 서로를 한데 아우를 수 있는 '우리의 입장'이 같은 것(2권 255)
리(理) (1권 115)	다스림 (1권 115)	모든 것이 그 본모습을 잃지 않도록 다스리는 것(1권 115)
목적어 (目的語) (1권 122)	맞말 (1권 122)/ '맞-걸림-말' (1권 122)	씨줄로서 날줄의 일을 함께 마주하는 것(1권 122)
묘사(描寫) (1권 142)	그려내기 (1권 142)	눈으로 보았거나 마음으로 느낀 바를 독자로 하여금 더불어 볼 수 있도록 해 주는 표현법(1권 142)
방법(方法) (1권 169)	길잡이 (1권 169)	나란히 놓인 여러 길들 가운데 잘못된 길을 버리고 바른길을 가도록 이끌어 주는 것(1권 169)
본론(本論) (2권 252)	풀어내기 (2권 252)	자신의 '보는 바'를 풀어내는 단계(2권 252)
부사(副詞) (1권 127)	버금-풀이말 (1권 127)	그 자체로는 풀이의 짜임새가 온전히 갖춰질 수 없는 풀이말(1권 127)
분류(分類) (1권 211)	갈래-나누기 (1권 211)	서로 다른 갈래들끼리는 따로 갈라놓지만 같은 갈래에 속하는 것들끼리는 한데 묶는 일(1권 211)
사건(事件) (1권 229)	벌어진 일 (1권 229)	묻혀 있던 어떤 일의 터짐(1권 229)
사유(思惟) (1권 53)	생각, 생각하기 (1권 53)	생각은 말과 글의 질서로 통제될 수도 있지만, 그것의 통제를 벗어날 수도 있다. 생각은 그림, 노래, 기호 등으로 이루어질 수도 있다.(1권 53)

한자낱말 (쪽수)	토박이 갈말 (쪽수)	짤막 뜻매김 (쪽수)
상상력 (想像力) (1권 109)	모습-짓기 (1권 109)	어떤 것의 '생생-모습'을 현재의 현실 속에 하나의 작품으로 지어내는 힘(1권 109)
서론(序論) (2권 252)	들어가기 (2권 252)	문제 속으로 들어가는 단계(2권 252)
서술(敍述) (1권 98)	차례풀이 (1권 98)/ 매듭풀이 (1권 101)	'말할 거리를 말로써 풀어내는 일'이자 그렇게 풀어낸 말을 '말이 되도록 이어나가는 일'(1권 98)/어떤 것을 매인 상태로부터 자유롭게 놓아주는 일(1권 101)/'생생-모습'을 말의 꼴로 바꿔 주는 기술(技術)(1권 113)
소통(疏通) (1권 69)	사무침 (1권 69)/ 함께-나누기 (2권 183)	말글로써 함께 나누고자 하는 바가 막힘없이 오고갈 수 있는 상태(1권 69)/서로가 서로의 말글을 막힘없이 함께 나누는 일(2권 183)
술어(述語) (1권 98)	풀이말 (1권 98)	'생생-모습'을 갈래갈래 풀어낸 말(1권 118)/매듭말을 가닥가닥 줄지어 엮어 놓은 말(1권 118)/'매듭-말'에서 엮어낼 수 있는 것(1권 124)/'그때마다 이미 앞선 물음에 대한 하나의 대답'(1권 126)
시작(始作) (1권 172)	처음닫기 (1권 172)	처음의 자리를 만들어 내거나 가운데 자리로 넘어가기 전까지를 달려가는 일(1권 172)
어간(語幹) (1권 128)	풀이말-머리 (1권 128)	매듭이 풀려 나갈 방향(方向)을 가름하는 것(1권 128)
어미(語尾) (1권 128)	풀이말-꼬리 (1권 128)	머리에 달라붙어 풀이말을 휘어지거나 구부러질 수 있게 해 주는 마디(1권 128)
언어(言語) (1권 111)	말 (1권 111)	낱말들로써 말거리의 '생생-모습'을 마름질하는 것(1권 111)
연역법 (演繹法) (2권 158)	끄집어내기 (2권 158)	큰 생각으로부터 작은 생각을 이끌어내는 것(2권 158)

한자낱말 (쪽수)	토박이 갈말 (쪽수)	짤막 뜻매김 (쪽수)
요약(要約) (2권 66)	글줄이기 (2권 66)	글월(문장, 文章)의 의미가 달라지지 않는 한에서 글월의 길이를 짧게 줄이는 기술(2권 67)
원(原) (1권 114)	으뜸 (1권 114)	여럿 가운데 가장 뛰어난 것이나 순서에서 첫째가는 것(1권 115)
원리(原理) (1권 114)	으뜸바탕 (1권 117)/ 밑바탕 (1권 117)	앎(주어진 물음에 대한 올바른 대답)의 밑바탕이자 물음거리 그 자체의 본질과 근원 그리고 변화의 밑바탕(1권 117)
유래(由來) (1권 124)	말미 (1권 124)	다른 일로 말미암아 얻는 겨를 또는 어떤 일을 한 까닭(1권 124)
의(意) (1권 62)	뜻 (1권 62)	낱말과 같은 것에 의해 '가리켜진 사물'이나 낱말을 통해 '드러난 모든 것'(1권 62)
의미(意味) (1권 68)	저마다의 뜻 (1권 68)	뜻을 구체적으로 경험한 내용(1권 68)
의의(意義) (1권 68)	떳떳한 뜻 (1권 68)	모두에게 공통된 떳떳하거나 객관적인 뜻(1권 68)
이미지 (image) (1권 106)	생생-모습 (1권 107)	시들거나 죽지 않고 힘이 넘치게 살아 있는 모습, 따라서 죽음을 이기고 빛의 하늘로 힘차게 솟아오를 때의 모습(1권 108)
인용(引用) (1권 51)	뽑아오기 (1권 51)/ 따오기 (2권 85)	뽑아오기는 남의 글에서 특정 부분만을 옮겨 적는 것으로서 뽑아온 글과 자신의 글 사이의 통일성, 일관성, 완결성을 갖추어야 한다.(1권 51-52)/어떤 책이나 글로부터 글월(문장, 文章) 자체를 '따오는 일'(2권 85)
입장(立場) (2권 239)	처한 자리 (2권 239)	누군가 맞닥뜨린 고유한 상황, 즉 당사자로서 겪어야 하는 처지(處地)(2권 239)
쟁점(爭點) (2권 186)	다툴 점 (2권 186)	하나의 문제를 서로 다른 논점을 통해 접근하는 사람들 사이에서 벌어지는 논증 다툼(2권 186)

한자낱말 (쪽수)	토박이 갈말 (쪽수)	짤막 뜻매김 (쪽수)
전제(前提) (2권 194)	앞들이 (2권 194)	앞서 받아들인 것(2권 194)
정의(定義) (1권 105)	뜻-앉히기 (1권 105)	어떤 것의 올바른 뜻을 앉히는 것, 그로써 그것이 무엇인지 알게 해 주는 것(1권 105)
조사(助詞) (1권 119)	이음-걸이 (1권 119)	글월의 씨줄과 날줄을 갈라 줄 뿐 아니라, '매듭-줄'의 기능과 의미까지 규정하는 것(1권 119)
조율(調律) (1권 126)	다스름 (1권 126)	다툼을 가다듬는 일(1권 126)
주어(主語) (1권 98)	임자말 (1권 98)/ 씨줄말 (1권 119)	테두리를 둘러 이야깃거리를 한정하는 상수(常數) 노릇을 하는 말(1권 119)
주장(主張) (2권 194)	내세움-말 (2권 194)	자신의 의견을 옳은 것으로 내세워 앉힌 말(2권 194)
증명(證明) (2권 150)	밝히기 (2권 151)	어떤 것의 뒷받침을 드러내 보이는 일이자 그것이 드러날 수 있는 조건을 마련해 주는 것(2권 151)/옳고 그름에 대한 판정(判定)의 올바름(정당성)을 끌어 모으는(종합) 일(2권 152)/숨겨져 있던 것을, 그것이 겉으로 드러나도록, 그리고 모두가 그것을 분명히 볼 수 있도록, 아울러 그 자체로 온전한 짜임새를 갖춘 구체적 형태(말글, 행동 등)로써 나타내는 것(2권 183)
지식(知識) (1권 64)	앎 (1권 64)	주어진 물음에 대한 올바른 대답(1권 64)
추론(推論) (2권 61)	이끌어내기 (2권 61)	따지기의 한 방식으로서 "전제(근거)로부터 결론(주장)"을 이끌어 내는 과정(이끌어내기)(2권 61)
추리(推理) (2권 157)	미루어보기 (2권 157)	옳다고 여겨진 '하나의 앞선 생각'으로부터 '또 다른 생각'을 올바로 미루어 헤아림(2권 157)

한자낱말 (쪽수)	토박이 갈말 (쪽수)	짤막 뜻매김 (쪽수)
치(致) (2권 56)	다다름 (2권 56)	처음에 목적했던 바를 그 길을 가는 가운데 떨어져 나가거나 그만두는 일 없이 고스란히 이루어내는 일 (2권 56)
클라이 맥스 (1권 173)	고비-마루 (1권 173)	고비는 이야기 흐름이 읽으미를 흥분과 긴장 속으로 몰아가는 대목을 뜻하고, 마루는 이야기 물결이 절정에 다다른 자리를 말한다.(1권 173)
평가(評價) (2권 211)	값-매김 (2권 212)	가격 또는 가치의 매김(2권 211)
합의(合意) (2권 254)	의견-맞음 (2권 255)	서로의 의견이 맞아떨어지는 일(일치, 一致) 또는 맞아떨어진 의견(2권 254)
합의(合議) (2권 254)	의견-맞춰보기 (2권 254)	서로 의견이 다른 사람들이 의견의 일치를 보기 위해 저마다의 의견을 주고받는 일(2권 254)
활용(活用) (1권 128)	풀이말-갈아쓰기 (1권 128)	그때에 맞춰 '풀이말의 옷'을 갈아입히는 것(1권 128)
hypertext (2권 70)	넘나들이-글 (2권 70)	글의 짜개(낱말, 그림, 동영상)가 같은 글이나 다른 글 또는 특정한 데이터베이스의 짜개들과 직접 연결되어 있어 사용자가 그 이어진 곳을 넘나들 수 있도록 짜인 글
network (2권 70)	그물짓기 (2권 70)	서로 정보를 주고받을 수 있는 길을 그물처럼 짜나가거나 그렇게 짜인 그물

우리가 말을 바꾸는 까닭은 단지 쓰임의 편리함만을 위한 게 아니라 학문성을 위한 것이기도 하다. 학문이 '올바른 앎의 틀'을 촘촘히 그리고 탄탄하게 짜나가는 일이라면, 우리는 이러한 말 바꾸기를 통해 '올바른 앎'을 더 찾아낼 수 있을 뿐 아니라, 그렇게 발견된 앎의

틀을 보다 참답게 짜나갈 수 있다. 보기를 들자면, "견해 논술의 원리"에 대한 그동안의 설명은 아주 빈약했는데, 우리가 견해를 '본 바'와 '보는 바' 그리고 '미루어 보는 바'로 나눌 수 있게 됨으로써 견해의 구조가 보다 뚜렷하게 밝혀졌고, 더 나아가 "견해를 펼치다."라는 단순한 말로부터 들어가기, 풀어내기, 끝맺기로 짜인 '흐름잡기'와 논증 평가와 논박 그리고 견해 다툼으로 짜인 '맞춰-나가기'의 구조가 드러났다. 이러한 해명은 학문적으로 매우 중요한 성과이다.

이 책이 쓰인 방법은 지은이가 자신의 생각을 자유롭게 펼치는 방식을 가능한 한 피하고 대신 말이 말하는 바—그 말이 한자로 된 말이든, 아니면 토박이 우리말로 된 말이든지 간에—를 끝까지 귀를 기울여 듣는 것이었다. 이 책은 눈이나 손으로 쓰였다기보다 귀로써 쓰였다고 할 수 있다. 우리는 이 책에 쓰인 낱말들 하나하나가 모두 저마다의 목소리를 잃지 않도록 하기 위해 갖은 애를 썼다. 우리는 이 책에서 무엇보다 서술과 논술의 원리에 관한 말의 목소리를 깊이 있게 듣고자 했다. 여러분 또한 이 글에 쓰인 글 자체를 읽으려 하기보다는 글을 통해 말하는 말의 목소리를 자신의 귀로써 듣고자 할 필요가 있다.

이 책의 예상 독자는 글쓰기나 책읽기 또는 논술을 가르치는 선생님으로 맞춰져 있다. 가르치는 사람은 스스로 먼저 자신이 가르치는 바를 잘 알고 있어야 할 뿐 아니라, 자신의 앎의 근거들까지 올바로 갖춰야 한다. 원리는 이러한 근거들의 근거로서 선생님이 관련 개념들에 대한 학생의 이해를 높이고, 더 나아가 선생님이 자신의 가르치는 바를 학생들이 받아들이도록 설득하는 데 필수적이다. 하지만 배움의 자리에 앉은 사람 또한 자신이 배우고자 하는 것의 원리를 깨우

침으로써 그 배울 바를 더 잘 배울 수 있고, 나아가 배운 바를 더 잘 써먹을 수 있게 된다.

이 책이 **두 권(卷)으로 나뉜 까닭**은 두 가지이다. 첫째는 이 책이 한 권으로 만들어질 경우 그 두께가 너무 두꺼워진다는 점이었고, 둘째는 이 책에서 다루어지는 글쓰기의 목적과 서술 원리 그리고 논술 원리가 일종의 층층다리 관계에 놓여있다는 점이었다. 이 책의 각 권이 분명 별도의 책은 아니지만, 글쓰기의 목적과 서술 원리가 논술 원리의 기초가 된다는 점에서, 바꿔 말해, 논술 원리가 글쓰기의 목적이나 서술 원리에 대한 직접적 이해 없이도 설명될 수 있다는 점에서 각 권은 차이성을 갖는다. 이 책의 첫째 목적이 비록 서술 원리와 논술 원리를 가능한 한 토박이 우리말로써 뼈맞춤을 하듯 통일적으로 밝혀내는 데 있긴 하지만, 우리는 이러한 편집상의 편리성과 내용상의 차이성을 살리기 위해 분권을 선택했다.

만일 여러분이 한국 사회가 처한 글쓰기 현실이나 우리들의 글쓰기 목적에 대한 철학적 성찰에 큰 관심이 없다면, 여러분은 **제1권**의 첫째 뭇(글쓰기와 사무침)을 건너뛴 채 서술 원리(둘째 뭇)부터 읽어도 좋을 것이다. 여기서 여러분은 서술에 관한 새로운 철학적-문학적 설명을 듣게 된다. 더 나아가 만일 여러분이 문학적 서술이나 글쓰기의 기초에 대한 관심이 적고 논술 시험이나 논술의 실제를 위한 이론적 설명이 긴급히 필요하다면, 여러분은 이 책의 **제2권** 논술 원리부터 읽는 게 나을 것이다. 여기서 여러분은 논술의 주요 개념들에 대한 시원한 우리말 풀이로써 펼쳐지는 철학적 설명을 듣게 될 것이다.

<이 책의 얼개(구성)에 대해>

우리는 이 책에서 **책의 차례를 짜는 갈말들**을 새롭게 선보인다. 책의 짜임새는 글이 한 줄 한 줄 서로 촘촘히 엮이는 방식을 앞서 정해 줄 뿐 아니라, 아울러 그렇게 엮인 글월들이 전체적으로 통일성을 갖도록 해 준다. 이러한 짜임새의 큰 줄기 또는 틀을 우리는 "얼개"라 부를 수 있다. 얼개는 줄기이자 틀로서 글의 흐름을 비로소 이루어 주는 것일 뿐 아니라 글들을 그 흐름에 맞춰 차례차례 엮어나가기 위한 뼈대이다. 자동차의 얼개가 그것의 기능과 부품들의 자리 그리고 전체적 모양을 결정짓듯 글의 얼개는 엮이는 글들 사이의 기능적 관계와 글 자체의 길이 그리고 글 전체의 목적에 맞춘 차례를 정해 준다.

글의 얼개는, 그것이 글의 흐름을 결정하는 한, 글쓰기의 형식을 바꿔 놓을 수 있다. 이 책의 얼개를 나타내는 낯선 갈말들은 그것들이 함께 맞물려 쓰일 때 글의 짜임새를 좀 더 탄탄하게 만들어 줄 것이다. 이러한 갈말들과 그것들 사이의 연관성을 밝히는 일 자체가 글쓰기를 위해 매우 중요한 작업이 될 것이다. 하지만 여기서 우리는 그 갈말들의 핵심 의미만을 이 책의 얼개를 보기로 하여 짧게 밝혀 놓고자 한다. 책(冊)은 지어진 것으로서 글이나 그림 또는 표(表)가 적힌 종이가 한데 엮인 것을 말한다. 엮음에는 순서와 차례가 있게 마련이고, 차례를 갖춘 엮음을 우리가 "지음"이라 부를 수 있다면, 지은이는 책을 쓴 사람으로서 그 지음의 차례, 즉 흐름 얼개를 가지런히 짜나갈 수 있어야 한다. 다음은 이러한 흐름의 단계들과 그에 대한 갈말들을 소개한 내용이다.

책은 글들이 한데 엮여 묶인 '글-뭉치'를 말한다. '글-뭉치'로서의 책은 한 벌로 된 것일 수도 있고, 여러 벌로 묶인 것일 수도 있다. 책은 그 묶이는 글의 크기에 따라 그 벌의 수가 늘어날 수 있다. **권**은 책이 엮인 한 벌, 또는 그것을 세는 단위이다. 한 권의 책도 한 벌의 옷이 위와 아래가 구분될 수 있듯 내부적으로 여럿으로 나뉠 수 있다. **뭇**은 본디 여럿을 한데 매어 한 덩어리로 만든 것 또는 그것을 세는 단위를 뜻하지만 여기서는 벌로써 묶인 책이 그 안에서 다시 여러 덩어리로 나뉠 때의 그 몫을 말한다. 우리는 뭇을 그 순서에 따라 "첫째 뭇" 또는 "뭇 1."처럼 적는다. 우리의 이 책은 2권 3 뭇으로 이루어져 있다.

첫째 뭇은 글쓰기의 목적이 어디에 있는지를 밝힌다.
둘째 뭇은 글쓰기의 기초인 서술의 원리가 무엇인지를 밝힌다.
셋째 뭇은 논술의 원리를 요약, 논증, 견해로 갈라 다룬다.

나누기는 하나의 덩어리를 여럿으로 쪼개 놓는 것을 뜻하는데, 여기서는 뭇을 여럿으로 갈라, 그 갈린 갈래들을 따로 노느어 놓은 것, 또는 그것을 세는 단위를 말한다. 우리는 나누기를 그 순서에 따라 "첫 번째 나누기" 또는 "나누기 1."처럼 적는다.

첫 번째 뭇은 셋으로 나뉜다.
첫 번째 나누기는 글쓰기 제도에 받아들여진 글쓰기 목적의 문제점을 다루었고,
두 번째 나누기는 글쓰기의 본질과 목적을 밝혔으며,

세 번째 나누기는 참 글쓰기로서의 사무침 글쓰기를 설명했다.

두 번째 묫은 나누기 넷부터 여덟까지 다섯으로 나뉜다.

네 번째 나누기는 서술의 뜻과 그 대상이 되는 '생생-모습(이미지)'의 관계를 드러냈고,

다섯 번째 나누기는 '매듭-풀이'로서의 서술이 '드러내-보임'의 원리로써 이루어짐을 내보였으며,

여섯 번째 나누기는 사물 그려내기와 느낌 풀이 등의 서술의 다양한 짜임 방식을 설명했고,

일곱 번째 나누기는 서술의 일반적 방법을 탐구하고,

여덟 번째 나누기는 얼굴과 사물 그리고 사건에 대한 서술의 보기들을 풀이했다.

세 번째 묫은 나누기 아홉부터 열둘까지 넷으로 나뉜다.

아홉 번째 나누기는 논술의 개념과 그 다섯 가지 성격을 밝혔고,

열 번째 나누기는 '틀리지-않음'이 '글-줄이기'의 원리가 됨을 증명하고, 줄이기의 세 방법(골자추리기, 논지잡기, 벼리당기기)을 설명했으며,

열한 번째 나누기는 논증이 '따지기와 밝히기'로 풀이될 수 있음으로 내보이고, 논증의 원리로서 '똑바로 갈라놓기와 올바로 나타내기'를 설명했으며,

열두 번째 나누기는 견해를 '보는 바'로 새길 수 있음을 드러내고, 그것의 원리가 '흐름잡기와 맞춰나가기'임을 밝혀냈다.

도막은 길이를 가진 어떤 것을 짤막한 크기로 잘랐을 때 떨어져 나온 토막을 뜻한다. 여기서 도막은 나누기를 여럿으로 잘게 쪼갠 것, 또는 그것을 세는 단위를 말한다. 우리는 도막을 그 순서에 따라 "첫 번째 도막" 또는 "도막 1."과 같이 적는다. **마디**는 도막이 끊기는 자리를 나타낸다. 이는 손가락(도막)에 손가락마디가 있는 것에 빗댈 수 있다. 마디는 어떤 것과 어떤 것을 이어주는 이음매 또는 그 이음매를 가진 동강이를 말한다. 우리는 마디를 그 순서에 따라 "첫 번째 마디" 또는 "마디 1."처럼 적는다. **가리**는 단을 하나하나 차곡차곡 가지런히 쌓아올린 더미를 뜻한다. 여기서 가리는 마디가 더 짧게 잘린 것, 또는 마디 안에 쌓이는 일정한 크기의 더미를 뜻한다. 우리는 가리를 그 순서에 따라 "첫 번째 가리" 또는 "가리 1."처럼 적는다.

단은 볏짚과 같은 것을 손으로 들기에 좋은 크기로 묶어 놓은 다발, 또는 그것을 세는 단위를 뜻한다. 여기서 단은 우리가 흔히 "단락(段落)"이라 부르는 것과 같은 것으로서 가리의 재료가 된다. 단의 아래에는 글월이, 글월의 아래에는 낱말이 놓인다. **글월**은 글의 발로서 글이 엮여나가는 가장 작은 단위를 나타낸다. 글이 한 발 두 발 앞으로 나아간다면, 그때의 발걸음 하나하나가 바로 글월이 된다.

<고마움 말>

이 책은 지은이가 한국외국어대학교와 용인외고 그리고 법학적성시험(LEET) 논술특강에서 강의했던 내용과, 글쓰기와 논술에 대해 썼던 학술적 논문들을 기초로 한다. 특히 한국외대에서의 논술 강의는 논술 교사를 기르기 위한 논술인증제 교과목으로서 이 글을 쓰게 된 직접적 동기가 되었다. 지은이는 대학 강의를 통해 서술과 논술의 원리 및 방법, 수사학적 글쓰기의 목적과 방법, 에세이 쓰기와 비평문 쓰기의 원리 및 방법을 가다듬을 수 있었다. 용인외고에서의 논술강의는 수능 논술과 시사 논술을 위주로 진행되었고, 리트의 논술강의는 실제로 출제된 리트 논술 문제를 원리적으로 해설하고, 그에 따른 답안을 마련하는 방식으로 진행되었다.

이 책은 지은이의 논술 강의에 참여하여 논술문을 제출하고, 수많은 글쓰기 개념들에 대해 진지한 토론을 벌였던 수강생들에게 빚지고 있다. 이들의 경청과 참여가 없었다면 이런 종류의 책은 쓰일 수 없었을 것이다.

이 책의 출판과 관련해서 지은이는 한국외국어대학교 철학연구소와 한국외국어대학교 출판부에 고마움이 크다. 만일 철학연구소 윤성우 소장님께서 이 책의 출판을 적극 권유해 주고, 연구소 기획도서로 추천해 주지 않았다면, 이 책은 세상에 나올 수 없었을 것이다. 또 외대 철학과 박치완 교수님께서 이 책의 가치를 적극 옹호해 주시고, 아낌없는 지원을 베풀어 주지 않았다면, 이 책의 출판은 중도에 좌절되었을 것이다. 끝으로 이러한 도전적 글에 대한 연구를 흔쾌히 지원하고, 글을 끝마칠 때까지 묵묵히 기다려 준 한국외국어대학교 출판부 탁경구 선생님께도 고맙다는 말씀을 드린다.

2011년 8월
지은이 씀

서술원리, 논술원리 1
서술은 매듭-풀이다.

차례

둘째 뭇 서술 원리

첫째 묻 글쓰기와 사무침

나누기 1. 논술과 글쓰기[1)]

논술에 대한 이해는 글쓰기에 대한 이해를 전제한다. 논술(論述)은 '논리적(論理的) 글쓰기'나 '논하는 진술(陳述)' 또는 '논증적(論證的) 서술(敍述)'이나 '따져 밝히는 글쓰기' 등으로 새겨질 수 있다. 논술에 대한 '뜻-새김'이 어떠하든, "논술"이라는 낱말의 짜임새에 따를 때, '논술'에서 밑바탕 낱말은 '술(述)'이 된다. 이는 "토끼집"이 집의 하나로서 토끼를 기르기 위한 '우리'를 뜻하는 것과 같다. 반면 "집토끼"는 집에서 길들여 기르는 토끼를 말한다. '집'과 '토끼'는 두 낱말의 짜인 얼개에 따라 그 뜻이 사뭇 달라지는데, 이때 그 뜻의 밑바탕을 이루는 것은 뒤에 놓이는 낱말이다. 이러한 '뜻매김 틀'에 따를 때 '논술'은 '술(述)'의 하나로서 '논(論)을 위한 글쓰기'를 일컫게 된다.

논술 정의(定義)의 구체적 내용은 '논(論)'에 대한 해석(解釋)이나 '술(述)'에 대한 '앞선 이해(理解)'에 따라 바뀔 수 있고, 게다가 논술의 목적(目的)과 주된 형식(形式)마저 시대마다 달라질 수 있다. 논술(論述)은 과거에 왕이 신하에게 직접 물은 정책 사안에 대해 신하가 제시한 올바른 대답을 마련하는 책문(策文)이기도 했고, 경전(經典)에 대한 권위 있는 해설(解說) 또는 깨달은 사람이 주어진 문제에 대해 올바른 견해를 밝혀나가는 논서(論書)이기도 했으며, 사회적 문제에 대해 서로가 자신이 내세운 주장의 옳고 그름을 따져 밝히는 논설이나 논리적 글쓰기이기도 하다.

1) 이 글은 『우리말로 학문하기의 고마움』(우리말로 학문하기 모임, 채륜, 2009) 161-208쪽에 실린 구연상의 글 「글쓰기와 사무침」을 이 책에 맞게 조금 손본 것이다.

하지만 오늘날 논술은 대입수학능력시험을 비롯한 여러 시험제도가 요구하는 평가 수단으로 굳어지고 있다. **논술은 점점 '논리적 글쓰기'로 좁혀져** 왔고, 논술에 대한 강조는 논리에 대한 강조와 동일시되었다. 논리는 마침내 논술 출제와 관련된 시험제도를 통해 논술의 대부(代父)로 군림(君臨)하기까지 이르렀다. 만일 여기에 한술 더 떠 논리가 논리학이나 논증의 의미로까지 더 좁혀진다면, 논술은 바늘숨통만큼의 숨으로 헐떡이는 채 그 참다운 뜻을 거의 잃고 말 것이다. 논술이 '논리적 글쓰기'가 된 큰 까닭은 우리가 논술의 뜻하는 바를 서양에서 정립된 글쓰기 이론(理論)들로써 설명해 왔기 때문이다.

논술을 논리의 틀 속으로 몰아세우는 사람들은 "술(述)"이라는 낱말의 목소리를 잠재워 버리려 한다. 그 수면제가 바로 **'술(述)'을 '글쓰기'와 동일시하는 전략**이다. 술(述)과 글쓰기는 언뜻 똑같은 것처럼 보이고, 그렇기에 우리는 '술(述)'을 아무런 의심 없이 글쓰기와 동일한 것으로 여긴다. 그런데 논술이 논리적 글쓰기로 풀이된다는 사실은 '글쓰기'가 '술(述)'보다 더 자명해 보인다는 것을 나타낸다. 자명한 것은 더 잘 알려져 있고, 더 잘 이해될 수 있는 반면 그것을 설명하기는 더 어려워지는 것을 말한다. 왜냐하면 어떤 것에 대한 설명을 위해서는 그것보다 더 자명한 개념이 있어야 하는데, 이 자명한 것보다 더 자명한 개념이 없는 한, 그것을 설명할 길이 막히기 때문이다.

만일 우리가 논술의 원리를 밝히고자 한다면, 우리는 무엇보다 '술(述)'의 의미를 설명할 수 있어야 하고, 그에 앞서 **글쓰기의 뜻하는 바를 먼저 드러내야** 한다. 이러한 연관에 따를 때, 논술 연구의 출발점은 글쓰기 연구가 되어야 하고, 논술 원리에 대한 탐구는 가장 먼저 글쓰기의 뜻을 밝히는 데서 첫발을 떼야 한다. 한국말로 글을 쓴다는 것은 무엇을 뜻하는가? 글이란 도대체 무엇이고, 쓴다는 것은 무슨 의미인가? 좋은 글이란 어떠한 글을 말하고, 우리는 어떻게 좋은 글을 쓸 수 있는가? 논술의 뜻을 밝히기 위한 선행 작업으로서 글쓰기에 대한 연구는 이러한 물음들에 올바른 대답을 내놓기 위한 것이 된다. 글쓰기 이론을 한국말로써 닦아 세우는 일은 한국말 속에 간직된 의사소통 능력과 설명력을 독자적으로 체계화하는 것을 의미하고, 이는 다시금 그 말을 쓰는 사람들의 말과 생각 그리고 삶에 대한 철학적 성찰을 필요로 한다.

한국에도 다양한 글쓰기 이론들이 있지만, 이러한 이론의 틀은 우리가 자유자재로 쓸 줄 아는 한국말의 쓰임새에 딱 들어맞지 않는 것처럼 느껴진다. 실제의 말글 사용과 그에 대한 이론적 설명 사이의 이러한 불일치는 근원적으로는 한국의 **글쓰기 제도가 우리의 실제 말글 쓰기에 그 바탕을 둔 것이 아니라**는 데 기인한다. 현재 한국사회에서 시행되고 있는 글쓰기 관련 제도들은 그 유래와 구조에서 보자면 중국과 일본 그리고 서양의 수입품에 불과하다. 만일 글쓰기 제도가 특정한 글쓰기 원리(서술 원리, 논술 원리)를 채택하는 틀을 뜻한다면, 우리가 스스로의 말글 쓰기에 바탕을 둔 글쓰기 원리를 찾고자 한다면, 우리는 먼저 기존의 글쓰기 제도가 표방하고 있는 글쓰기 원리를 비판할 필요가 있다.

현재의 글쓰기 제도의 뒤틀림은 영어몰입교육의 등장에서 잘 드러난다. 영어몰입교육은 근본적으로는 말하기나 글쓰기에 대한 가르침을 불구로 만들어 버린다. 만일 우리의 글쓰기 제도가 탄탄했다면, 달리 말해, 그것이 글쓰기의 본질을 올바로 구현한 것이라면, 그것은 결코 정치적 노리갯감으로 전락하지는 않았을 것이다. 과연 영어몰입교육의 외침은 어떻게 가능했고, 그것을 허용하고 있는 글쓰기 제도에서 말해지는 글쓰기 목적은 무엇인가? 우리는 이러한 물음들을 통해 글쓰기의 본질에 좀 더 가깝게 다가갈 수 있게 될 것이다.

도막 1. 영어몰입교육과 글쓰기 문제

먼저 영어 몰입교육 정책이 어떻게 현재의 말하기와 글쓰기 교육의 부실로부터 비롯되었는지를 살펴보자. '영어 몰입교육 정책'은 영어교육의 내실화에 대한 국민적 바람을 등에 업고 있다. 오늘날 한국에서의 영어문제는 단순한 언어문제가 아니다. 사회적 양극화의 주범으로 지목되어 온 교육격차(education divide)는 전통적 담론 구조에서뿐 아니라 현대적 담론 구조에서조차 사회적 부나 지위를 정당화하는 근거로 받아들여지고 있다. 제17대 대한민국 대통령(2008-2012) 대통령직 인수위원회는 부익부빈익빈 현상을 키우고 있는 영어문제를 공공성의 측면에서 다루려 했다. 이 점은 높이 평가할 만하다. 이는 버스전용차로제를 통해 일종의 버스공영제를 이루었던 서울시의 정신을 그대로 이어받는 것이다. 이 두 정책은 사회적 약자에게 보다 큰 이익이 돌아가게끔 하는 정책으로 볼 수 있다.

그런데 영어 과목뿐 아니라 다른 과목들까지 영어로 수업을 진행시키려는 몰입교육은 어느 정도 그리고 실제로는 누구에게 필요한가? 영어몰입교육의 필요성은 우선 세계화 시대를 맞이하여 다양한 영역에서 '영어 의사소통 능력'이 절실하다는 데 놓일 수 있고, 다음으로 한국사회의 '언어적 소통 과정'에서 영어의 비중이 날로 높아지고 있다는 데 있다.

첫 번째 경우, 즉 한국의 많은 기업들과 개인들이 전 세계를 무대로 활동하는 기회가 늘어나고 있고, 그 활동의 성패가 영어 능력에 크게 좌우되는 경우, 영어몰입교육의 필요성이 어느 정도 인정된다. 그런데 비록 세계적 활동가의 경우에도, 그가 학문의 전반을 영어로 교육받아야 할 이유는 없다. 그는 대개 자신의 분야에 필요한 만큼의 영어 능력을 갖추면 그만이다. 만일 그가 그 이상의 영어소통 능력을 필요로 한다면, 나중에 보충하면 된다. 이는 모든 교육의 기초 사실이다. 필요할 때 필요한 만큼 가르치고, 심화 교육이 필요할 때 더 깊은 지식을 가르치면 된다. 전문 영역에서 영어로 의사소통을 원활히 하기 위해서는 현재의 공교육의 틀 안에서 영어 교육의 내실을 다지는 것으로도 충분하다. 만일 영어 교사가 수업을 영어로 진행한다면, 학생들의 영어소통능력은 몰입교육이 필요 없을 정도로 좋아질 것이다.

영어몰입교육의 보다 심각한 문제점은 공교육이 소수의 필요를 위해 강제되거나 왜곡된다는 점이다. 이는 다수의 교육권이 박탈된다는 것을 의미한다. 대한민국 국민은 누구나 자신이 원하는 교육을 받을 권리를 갖고 있다. 이는 헌법이 정한 기본권이다. 영어능력을 키우기 위한 목적에서 강제되는 영어몰입교육이 실시된다면, 교육의 형평성과 선택권은 크게 줄어들고 만다. 이는 모든 학생이 세계적 활동가를 꿈꾸지도, 또 그렇게 될 수도 없는 상황을 크게 왜곡한 것일 뿐 아니라, 교육의 현실과 현장을 혼란에 빠트리고 말 것이다.

두 번째 경우, 즉 한국사회에서 영어의 비중이 점차 높아지고 있는 것은 사실이다. 이는 영어의 세계적 위상이 한국어에 비해 훨씬 높다는 점과도 일맥상통한다. 특히 전문가 집단의 경우 영어의 사용 빈도는 매우 높아지고, 학문의 경우 영어가 주된 소통의 언어가 되는 경우가 늘어나고 있다. 한국어 가운데 영어 낱말의 수가 급증하고 있고, 새로운 영역에서 쓰이는 대개의 용어가 영어로 정착되고 있다. 심지어 한국에서 개최되는 학술 대회에서조차 발표가 영어로 진행되는 경우가 늘어나고 있다. 한국어의 영어 식민지화가 빠르게 진행되고 있다. 한국사회에서는 이제 영어를 모르면 소통에 어려움이 생기기까지 한다.

그러나 그렇기 때문에 영어몰입교육을 통해 보다 원활한 의사소통이 가능하도록 해야 하는가? 이러한 발상은 앞뒤가 뒤바뀐 생각이다. 먼저 해야 할 것 또는 바탕으로 삼아야 할 것과 나중 해도 되는 것 또는 바탕 위에 올려놓아야 할 것이 뒤바뀔 때 사람들은 억지를 부리거나 강제를 동원하지 않을 수 없다. 만일 한국인 모두가 함께 쓰는 한국어의 소통성이 떨어지기 시작했다면 우리는 그 소통력을 높이기 위해 문제의 원인을 진단하고, 소통의 부실을 보완하기 위한 철저한 노력을 먼저 기울여야 할 것이고, 그러한 노력의 바탕 위에서 그 부실의 임시방편적 보완책으로 영어교육의 개선책을 나중에 검토하는 게 올바르다고 할 수 있다. 소통성을 키우기 위해서는 번역의 문제, 조어법 문제, 낱말 통일의 문제, 토론 중심의 교육 문제 등이 해결되어야 한다.

과거를 돌이켜 보자. 영어몰입교육 정책은 조선시대 한문몰입교육과 일제 강점기 일본어몰입교육과 크게 다르지 않아 보인다. 이러한 언어정책의 공통점은 시대적 필요에 따라 위로부터 강제된다는 점이다. 이때 강제의 목적은 권력 계층의 이익을 지키기 위한 것이다. 이것은 외국어 교육이 아니라 국민 통치술에 가깝다. 특정 외국어를 모국어 대신으로 사용하기 위해 일종의 외국어몰입교육을 하는 집단은, 국민이 자신이 말하고자 하는 바를 어디에서든 자유롭게 말할 수 있는 상황을 제한하게 되는 셈이고, 이런 의미에서 국민을 식민지 백성으로 전락시킨다. 조선시대까지 지속된 한문몰입교육 또는 한문교육은 기존의 정치제도나 신분제도와 같은 사회 구조를 정당화하는 원리로 작동했다. 이러한 구조 때문에 지배층은 한문교육의 고통에 시달려야 했고, 피지배층은 문맹의 고통을 당해야 했다. 김철범은 한문 몰입교육의 현실을 "쇠판에 콩을 튀기다."라는 말로 풍자하고 있다.

> "사대부로서 명색을 유지하려면 과거를 통해 관계에 진출해야 했듯이, 사대부의 체신을 지키려면 漢詩(한시) 한 수 정도 지을 수 있어야 하고, 尺牘(척독)에 草書(초서)로 안부 정도는 물을 줄 알아야 하며, 잘은 못하더라도 祭文(제문) 한 편 정도나 틀에 박힌 墓誌(묘지)문자라도 지을 줄 알아야 했던 것이다. 문학적 재능이나 취향을 가진 전문 문인이 아니더라도 한문 글쓰기는 사대부들의 교양으로 학습되었다. 박지원의 『양반전』을 보면 사대부가 되는 필수 요건의 하나로 한시로는 당시품휘 산문으로는 고문진보를 쇠판에 콩이 튀듯이 줄줄 외워야 한다고 했다."[2)]

뿐만 아니라 몰입교육의 폐해는 공부하는 개인의 고통 차원을 넘어 정치적 또는 경제적 무능으로 이어져 결국 사회적 문제로 커질 수밖에 없다. 홍길주(洪吉周, 1786-1841)는 조선의 선비가 생원시와 진사시 그리고 문과시 등의 과거시험에 합격하기 위해 글귀를 형식과 격식에 짜 맞추는 사장(詞章) 위주의 글짓기만을 연습함으로써 경세치용의 글쓰기로부터 멀어진 사태를 '곡식의 비유'로써 꾸짖고 있다.

> "종이 위의 곡식을 모두 가져다가 태워버린 뒤에야 곡식은 백성들의 식량이 될 수 있고, 백성들은 서로 보존하며 살아가게 되며, 나라도 이 백성들이 있음으로써 이 곡식을 생산할 수 있을 것이다."[3)]

---

2) 김철범, 「한문고전의 글쓰기 이론과 그 현재적 의미-이조후기 古文論을 대상으로-」, 『작문연구』(창간호), 2005년, 101 쪽.

더 나아가 한문몰입교육은 결국 조선의 학자들에게 **중국에 대한 사대주의 사상**을 낳았다고 할 수 있다. '사대(事大)'가 비록 얼마 전까지 동아시아 세계에서 통용되던 하나의 정치 질서였을지라도 한문몰입교육의 수혜자들이 앞장 서 사대를 부추겼다는 사실은 언어와 사상의 관계를 깊이 반성해 보게 만든다.

『삼국사기』「상대사시중장(上大師侍中狀)」에서 최치원(崔致遠, 857-?)은 고구려와 백제를 오나라와 월나라 그리고 유주와 연나라와 제나라와 노나라를 침범한 "중국의 큰 좀벌레"로 비하했고, 최만리(崔萬理, 1398-1445)는 "중국과 동문동궤(同文同軌)를 이룬 이 마당에 새로운 언문(諺文)을 만듦이 사대모화에 부끄럽다."고 항변했으며, 퇴계(退溪) 이황(李滉, 1501-1570)도 일본 좌무위 장군 미나모도에게 보낸 편지에서 "하늘에 두 개의 해가 없고 인류에 두 임금이 없다.…우리 조선은 아득히 먼 데 떨어져 있으면서 중국을 종주국으로 모시고 있다.… 단군에 대한 기록은 허황하여 믿을 수가 없고, (중국인) 기자(箕子)가 와서 조선을 통치하게 되어 비로소 문자를 알게 되었다."고 말하고 있으며, 율곡(栗谷) 이이(李珥, 1536-1584) 또한 명나라 가정제(嘉靖帝, 명 세종, 1507-1567)를 위한 제문에서 스스로를 "명나라를 모시는 하복"이라 칭하면서 명나라에 대해 "옛날 황제(黃帝)가 용을 타고 승천할 때 용의 수염에 붙었다가 떨어진 자처럼 지성을 다할" 것을 맹세하고 있다. 물론 박지원(朴趾源, 1737-1805)이나 허균(許筠, 1569-1618) 그리고 다산(茶山) 정약용(丁若鏞, 1762-1836) 등의 주체적 글쓰기를 시도한 학자들이 없는 것은 아니지만 대개 조선의 학자들은 중국의 사상과 글쓰기 법도(法度)를 추종했다고 할 수 있다.[4)]

3) 홍길주, 『沆瀣丙函』卷5 「睡餘瀾筆」上:"竊以爲盡取紙上之穀, 而焚之然後, 穀可以爲民食, 民可以相保而活, 國可以有是民而有是穀也." 여기서는 김철범 73 쪽 다시 따옴.

영어몰입교육 정책은 그것이 비록 한국인의 현실적 필요를 충족시키는 부분이 있긴 하지만 실제로는 소수 권력 계층의 세계관에 기초한 빗나간 언어 정책일 뿐 아니라,[5] 세종대왕의 훈민정음 창제와 반포에 적극 반대했던 양반층의 어리석음을 답습하는 꼴이라고 할 수 있다. 말글은 단순한 소통수단의 지위만 갖는 게 아니다. 본래적 의미의 말글은 사람의 삶의 자유에 절대적이다. 자유를 잃을 때 사람은 노예가 된다. 자유인이 스스로의 자유도가 낮다고 자유도가 높은 노예가 되기를 자청하는 것은 우습다.

김매순(金邁淳, 1776-1840)은 "자구(字句)를 모방하고 자취를 흉내내는 가운데 깊은 뜻은 사라지게" 된다고 말하고,[6] 홍석주(洪奭周, 1774- 1842)는 "문필징실(文必徵實)" 즉 "문은 반드시 실을 밝혀야 한다."고 주장했을 뿐 아니라 "즉심위문(卽心爲文)" 즉 "학문과 실천을 통해 스스로 얻게 된 마음으로써 글을 짓는다."라고 말했다.[7] 노예는 자신에게 필요한 것을 얻기 위해 말글을 흉내 내지만, 자유인은 스스로의 깨달은 바를 자신의 말과 글로써 함께 나눈다.

과연 과거 조선의 지식인들과 현재 한국의 지식인들이 처한 상황이 얼마나 다른가? 아니면 점점 동일해지고 있는가? 한번 한국인이 영어로 철학 강의를 해야 하는 경우를 생각해 보자. 영어 강의의 목적은 크게 두 가지일 것이다. 하나는 수강생들에게 철학과 관련된 영어 능력을 키우기 위한 것이고, 다른 하나는 자신의 고유한 철학을 영어로 소개하기 위한 것이다. 만일 전자라면 그것은 영어몰입교육이지

4) 김삼웅(독립기념관장), 「선비들의 사대 곡필과 주체적 글쓰기」, 『인물과 사상』(2007.10) 살핌.
5) 과거 중시되었던 제2외국어로서의 독일어나 러시아어의 운명을 돌이켜 볼 때 영어몰입교육의 운명 또한 그리 밝지 않다. 시대적 필요에 따른 언어교육정책의 유효성은 한시적일 뿐이다.
6) 김매순, 『臺山集』 卷5, 「答士心」:"字句之摹而意匠蔑如." 여기서는 김철범 77 쪽 다시 따옴.
7) 김철범, 79-89 쪽 살핌.

철학 교육이 아니게 되고, 반대로 후자의 경우에 영어는 소통의 수단이 되고, 따라서 고유한 철학이 전제되어야 한다. 이 후자의 경우 한국의 유명한 철학자가 자신의 이론을 영어권 수강생들에게 설명하는 경우가 될 터이다. 전자의 경우에는 유창한 영어 실력이 중시되므로 영어 강의가 어려운 교수는 언어에 대한 엄청난 중압감을 느낄 것이지만, 후자의 경우에는 영어를 떠듬거려도 흉이 되지 않을 것이다. 오히려 그 더듬는 말투가 문화 충격의 강도를 높일 수도 있고, 그로 인해 영어권 청자들로 하여금 더욱 심혈을 기울여 듣게 만들 수도 있다.

영어몰입교육은 근본적으로 **말글의 문제**, 즉 말하기 문제와 글쓰기 문제이다. 말글이 사람을 사람이게 해 주는 핵심 가운데 하나로서 '나와 너' 또는 '우리 서로'가 서로를 함께 나눌 수 있도록 해 주는 근원적 지평이라면, 그리고 말글이 개인의 창의성을 드높이는 데도 중요할 뿐 아니라 민족의 정체성을 이루는 핵이라면, 한국인에게 영어몰입교육은 이러한 지평의 소멸이자 창의성의 상실이며 정체성 파괴를 낳게 될 것이다. 로마인들은 문화적으로 열등했던 자신들의 모국어 라틴어의 수준을 높이기 위해 그리스어 저술들을 끊임없이 라틴어로 번역해 들였고, 나중에는 그리스어 원전 없이도 자신들의 모국어로써 모든 언어 행위가 가능해질 정도로 라틴어를 풍요롭게 만들었다. 오늘날의 영어 또한 마찬가지의 길을 걸어왔다.

영어몰입교육의 등장은 오늘날 한국의 **말하기교육과 글쓰기교육이 얼마나 부실한지**를 단적으로 증명해 주는 사건이다. 우리가 우리의 말글을 제대로 가르치기만 했다 하더라도 영어몰입교육을 주장하는 세력은 대중적 비웃음만 사거나 정치적 파국에 직면하는 꼴을 당했을 것이다. 그런데 한국의 학문제도가 급격히 영어논문쓰기, 영어로 강의하기, 영미권 교수 채용하기 등의 영어화로 급선회하고 있다는 사실은 그동안 글쓰기 교육이 아무런 반성도 거치지 못한 채 취업과 출세를 위한 수단으로 전락해 왔다는 것을 단적으로 보여 주고 있다. 이는 결국 말하기와 글쓰기의 근본 목적이 올바로 정립되어 있지 못했기 때문이다.

도대체 기존의 제도적 글쓰기 또는 글쓰기 교육에서 제시되었던 '글쓰기 목적'의 어디에 잘못이 있는 것인가? 만일 해방된 뒤부터 2000년까지 국어 교과목에서 가르친 글쓰기 목적이 주로 '바른 문장을 구성하는 것' 또는 표현력의 신장이었지만, 이러한 글쓰기 목적이 2000년대부터 크게 바뀌기 시작했다면, 이러한 목적 변화에도 문제가 있는 것인가? 비록 글쓰기 교육의 다양성이 늘어났고, 글쓰기의 목적도 "문장의 바름"과 표현력 신장을 넘어 비판적 사고력 증진, 의사소통 능력 향상 등으로 다변화하긴 했지만, 사실 이러한 전환은 조선 말기에도 이미 실행된 바 있지만 끝내 실패로 끝난 기획에 불과했다.

영어몰입교육이 글쓰기 제도를 통치적 수단으로 활용해 특정한 실용 능력을 키우려 하는 것이라면, 그 반대편에서 글쓰기 제도의 새로운 전환을 이끌어내고 있는 인문학적 반성 운동은 주로 서구적 글쓰기 또는 논문적 글쓰기에 대해 비판으로 그치고 말 뿐이다. 이 둘은 글쓰기의 본질과 목적을 근본적으로 밝히지 못한 채 섣부른 대안을 들고 나온 격이다. 게다가 그 대안들에는 글쓰기의 구조조차 제대로 드러나 있지 않다. 글을 쓴다는 것은 언제나 "구조화된 행위"이다. 글은 '누군가'가 '무엇 때문에' '누구에게' '무엇에 대해' '어떤 말로써' 쓰는 것이다.

지금 우리에게 가장 절실한 것은 우리의 말글에 맞는 글쓰기 원리와 목적을 찾아내는 일이다. 만일 글쓰기 제도가 글쓰기 자체의 올바른 원리와 목적에 기초를 둔다면, 그것은 정치적 입김이나 사상적 운동에 의해 쉽게 흔들리지 않을 뿐 아니라, 그러한 안정적 토대 때문에 그 말글을 쓰는 모든 사람들이 편안하고 자유롭게 서로의 삶을 나눌 수 있게 될 것이다.

도막 2. 글쓰기 제도에서의 글쓰기 목적

1940년 출간된 소설가 이태준(李泰俊, 1904-미상)의 『문장강화』는 국어 문장의 작법을 본격적으로 다룬 한국 최초의 책이다. 이태준은 "문장작법(文章作法)"을, 글을 "전체적이요 생명체적인 것"이 되도록 만들기 위해 "말에서보다 더 설계하고 더 선택하고 더 조직·개발·통제하는 공부와 기술"로 규정한다.[8] 한 마디로 말해, 문장작법은 글을 말보다 더 말다운 말로 만드는 작업을 뜻한다. 이태준은 조선시대 선비들이 비판 없이 글(한문)을 모방했던 것을 질타하면서 **문장작법의 세 가지 원리**를 제시한다.[9]

첫째, 말짓기를 해야 한다. 우리가 글로써 표현하려는 것이 마음이요 생각이요 감정이다. 이러한 것은 글보다는 말로써 전하기 쉽다. 그러므로 우리는 글을 어떻게 다듬을까에 주력하기보다 먼저 말을 살리는 데, 즉 감정을 살려놓는 데 주력해야 한다. 글쓰기는 글을 짓는 것이기 보다 "말 곧 마음"의 태도로써 말을 짓는 일에 가깝다. **둘째,** 자신만의 것을 표현해야 한다. 문장작법의 연구가는 개인적인 감정, 개인적인 사상을 교환할 수 있는 방법을 탐구해야 한다. **셋째,** 새로운 문장을 지을 줄 알아야 한다. 글쓰기는 나날이 새로워지는 생활

8) 이태준, 『문장강화』, 임형택 해제, 창비, 2005. 22 쪽.
9) 이태준, 28-30 쪽 살핌.

에서 부딪치는 새것을 새것답게 표현할 수 있어야 한다. 즉 새로운 생각이나 감정을 만족스럽게 표현할 수 있어야 한다.

이태준은 말할 때의 생생함을 그대로 전할 수 있는 글쓰기를 강조하고 있다. 문장가는 이러한 생생함을 표현해야 한다. 표현할 수 없는 생생함은 어둠의 그림자로 남는다. 이태준은 문장가의 임무를 "표현할 수 없는 어두운 면을 타개하는 데" 두었다. 이를 위해 문장가는 "말의 채집자, 말의 개조·제조자"가 되어야 한다.[10] 이태준이 특히 강조한 점은 "하나밖에 없는 말", "그 경우에 꼭 쓸 말", "그 사람의 때가 묻은 말", "최적의 말"을 찾아서 문장을 지으라는 것이다.[11]

이태준은 **표현의 유일성과 생생함 그리고 감동** 등을 중시하는 문장관을 세웠다. 풍부하면서도 주옥같은 예문들로 가득 채워진 『문장강화』는 문장작법을 기본적으로 언어 표현의 문제로 접근하면서 문장의 종류에 따른 작법의 요령과 퇴고의 요령 그리고 문체의 문제를 다루고 있다. 한 마디로 말해 이태준은 **글쓰기의 목적을 언어적 표현법에 근거하여 개성 있는 문체를 구사하는 것**으로 보았다. 이는 주로 문학적 글쓰기에 적합하다. 물론 세부적으로는 논설문을 비롯한 다양한 글쓰기 기법이 제시되고는 있다. 그럼에도 자신의 개성을 표출하는 새로운 표현을 만들어내는 것을 문장가의 의무로 본다는 점에서 이태준의 문장작법은 문학적 글쓰기에 초점이 맞춰져 있다고 할 수 있다.

그러나 해방 뒤 이태준의 『문장강화』는 잊히고 만다. 문장의 본질, 문장작법의 원리, 문장의 종류, 문체론 등에 대한 후속 연구가 일어나지 않았다. 해방 뒤 10여 년 동안 대학에서 처음 글쓰기 과목으로 개

10) 이태준, 38 쪽.
11) 이태준, 52 쪽.

설되었던 '대학 국어' 교과목은 별도의 교재 없이 주로 고전 문장 가운데 모범이 될 만한 것을 가려 뽑아 주석을 다는 방식으로 진행되었다. 1950년대에 들어 교과서 편찬에 고전 문장뿐 아니라 현대 문장이 갈래별로 수록되었고, 1960년대 중반부터 작문과 독본이 분리되기도 했다. 당시의 '대학 국어'의 강의 내용이 국문학과 국어학 영역의 교양 지식에 관한 것이었기 때문에 '교양 국어'라 불리기도 했다.[12)]

교양 국어에서의 글쓰기 목표 내지 목적은 바른 문장을 쓰는 데 놓인다. 이는 글쓰기의 목적을 "개성적 표현력 키우기"로 보았던 이태준의 규정에도 못 미치는 것이다. "바른 문장 쓰기"의 교육은 교훈적이고 유명한 문장들을 외우게 하거나 그 문장들의 뜻을 깨닫도록 하는 게 주목적이었을 뿐 학생 스스로 자신의 글을 쓰도록 하는 일은 뒷전으로 밀려나 있었다. 이는 마치 "술이부작(述而不作)"의 전통을 계승하는 바와 다름없는 것이다. 이런 의미에서 '바른 문장을 짓는 것'은 글쓰기의 '반쪽 목적'이라고 할 수 있다. 바른 문장을 짓는 일은 어느 정도의 연습을 통해 쉽게 도달할 수 있다. 그러나 바른 문장을 구사할 줄 아는 사람도 글쓰기를 힘겨워 할 수 있는데, 이는 글쓰기의 목적이 '바른 문장의 구성'에만 놓이는 게 아님을 말해 준다. 글쓰기는 문법 지식의 올바른 활용 이상의 것을 필요로 한다.

글쓰기의 목적이 '바른 문장을 작성하는 데' 놓이는 순간 글쓰기 자체가 일종의 오류 수정의 한 방식으로 전락한다. 글의 종류나 주제 영역에 따라 오류의 종류나 빈도가 달라지므로 글쓰기 교육은 주로 형식적 틀을 제대로 갖추는 쪽으로 이루어진다. 글쓰기 형식이 강조되면서 글쓰기에 대한 재미나 흥미는 억압되고, 글쓰미[글 쓰는 사람]

12) 신선경, 「대학 글쓰기 교육의 방향 정립을 위한 제언」, 『관악어문연구』(제30집), 2005, 51 쪽 살핌.

자신이 글을 쓰는 주체로 자리하지 못한 채 글쓰기로부터 소외된다. 특히 학술적 글쓰기의 강압을 받는 글쓰미는 개인적 흥미, 필요성, 동기에 따라 글을 쓰는 대신 형식화 가능한 주제, 즉 일종의 인용이나 요약을 통한 글쓰기를 선택하기 쉽다.

1990년대 이전까지 대학 국어의 교과 과정은 여전히 문법이나 문장력 또는 표현력 중심의 문학적 수사를 위주로 진행되었다. 1990년대 초반 '대학 국어'가 교양 필수에서 교양 선택으로 바뀌기 시작했다. '대학 국어'는 존립을 위해 국어국문학의 울타리에서 벗어나 일종의 '기초 과목'으로 변신을 꾀했다. '대학 국어' 속으로 '학문적 글쓰기(논문 쓰기)', '문어적 추론을 위한 글쓰기' 등의 요소가 첨가되었다. 1994년 새롭게 개편된 서울대학교의『대학국어 작문』이 그 한 예라고 할 수 있다. 그 목차를 살펴보면, 첫째 단원: 대학생활과 학문, 둘째 단원: 연구 자료의 이해와 활용, 셋째 단원: 작문의 절차와 방법, 넷째 단원: 논문 작성의 실제 작업으로 이루어져 있다.[13)]

글쓰기 문제는 이제 단순한 문장 기법의 문제가 아니라 종합적인 언어 수행 능력의 문제로 확대되긴 했지만 실제로는 '논문 쓰기'와 같은 '학술적 글쓰기'에서의 글쓰기 문제로 제한되었다. 글쓰기의 전체적인 틀은 자료의 이해와 활용, 개요 짜기, 주제문 작성, 서론 쓰기, 본론 쓰기, 결론 쓰기, 주석 달기와 참고 문헌 제시 등으로 짜여 있다. 이는 '학술적 글쓰기'를 모델로 한 것임을 금방 알 수 있다. 여기서 글쓰기의 목적은 주어진 문제에 대한 '학술 논문'을 작성하는 데 놓인다. 이러한 목적은, 여기에는 비록 자료나 주제 또는 글쓰미[글 쓰는 사람]의 관점 등이 첨가되어 있기 하지만 근본적으로는 '바른 문장 작성'의 목적과 크게 다르지 않다.

13) 신선경, 52 쪽 살핌.

2000년대에 들어오면서 **글쓰기의 방향**은 크게 달라지고 있다. 그 가장 큰 원인은 글쓰기의 사회적 위상을 크게 높였던 수능 논술의 출제 경향이 **통합논술의 방향**으로 바뀌었기 때문이었다. 더 나아가 대학에서의 교양 논술이 본격적으로 시행되면서 글쓰기는 이제 비판적 사고력, 문제 해결 능력, 대인 관계 능력 등을 높이기 위한 수단으로 확대되고 있다. 글쓰기는 **일종의 공부법**으로 간주되어 모든 학문 분과에 소용되는 '교양 기초'의 지위를 굳히기 시작했다. 글쓰기의 범위가 철학, 심리학, 사회 과학, 더 나아가서는 자연 과학과 법학까지 확대되면서 글쓰기 과목은 일종의 학제적인 과목으로 자리매김하고 있다. 대학에서 '대학 국어'가 폐지되고 대신 국어국문학 전공자와 철학, 사회 과학, 교육학 전공자를 담당 교수로 하는 학제적 기초 교양 과목으로서의 글쓰기 과목이 탄생하고 있다.[14)]

이러한 **글쓰기들의 목적**은 **'바른 문장 작성', '표현력 신장', '비판적 사고력 증진', '의사소통 능력 향상'** 등에 놓인다. 이로써 글쓰기는 교양의 기초로서 핵심적 기초 교양 과목으로 자리 잡았고, 대학들은 이를 효과적으로 운영하기 위해 대학 차원에서 전임 교원을 확보하고 있으며, 그에 따라 글쓰기 강좌의 종류와 질이 급속히 늘어나고 있다. 연구자의 증가와 더불어 글쓰기에 대한 학문적 연구 방향도 '비판적 사고', 즉 논리력과 사고력을 기르기 위해 철학적 측면, 표현력을 키우기 위해 문학적 측면, 그리고 '지능 발달'과 관련하여 인지심리학적 측면 등 다변화되고 있다. 최근에는 공학인증제의 도입에 따라 이공계 전공자를 위한 글쓰기 교육이 활성화되고 있고, 논술인증제 시행

14) 예를 들어, 동덕여자대학교의 <독서와 토론>, 숙명여자대학교의 <발표와 토론>, <글쓰기와 읽기>, 가톨릭대학교의 CAP(창의력, 분석력, 문제해결력) 등의 과목이 이에 속한다. 이에 대해서는 신선경, 54-55 쪽 살핌.

에 따라 논술교육을 위한 글쓰기 강좌가 개설되고 있고, 로스쿨 입학 시험 및 교과과정에 따른 글쓰기 프로그램이 가동되기 시작했다.

이제 수능 논술을 비롯한 여러 글쓰기 제도에서의 글쓰기 목적이 어떻게 설정되어 있는지를 짧게 살펴보기로 한다. **수능 논술**은 대입 수험생을 평가할 목적으로 치러진다. 수능 논술은 평가를 위해 "글쓰기보다 글읽기" 위주로 출제되고 있다. 수능 논술의 목적은 주어진 문제에 대한 독창적 생각을 진술하는 능력을 기르는 데 놓이기보다 제시문들에 대한 비판적 분석과 그것에 기초한 타당한 추론을 거쳐 주어진 질문에 올바르게 답변하는 능력을 갖추도록 하는 데 있다. '비판적 사고력 증진'의 목적 아래 시행되는 수능 논술은 제시문에 대한 분석력을 기초로 하기 때문에 당연히 영역별로 세분화될 수밖에 없다. 수능 논술의 가장 포괄적 목적은 건전 타당한 추론 능력을 키우는 데 놓인다.

이러한 목적의 글쓰기는 '본래적 의미의 교양 쌓기'와 '리더십 키우기' 등의 목적을 위해서는 아무런 도움도 줄 수 없다. 이러한 한계를 극복하기 위해 출제의 다변화를 꾀하기도 하지만, 정치 사회적 현안에 대한 글쓰기나 갈등 상황이 촉발되는 쟁점 중심의 글쓰기는 현실 인식에 취약한 고등학생들에게는 신문 기사나 논술 예상 문제 답안지를 외우는 또 하나의 암기 과목에 불과하게 된다. 그리고 글쓰기를 오직 비판적 사고력을 증진시키기 위한 도구로 간주하는 태도는 글쓰기의 다양한 방식들을 논증문의 형식으로 획일화할 위험이 있다. 시험 제도로서의 수능 논술을 통해 다양한 소통 방식을 논리 중심의 소통 방식으로 교정하려는 것은 무모한 시도라 할 수 있다.

공학인증제에서의 글쓰기는 이공계 전공자를 위해 시행되는 글쓰기, 풀어 말하자면, 현행 공과대학 교육에 대한 기업들의 불만을 해소

하고, 그 불만의 근원인 고등학교 교육의 단점인 자연계와 인문계의 단절 현상을 보완하기 위해 개설한 "사고와 표현" 등의 필수 과목에서 가르쳐지는 글쓰기를 말한다. 공학인증 글쓰기는 글쓰기 경험이 부족한 이공계 학생들을 위한 글쓰기로서 일반적으로 표현력 향상을 목적으로 한다. 이는 엄격한 관리 아래 가르쳐진다는 특징을 갖는다. 하지만 그 내용에서는 고유한 특징을 갖지 못한다.

논술인증제에서의 글쓰기는 중·고등학교에서의 논술 과목을 담당할 교사를 기르기 위한 교과목에서 시행되는 글쓰기를 말한다. 여기서는 논술 답안을 쓰는 요령을 가르치는 게 아니라, 좋은 논술을 작성하는 방법, 그러한 방법을 교수하기 위한 방안, 좋은 글을 쓰기 위해 필요한 책읽기와 생각하기 그리고 대화하기 등의 다양한 부분들이 포괄적으로 가르쳐진다. 하지만 이에 대한 체계적 연구물이나 교수진 그리고 교과목 등은 턱없이 부족한 형편이다. 이 분야가 주로 '인문학적 글쓰기'에 해당한다.

"인문학적 글쓰기"라는 표현이 글쓰기의 영역을 인문학이라는 테두리 내로 제한해야 하는 듯한 인상을 낳는다. 실제의 글쓰기에서는 다양한 제한과 제약을 피할 수 없지만, "인문학적 글쓰기"가 나아가는 방향은 삶의 전 영역이 되어야 한다. 즉 "인문학적 글쓰기"와 관련된 과목에서 던져지는 글제들은 삶의 전 영역을 망라할 수 있어야 한다. 이는 "만학의 왕"이라는 철학의 옛 기능을 되살리는 것에 다름 아니다. 이를 위해 "통합적 글쓰기" —우리가 흔히 가장 넓은 의미로 쓰는 "문학"의 관점에서 시도되는 글쓰기 —가 요구된다.

로스쿨 글쓰기는 2009년 개교한 로스쿨(법학전문대학원)을 준비하는 수험생들이 치러야 하는 법학적성시험(Legal Education Eligibility Test·LEET) 과목 — 언어이해와 추리논증, 논술 — 에 적용되는 글쓰기를 말한다. 논술 영역은 요약 능력과 제시문을 통한 추론 능력 그리고 견해 구성 능력을 평가하기 위한 것이다. 이 세 가지는 글쓰기의 기본이다. 요약은 주어진 제시문의 관점이나 중심 생각을 정확히 읽어내고, 그것을 자신의 것으로 만드는 기술이고, 추론은 서로 다른 주장들을 평가하는 능력을 말하고, 견해 제시는 스스로의 생각을 비판적이고 체계적으로 구성하는 능력에 기초한다. 로스쿨 글쓰기는 주어진 자료를 주어진 기준(법)에 맞춰 독자적으로 평가하는 능력을 기르기 위한 목적을 갖는다.

제도 글쓰기에서 강요되는 글쓰기 목적은 '앞서 주어진 글'에 대한 올바른 읽기와 건전 타당한 추론 그리고 그와 관련해 주어지는 문제에 대해 타당하게 대답하는 능력을 기르는 쪽으로 모아진다. 이를 위해 '바른 문장 작법'을 배워야 함은 물론이고, 문제의 출제자가 의도하는 방향을 정확히 파악할 줄 알아야 하며, 학술적 또는 논리적으로 글을 구성할 줄 알아야 한다. 이러한 과정에서 자신의 감정을 토로한다든지 논리적 비약을 감행한다든지 주어진 문제 자체를 부당한 것으로 여긴다든지 하는 일은 금기시 될 수밖에 없다. 뿐만 아니라 자신의 모름을 문제 삼고, 그것을 해결하기 위해 문제를 밝히고 방법을 고안하며 새로운 앎을 찾아내는 글쓰기 구조나 과정은 단순히 부차적인 것으로 여기는 대신 "논리적 글쓰기"를 기본으로 강조한다. 이때 "논리"란 말은 "다양한 이치를 따져 밝힌다"는 본래의 뜻으로 쓰이지 못하고 "바른 추론"이라는 매우 좁은 뜻으로 사용된다. 글쓰미의 개성과 주체성은 억압되고, 자율적인 글의 전개와 구성은 금기시 된다. "바른 답"을 마련하는 일이 중요하기 때문에 제시문에 기초한 "추론"이 강조된다. 결국 글쓰기의 목적이 시험의 객관적 평가에 맞춰진다.

도막 3. 글쓰기의 목적에 대한 새로운 인식

인문학의 위기와 더불어 논리적 또는 합리적 글쓰기에 대한 비판이 일어났다. 이는 글쓰기의 목적이 변화하고 있다는 것, 즉 **글쓰기의 목적에 대한 새로운 인식**이 자라나기 시작했음을 뜻한다. 한국에서 인문학이 위기에 처하게 된 이유와 글쓰기 변화 사이에는 긴밀한 관련이 있으므로 그 원인 몇 가지를 꼽아 보기로 한다.

인문학 위기론은 IMF 경제위기 직전부터 불기 시작한 신지식 운동에서 불거져 나왔다. 정보 지식 사회의 등장과 더불어 "정보가 곧 돈"이라는 신념이 싹텄고, 가치 창출로 이어질 수 있는 지식만을 진짜 지식으로 간주하는 사람들이 늘어났다. 지식의 개념이 바뀐 것이었다. 실용지식의 중요성에 대한 정치사회적 요구는 거셌지만, 한국의 인문학자는 급격히 변화하는 한국 사회의 현실을 제대로 설명할 수도, 아니 설명하려 하지도 않는다는 의심을 받게 되었다. 인문학자는 무한 경쟁의 현실에도 아랑곳하지 않은 채 대학이라는 무풍지대에서 무위도식하기만 하는 현대판 '양반 계층'으로 비난받게 되었다.

심지어 한국의 인문학은 인문학 무용론에 대해서조차 적극적으로 대응하지 않고 그저 수수방관으로 일관했다. 인문학자들은 인문 정신을 가볍게 여기는 세상을 조롱하는 것으로 만족해했다. 이러한 풍조의 밑바탕에는 '물신숭배의 세계관'이 깔려 있음에도 인문학은 이러한 시대적 사조에 맞서 싸우기는커녕 스스로 '직업으로서의 학문'으로 타락해 버렸다. 결국 인문학은 멸종위기에 처한 동식물처럼 정치적으로 보호를 받음으로써만 명맥을 유지하게 되었다. 타력에 의해 생존을 유지하는 학문에게 사회적 계몽이나 비판의 힘이 있을 리

없다. 인문학의 본질은 자라나지 못한 채 연구비를 타기 위해 이리저리 몰려다니는 연구자들만 우후죽순으로 늘어날 뿐이다.

결정적으로 인문학의 위기는 **현대 과학기술문명의 결실**로부터 첨예화되고 있다. **뉴미디어**의 등장으로 이 세계는 온통 이야기 세상이 되었다. 이야기의 차원이 다종다양해지고, 직접적 대화의 채널도 기하급수적으로 늘어났다. 사람들은 필요한 지식과 상식 그리고 지혜를 배우기 위해 인문학의 두껍고 먼지 낀 책 대신 인터넷(사잇그물)을 연결한다. '사잇-그물(인터넷)'에는 한줄쓰기, 댓글달기, 토론방에서의 이어달리기, 특정 주제나 관심에 따라 토론하기, 광고, 소비자 후기, 그리고 새로운 글쓰기 형식이라고 할 수 있는 '사전 함께 쓰기(위키디피아)', '스크랩 글쓰기(블로그)', '넘나들이 글쓰기'(하이퍼텍스트), '미디어 글쓰기' 등을 통해 생산되는 헬 수 없을 정도로 다양한 글들이 넘쳐난다. 게다가 사용자가 직접 제작한 동영상(UCC)의 등장은 글쓰기뿐 아니라 말하기를 통한 정보전달이 가능해졌다.

사잇그물을 통해 접하게 되는 정보들은 서술적 글쓰기를 포함한 '콘텐츠 글쓰기'의 형태를 갖추고 있기에 재미가 있고, 그 내용이 최근의 것이며, 상호작용성이 뛰어나 친근하고, 구체성과 개인화의 능력을 갖추고 있기까지 하다. 대중(大衆)은 이제 인문학의 이야기에 큰 흥미나 재미를 느끼지 못한다. 뉴스에서부터 연예인과 각종 오락 또는 취미나 예술 등에 이르기까지 온갖 내용을 전하는 뉴미디어가 인문학을 능가하는 담론 생산자 노릇을 해 온 지 이미 오래다.

시대의 문제로부터 동떨어지고, 자신의 전통에서마저 멀어졌으며, 심지어 현실의 새로운 담론 질서로부터도 밀려나기 시작한 채 **자기 전공에 매몰된 글쓰기**로 일관하는 **인문학**은 대중과 소통할 수 없고, 단절되고 고립된 채 뿌리 잘린 나무처럼 결국 말라 죽게 마련이다.

인문학이 삶의 정체성을 제대로 모색하고, 그러한 모색의 결과를 소통 가능한 글로써 제시할 수 있을 때 인문학도 일상 세계에서 되살아날 수 있다. 따라서 인문학 위기와 맞물려 인문학적 글쓰기에 대한 다양한 이야기가 봇물 터지듯 흘러나온 것도 놀랄만한 일은 결코 아니다. 이러한 글쓰기에 대한 새로운 인식은 서구적 학문 정신을 반영한 '논문 쓰기'에 대한 반성으로부터 촉발되었다.[15)]

최신일은 '서구의 근대 이성과 합리성'에 기초한 글쓰기 패러다임의 변화를 강력히 요구하고 나섰다. 그는 이러한 글쓰기 패러다임의 변화 요구에는 근본적으로 세계 이해 내지 해석의 문제가 놓여 있고, 여기에는 다시금 서구적 또는 근대적 합리성에 대한 반성이 놓여 있다고 보았다.[16)] 현대적 사회와 세계를 토대주의 인식론에 기초해 설명하는 것은 더 이상 불가능하다. 현재 우리가 처한 상황은 변화된 세계를 올바로 바라볼 수 있는 "새로운 철학적 패러다임"이 요구되는 상황이고, 보다 구체적으로 말하자면, 우리의 현실을 어떻게 바라보아야 하고, 우리 현실이 다른 현실들과 어떻게 공존할 수 있는가의 문제에 직면한 상황이다. 절대 정신에 기초한 보편적 진리를 주장하는 서구적 근대적 합리성은 더 이상 쓸 수 없을 정도로 낡았다. 우리는 근대적 이성의 통제에서 벗어나 다원주의적으로 생각하고 글을 써야 한다.

김영민이 제안하는 새로운 글쓰기는 법고창신(法古創新)의 태도, 풀어 말해, 옛것에 토대를 두고 새것을 만들어 내는 정신에 기초한 글쓰기이다. 김영민은 이를 "우리 삶의 행로와 그 역사가 일구어온

15) 전성기, 「학문적 글쓰기-임상수사학적 탐구」, 『텍스트언어학』(20권), 한국텍스트언어학회 , 2006, 390 쪽 살핌.
16) 최신일, 「해석학, 해체 그리고 글쓰기」, 『철학연구』(제58집), 1996, 334-335 쪽 살핌.

이치들을 이 시대에 알맞게 창의적으로 계승하는 것"이라고 규정한다.[17] 이는 구체적으로 보자면 스스로의 삶의 체험에 솔직한 말하기와 글쓰기의 전통을 쌓아나가야 한다는 것을 뜻한다. 주체 의식 또는 역사의식에 기초한 말글하기가 곧 '근본(根本)을 잃지 않는 새로움'을 담아낼 형식이라고 할 수 있다.

하지만 **홍성욱**은 '우리 의식'에 기초한 글쓰기가 곧바로 '우리 것'에 대한 눈먼 집착으로 치닫게 되어서는 안 됨을 경계한다. 서양의 학문에 그저 각주나 다는 수준의 글쓰기, 외국어 책이나 논문에서 필요한 부분들을 조각조각 따와 번역하여 짜깁기하듯 이어 맞추는 글쓰기, 우리의 전통을 절대시하거나 '우리의 정서'에 호소하거나 선문답 같은 이야기를 늘어놓는 식의 글쓰기를 모두 피해야 한다. 홍성욱은 집착 대신 치밀한 분석을, 꿈같은 상상력 대신 비판적 훈련을, 모호한 주장 대신 컨텍스트적 사유를 권한다.[18] 이러한 글쓰기 제안은 글쓰기의 수준 자체를 높일 것을 주문하는 것이고, 이를 위해 무엇보다 '생각의 해석학적 지평'을 넓혀 나갈 것을 요구하는 것이며, 동양과 서양을 이분법적으로 구분하거나 그 가운데 어느 하나를 편들지 않는 학자적 양심을 촉구하는 것이다.

안장리는 '비판정신을 바탕으로 한 새로운 글쓰기의 필요성'을 강조한다.[19] 글쓰기가 생활의 표현이고, 생활 모습이 시대에 따라 달라지게 마련이라면, 글쓰기의 모습 또한 그에 따라 바뀌어야 할 것이다.

17) 김영민, 「글쓰기의 징후, 혹은 징조의 글쓰기」, 『사회비평』(제34권, 77-91), 2002, 84-85 쪽 살핌. 여기서는 전성기 394 쪽에서 다시 따옴.

18) 홍석욱, 「인문학적 사유의 창조성과 '실용성': 인문학의 위기 극복을 위한 한 가지 제안」, 『동향과전망』(통권44호, 212-231), 2000, 218 쪽 살핌. 여기서는 전성기 394 쪽 각주에서 다시 따옴.

19) 안장리, 「인문학적 사유를 바탕으로 한 장르변형 글쓰기 - 정인보의 唐陵軍遺事徵」, 『동방학지』(제130집, 279-304), 2005, 279 쪽 살핌. 여기서는 전성기 395 쪽 다시 따옴.

인문학의 근본정신이 비판에 있다면, 인문학적 글쓰기 또한 비판적이어야 할 것이다. 만일 인문학적 글쓰기가 스스로의 비판 능력을 상실한 채 특정한 이론이나 사상을 소개하는 데 그친다면, '인문 글쓰기'는 자멸할 수밖에 없을 것이다.

글쓰기에 대한 이러한 반성의 초점은 '논문 쓰기'에 대한 비판으로 모아진다. 김현, 조동일, 김용옥, 김영민, 강준만, 김진석 등은 현행의 '논문 쓰기'가 '우리의 시각'에서 봤을 때 '타율적 강요에 의해 덧씌워진 형식'이라고 판단한다.[20] 학문적 주제에 대한 논증을 기술하는 것을 목표로 하는 '논문 쓰기'는 서구의 합리성에 기반을 둔 '제도적 글쓰기'로서 '규범적 맥락과 실천적 지향'으로부터 멀어진 '자연과학적 글쓰기 모델'이라고 할 수 있다. 물론 문제의 핵심은 논문 자체라기보다 논문 형식의 글쓰기만이 학술적 가치와 의의를 실현할 수 있다고 믿는 '논문중심주의'에 있다.

신광현은 논문이 객관적 합리성에 기반을 두기 때문에 자연히 '경험적이고 실증적인 것'을 중시하는 "자연과학적 지식 모델"에 맞춰지게 되며, 그에 따라 인문학적 사고의 영역이나 "대상세계의 상호연관성, 복합성, 다차원성, 중첩성, 역사성" 등을 표현하기 어렵게 되었다고 말한다.[21] 달리 말하자면 '논문 쓰기'는 그 형식적 차원 때문에 일종의 폭력성을 띤다는 것이다. '논문 쓰기'에서는 그 주제가 어떠한 것이든 상관없이 그것이 학술적 글이 되기 위해 '논문 문체'가 강요된다. 논문의 문체에 맞지 않는 것들은 잘려지거나, 아니면 구겨 넣어진다. 논문의 틀에 찍힌 내용들은 마치 객관적 성격과 논증적 성격을

---

20) 김영민은 "논문은 유럽의 근대 학문성이 선택한 형식적 성취"이지만, 우리에게는 "강박"으로 군림한다고 말한다.(『손가락으로, 손가락에서: 글쓰기(와) 철학』, 민음사, 1998.)
21) 신광현, 「대학의 담론으로서의 논문 - 형식의 합리성에 대한 비판」, 『사회비평』(제14권), 1996, 180-181 쪽 살핌. 여기서는 전성기 402-403 쪽 다시 따옴.

갖는 것처럼 보인다. '논문 쓰기'에서는 '논리적 연결'이나 '명쾌한 문체' 또는 투명성이 강조되는데, 이는 그 반대급부로서 공속성이나 순환성 또는 다차원성과 변증법적 차원 그리고 은유나 비유의 세계[22] 등을 배제하려는 경향을 부추긴다.

이러한 비판과 아울러 새로운 글쓰기에 대한 모색이 시도되어 왔다. 전성기의 조사를 주로 하여 그 제안된 주장들을 요약해 본다. 먼저 **최재목**의 편집술을 꼽을 수 있다. 이는 우리들에게 쌓여 있는 구슬들을 스스로 꿰는 방식으로 글을 써야 한다고 제안하는 것이다. 우리에게 주어진 수많은 '정보 구슬들'을 보배가 될 수 있도록 꿰는 방법이 곧 "편집술"인 셈이다. 이에 따를 때 글쓰기의 성패는 그 주제보다는 꿰는 방법에 놓인다. "정보는 편집술에 의해 새로운 주제로 재생될 수 있다." 인문학의 창조성은 새로운 편집기술을 통해 생겨난다. 이황의 "성학십도(聖學十圖)"도 "그의 순수한 저작이 아니라 그때까지 있어온 타인의 저작을 창의적 발상에 의해 열 가지로 훌륭하게 편집해 놓은 것"으로 평가한다.[23]

신광현은 논문의 형식과 내용은 추상적일지라도 그 글쓰기의 주체는 결코 추상적일 수 없고, 언제나 "다원적이고 일상적이고 가변적인 현실적 주체"일 수밖에 없다는 점을 지적한다.[24] **조혜정**은 한국 대학의 식민지적 풍토를 개선하고자 한다. 조혜정은 서구에서 창작된 '남'

---

22) 이승환은 현대 동양학의 자기반성과 더불어 과거 동양 철학에서 보이는 다양한 글쓰기 형식들을 자랑한다. 그는 우언(寓言), 치언(卮言), 시(詩), 사(詞), 부(賦), 상소문(上疏文), 서간문, 비문, 묘지명, 잡저(雜著) 등을 꼽고 있다. 그는 서양의 논문 글쓰기를, 생각의 투명성을 목표로 하는 "백색의 글쓰기"로서 규정하는데, 이러한 글쓰기는 말과 생각 그리고 뜻 사이의 그 긴밀한 연관성에 주목하지 못하고 있다고 비판한다.(「동양 철학, 글쓰기 그리고 맥락」, 『동아시아 연구 - 글쓰기에서 담론까지』, 살림, 1999. 47-48 쪽 살핌.

23) 최재목, 「인문학, 편집술, 事的 글쓰기 혹은 緣起的 글쓰기」, 『인문연구』(제45, 46집), 영남대인문과학연구소, 2004. 280-283 쪽 살핌. 여기서는 전성기 407 쪽 다시 따옴.

24) 신광현, 185 쪽 살핌. 여기서는 전성기 407 쪽 다시 따옴.

의 이야기를 무조건으로 수용하여 학생이나 독자에게 일방적으로 주입하는 방식의 글쓰기에는 '삶의 주체'가 빠져 있기 때문에 독서를 통한 '진정한 해방감'을 선사하지 못했다고 진단한다. 서구이론의 일방적 전달자인 학자들과 입시위주의의 주입식 교육 속에서 '자유로운 생각'과 창의력을 잃어버린 학생들 사이에는 '스스로의 삶에 대한 치열한 반성'이 결여되어 있다는 공통점이 있다. 즉 말과 삶이 서로 되먹임 되지 못한 채 '겉도는 말'과 '헛도는 삶'으로 따로 놀고 있다. 이것은 곧 식민지 상황에 다름 아니다.[25)]

장석주는 글쓰기의 현실적 주체가 "지금-여기"의 현실에서 반향된 글쓰기를 하기 위해서는 "잡종적 글쓰기", 즉 "다양성, 복잡성, 현장성을 고스란히 담아내기 위한 글쓰기"를 해야 한다고 말한다. "잡종적 글쓰기"는 '무형식의 글쓰기'이고, 타율적 강박의 형식에서 자유로워진 글쓰기이다. 이는 '나-됨'을 겹으로 감싸고 있는 현실에 대한 주체적 통찰에서만 발현될 수 있고, 그런 점에서 "탈식민성의 글쓰기"라고 할 수 있다. 이러한 글쓰기의 결과물로서의 "잡문(雜文)"은 "학문과 예술, 논문과 창작, 인식과 표현, 논리와 감성의 접경지대에 놓인 독특한 글쓰기의 양식"을 말한다.[26)]

새로운 글쓰기 제안자들은 한결같이 **독자 또는 청중을 강조**한다. 이는 텍스트 수용자의 측면이 그동안 크게 주목받지 못했다는 것에 대한 반증이기도 하다. 김영민은 글쓰기의 주체와 청중이 모호한 글쓰기를 "식민적 글쓰기"라고까지 부른다.[27)] 이때의 청중은 일반 청

25) 조혜정, 『탈식민지 시대 지식인의 글읽기와 삶읽기(1)』, 도서출판 또 하나의 문화, 1992, 2004, 증보판.

26) 장석주, 「논문이냐, 주체적 글쓰기냐」, 『사회비평』(제34권), 57 쪽 살핌. 여기서는 전성기 407 쪽 다시 따옴.

27) 김영민, 『문화, 문화, 문화』, 동녘, 1998. 56 쪽 살핌.

중 또는 '보편 청중'으로 이해될 수 있다. '보편 청중'의 동의를 얻을 수 있도록 글을 쓰기 위해서는 무엇보다 글 자체가 쉬워야 한다. 쉽다는 것은 수준의 정도를 말하는 게 아니라 '읽힐 수 있음'을 뜻한다. 글은 '읽혀야 한다.'라는 당위 또는 규범에서 결코 자유로울 수 없다. 글쓰기가 본디 읽힘을 의무로 갖는 "소통의 행위"라면, 흔히 말하는 "원전지상주의" 또는 "비전적 글쓰기" 등은 그 자체로 이미 '글쓰기 규범'을 깨뜨리는 '**비도덕적 행위**'라고 볼 수 있다.

이러한 규정은 논리의 비약처럼 보인다. 하지만 이 문제는 "도덕"의 의미에 따라 결정되는 문제이다. 만일 전달을 목적으로 하는 모든 글쓰기가 사회적 행위이고, 모든 사회적 행위가 도덕과 관계된다면, 글쓰기 또한 도덕과 무관하지 않다. 다른 사람을 존중하고, 그를 나와 같이 여기며, 수단으로 대하지 않고 목적으로 대하고, 거짓되지 않은 참된 마음으로 그를 대할 때 우리의 행위는 "도덕적"이라고 할 수 있다. 만일 누군가 독자를 무시하거나 업신여기거나, 독자의 무지를 감안하지 않는 오만한 글을 썼다면, 그는 비도덕적이라고 할 수 있다.

이 문제를 잠깐이나마 근거 있게 다루기 위해 "**군자 주이불비 소인 비이부주(君子周而不比 小人比而不周)**"[28)]라는 말을 끌어들여 보자. 이 말은 "군자는 두루하여 치우치지 않고, 소인은 치우쳐 두루하지 못한다."라고 옮겨질 수 있다. 한 걸음 더 나아가 군자(君子)는 "자신의 이익보다 사회 전체의 공익을 우선적으로 생각하는 인간유형"을 뜻하고, 따라서 "사회적으로 지도적 위치에 있어야 하는 사람"이라면, 소인은 그 반대가 된다. 여기서 경제와 도덕은 결코 분리될 수 없다. 사회적 빈곤이나 가난은 '고르게 나누지'[균(均)] 못해 '사람 사이의 어울림' [화(和)]이 깨지는데서 비롯하고, 그것은 의심과 시기를 낳으며 불안을

28) 『논어(論語)』「위정(爲政)」 14장(章).

낳고, 불안은 결국 위기를 불러들여 세상이 어지러워진다.[29] 대도(大道)를 행하는 이를 일러 군자라 할 수 있다면, 군자는 대동의 사회를 실현하는 사람을 말한다.[30] 모두 조화를 이루어 더불어 잘 사는 사회를 만들어 가는 사람을 군자라 한다면, 자기와 주변 사람들만 잘 살면 그만이라고 여기며 자신들의 이익만 챙기는 사람을 소인이라 할 수 있다.

우리가 군자를 도덕적 행위자의 대표로 보고, 소인을 비도덕적 행위자의 대표로 볼 수 있다면, **모두에게 두루 소통될 수 있도록 글을 쓰는 사람**을 **'군자'**라 할 수 있고, 자기들끼리만 알 수 있는 글로 글을 쓰는 사람을 '소인'이라 할 수 있을 것이다. '큰 사람'으로서의 군자는 '모두에게 두루 소통되어 두루 이익될 수 있는 글'을 쓸 테고, '작은 사람'으로서의 소인은 '특정인에게만 소통되어 자기들만의 이익만 차리는 방식'으로 글을 쓸 것이다. 군자의 지위에 선 사람의 말과 글은 모두에게 큰 영향력을 끼치게 마련인데, 그러한 사람이 몇몇만 알아들을 수 있는 말과 글을 쓴다면, 그는 이미 '참다운 군자'라 할 수 없을 것이다. 글쓰기가 바로 그 사람의 됨됨이를 닮는 까닭에 글 자체는 바로 글쓰미의 얼굴이라고 할 수 있다.

---

29) 『논어(論語)』「계씨(季氏)」16장(章) : "丘也聞有國有家者, 不患寡而患不均, 不患貧而患不安, 蓋均無貧, 和無寡, 安無傾." 성백효 역주, 『논어집주(論語集註)』, 전통문화연구회, 1994 3판5쇄, 328-9 쪽 살핌.

30) 『예기(禮記)』「예운(禮運)」 : "大道之行也, 天下爲公, 選賢與能, 講信脩睦, 故人不獨親其親, 不獨子其子, 使老有所終, 壯有所用, 幼有所長, 矜寡孤獨廢疾者, 皆有所養, 男有分, 女有所歸, 貨惡其弃於地也, 不必藏於己, 力惡其不出於身也, 不必爲己, 是故謀閉而不興, 盜竊亂賊而不作, 故外戶而不閉, 是爲大同."("대도(大道)가 행해질 때는 천하가 모두 전체사회(公)를 위한 것이었다. 어질고 유능한 사람을 뽑아서 책임을 맡기고 서로 신의를 지키고 친목(親睦)을 도모한다. 자기 어버이만 사랑하거나, 자기 자식만 사랑하지 않는다. 늙은이는 돌보아주는 데가 있고, 젊은이는 써주는 데 있고, 어린이는 길러주는 데 있고, 홀아비, 외로운 이, 불구명자는 다 봉양해 주는 데가 있으며, 사내는 짝이 있고, 계집은 돌아갈 데가 있다. 재물은 땅에 버려두지는 않지만 반드시 자기의 사유로 축적하지 아니하며, 힘은 자신으로부터 나오기를 원하지만 반드시 자기만을 위해서 사용하지는 않는다. 그런 까닭에 음모가 없고 도덕이 생기지 않아서 집집이 바깥 대문도 닫지 않는다. 이런 사회를 대동이라 한다."

새로운 글쓰기 주창자들은 소수에게만 해당하는 보편적, 객관적, 전문적 글쓰기를 넘어 공동체 모두에게 두루 통용될 수 있는 역사적, 경험적, 주체적 글쓰기를 제안한다. 한 마디로 말해 모두가 서로 소통할 수 있는 글쓰기를 제안한다. 이러한 글쓰기는 "공동체적 소통 가능성"을 목표로 한다는 점에서 "도덕적"이다. 반면 조선시대의 한문 글쓰기는 계급 지배의 의지가 배어 있을 뿐 아니라 특정 계층만을 소통 대상으로 삼고 있다는 점에서 이미 "비도덕적"이다. 오늘날 "외국어로 글쓰기"를 자랑하거나 대부분의 한국인이 알아들을 수 없는 외국어 낱말 풀이로써 자신을 뽐내려 하는 현대 한국의 인문학자들 또한 "비도덕적"이기는 마찬가지이다. 글에는 사랑이 담겨야 한다. 이 사랑이 곧 어짊이고 양심이며 도덕이다. 글이 도덕적이지 않다면 그것은 어떤 의미에서는 이미 글이 아닌 셈이다.

나누기 2. 글쓰기의 본질과 목적

도막 1. 글쓰기란 무엇인가?

"글쓰기"라는 말은, 사전적 의미를 그대로 따르자면, 글을 적는 것을 뜻한다. 받아쓰기 시험은 선생님이 소리 내어 읽은 바를 글자로 적는 시험을 말한다. 거기에는 정답이 되는 문장들이 있다. 이 시험은 글자로 쓰인 문장을 소리의 매개를 거쳐 다시 글자의 형태로 틀리지 않게 옮겨 적을 줄 아는 능력을 기르기 위한 것이다. 이때 글쓰기는 읽기와 대비되는 공부의 한 종류이다. 또 일기 쓰기는 하루 동안 자신에게 일어났던 일들 가운데 기억해 둘만한 것을 반성적으로 적어 두는 것을 말한다. 이는 자신의 생각을 글자의 형태로 전환하는 일에 해당된다. 시나 소설을 쓴다는 말도 이런 의미에서 이해될 수 있다. 한 마디로 추려 말하자면, 쓰기는 소리나 생각을 글자의 모양으로 나타내는 행위를 뜻한다고 할 수 있다. 글쓰기의 일차적 의미는 글자 적기에 있다.

그런데 글쓰기에는 글을 적어야 할 방식이나 형식 또는 양식이 앞서 정해져 있다.[31] '받아쓰기'에는 불러 주는 그대로 적기라는 양식(꼴)이 요구되고, '일기 쓰기'는 날짜와 요일 또는 시간과 장소 그리고 인물과 사건 등이 글쓰미 자신의 되새김을 통해 이야기되는 양식을 갖추어야 한다. 시나 소설을 쓰는 데도 나름의 형식이 필요하다. 알맞은 형식을 사용하는 능력을 흔히 기법(技法)이라 부르기도 한다. 더

31) 글의 갈래마다 구분되는 독특한 특징과 형식 그리고 예문들에 대해서는 황송문, 257-404 쪽 살핌.

나아가 머릿속에 떠오른 노래와 같은 것을 악보에 음표들로써 나타내는 것도, 그것이 특정한 형식을 갖춰 적는 한, 쓰는 행위에 속한다고 말할 수 있다.

글을 쓰기 위해서는 무엇보다 **쓸 글**이 있어야 한다. 이때의 쓸 글이란 한국말과 같은 것을 뜻한다. 한국말을 쓴다는 것은 그 말로써 서로의 뜻을 함께 나눌 수 있다는 것을 말한다. 한글은 한국말을 적기 위한 상징체계이다. 글자를 적는 방식은 구은 흙이나 돌판 또는 나무껍질 등에 새겨 넣는 것(각명 문자), 또 종이에 붓이나 펜 등으로 색깔을 입히는 방식(표면 문자), 그리고 타자와 기계 장치를 통해 구현되는 것(기술적 영상) 등이 있다.[32] 글자는 사물 속에 새겨지기도 하지만, 표면에 색칠되기도 하고, 전자적으로 재현되기도 한다. 글쓰기에는 글자가 적힐 재료, 즉 쓰일감—여기서 이 말은 글자가 쓰일 사물, 보기컨대, 종이나 비춤막(스크린) 같은 것을 일컫는다—과 글을 쓸 사람 그리고 글자를 적기 위한 도구 등이 필요하다. 흔히 종이, 붓, 먹, 벼루로 꼽히는 "문방사우(文房四友)"는 붓글씨 쓰기의 기본적 도구라고 할 수 있다.

글쓰기는 자신의 신체를 이용하고 도구들을 활용하여 글을 적어 나가는 일을 말한다. 이때 주어진 글을 그대로 옮겨 적는다면, 그것은 **베끼기**가 된다. '베껴 쓰기'를 위해서는 스스로 생각할 필요가 없다. 하지만 주어진 글이나 말을 제 말글 속에 그대로 옮겨 넣을 때에는 문맥의 적합성에 대해 깊은 숙고가 필요하다. 인용(引用)은 남의 글에서 특정 부분만을 뽑아내어 옮겨 적는 것이기는 하지만, **뽑아오기**에는 이미 뽑은 글과 자신의 글 사이의 통일성, 일관성, 완결성[33]에 대

32) 빌렘 플루서, 『디지털시대의 글쓰기. 글쓰기에 미래는 있는가』, 윤종석 옮김, 문예출판사, 1998. 38-48 쪽 살핌.

한 판단이 앞서 일어난다. 또 자신의 글은 빈약한 채 남들의 글로 채워진 글, 또는 단락들 사이의 체계적 연관성이 없는 글을 짓는 것에 대해 우리는 흔히 "**짜깁기**"라는 이름을 붙인다. 짜깁기는 본디 찢어진 옷과 같은 것을 그 감의 올을 살려 흠집 없이 짜서 깁는 일을 뜻하지만, 여기서는 기존의 글들을 이리저리 편집하여 하나의 새로운 글을 만들어 내는 일을 일컫는다.[34] 이때 필요한 능력은 읽기 능력과 비평의 능력 그리고 편집 능력까지이다. 짜깁기한 글에는 그 글에 자신의 이름을 붙일 수 있는 권리 원천인 독창적 창의성이 없다. 이는 숲 속 왕이 되고 싶어 다른 새들의 떨어진 깃털을 주워 모아 자기 몸에 치장했던 이솝 이야기에 나오는 까마귀의 노력에 비춰 볼 수 있을 것이다.

하지만 베끼기든 따오기(인용)든 짜깁기든 우리는 이 모든 것에 대해 어쨌든 "**글쓰기**"라는 말을 쓸 수 있다. 글을 쓸 때 일어나는 가장 중요한 특징은 낱말들이 가로 또는 세로로 또는 그 밖의 형태로 줄을 지어 생겨난다는 것이다. 이러한 글의 줄은 생각의 흐름이 굳어진 흔적들이라고 할 수 있다. 머릿속에서 맴돌면서 순환하는 상태로 있던 생각들—신화적으로 생각하기—을 문자기호들을 통해 줄지어 배열함으로써 '논리적으로 생각하기'가 활발하게 전개된다. 글쓰기는 혼란스러운 생각들에 일종의 문자적 따옴표들을 붙여 언어적 질서, 즉 글줄의 체계 속으로 편입시키는 납치이다.[35]

---

33) 이 세 가지를 "단락 구성의 원리"라 한다.(박덕유, 178-186 쪽 살핌) 쇼펜하우어는 "문체, 문법, 논리"를 꼽았다.(『문장론』, 김욱 옮김, 지훈, 2005. 101 쪽, 164 쪽.)

34) 쇼펜하우어에 따를 때 "짜깁기"는 "어디선가 곁눈질한 타인의 사상을 조금씩 끄집어내" 자신의 편협한 지식을 감추고, 자신의 미숙한 사상을 마음껏 덧칠한 후 위대한 철인(哲人)의 그림자를 흉내 내려는 글쓰기라고 할 수 있다.(쇼펜하우어, 98-101 쪽 살핌.)

35) 빌렘 플루서, 21-22 쪽 살핌.

> 만약 여러분이 한 문장 또는 한 단락을 쓰는 데 문법적으로 통제가 안 된다면 여러분의 사고가 십중팔구 통제가 안 되고 있는 것이다. [… 건너뜀…] 만약 한 사람이 어떤 철학적인 주제에 대해 지속적으로 문법적인 문장을 연이어 쓸 수 있다면 그 사람은 아마도 그가 논의하고 있는 것에 대한 정합적인 관념(coherent idea)을 갖고 있을 것이다.36)

"통제(統制)"란 어떤 것이 다른 어떤 것들을 거느리기 위해 그것들이 어떤 한계를 넘어가지 못하도록 일정한 틀에 가두거나 묶는 것을 말한다. 말과 글은 사유(思惟), 즉 생각을 통제하기 위한 것이다. 이 말을 뒤집어 보자면, 생각은 말과 글의 형식을 넘어선다. 생각은 말과 글의 질서로 통제될 수도 있지만, 그것의 통제를 벗어날 수도 있다. 게다가 생각은 그림으로써도, 노래나 기호 등으로도 이루어질 수 있다. 영적(靈的) 능력은 텔레파시처럼 특정한 전달 수단으로써 통제되거나 제한되지 않는 정보 소통 방식이라고 말할 수 있다.

생각하기는 그것이 수학적 기호로써 이루어질 때 '수학적 생각하기'일 수 있고, 그림으로써 이루어질 때 '그림으로 생각하기'일 수 있다. '수학적 기호로써 생각하기'는 '사람들 말로써 생각하기'와 비교할 때 그 생각을 서로 함께 나눌 사람이 적을 것이다. 문법은 '말의 골'로서 말글의 굳어진 바퀴자국 또는 말글의 굴러다닐 길이라고 볼 수 있다. 말글은 생각 자체나 생각의 흐름을 가다듬을 수단으로서 생각 자체를 아름답고 서로 소통이 쉽게 빚어줄 뿐 아니라, 생각과 생각을 매끄럽게 이어주며, 더 나아가 생각의 모습이나 이음새를 평가할 수 있다.

---

36) A. P. 마티니치 지음, 강성위 장혜영 옮김, 『철학적으로 글쓰기 입문』, 강성위·장혜영 옮김, 서광사, 2007, 18-19 쪽.

글을 쓴다는 것은 나 또는 남의 생각들을 말글의 질서를 통해 배열하는 것이고, 그로써 생각의 순서를 확정짓는 것이다. 따라서 글쓰기를 배운다는 것은 생각하는 법을 터득하는 것이고, 스스로의 생각을 조리 있게 펼쳐 갈 수 있는 방법을 익히는 것이다. 더 나아가 쓰인 글은 곧바로 다른 사람들에게 '누군가의 정돈된 생각들'로서 읽혀질 수 있기 때문에, 글쓰기를 할 때 우리는 다른 사람들이 읽었을 때를 염두에 둔다. 빌렘 플루서는 이러한 사태를 다음과 같이 표현한다.

> 글쓰기 행위의 배후에 숨어 있는 모티프는 사유들을 정돈하는 것만이 아니라, 또한 사유들을 타인에게 정돈시키는 것이다.…글쓰기 행위는 하나의 메타사유적인 내면으로 향해진 동작일 뿐만 아니라, 그것은 또한 바깥으로 표현(Ausdruck)하는, 외부로 향하는 (정치적인) 몸짓이다.[37)]

글쓰기는 자기의 생각과 느낌과 욕구 등을 드러내기 위한 것일 뿐 아니라, 또한 그러한 것들을 다른 사람들에게 드러내기 위한 것이기 때문에 언제나 표현의 갈등을 겪는다. 이러한 갈등의 고통을 피하기 위한 가장 좋은 방법이 베끼기이거나 따오기(인용)이거나 짜깁기라고 할 수 있다. 이러한 글쓰기는 스스로의 생각과 뜻을 자신의 글로써 짓는 방식은 아니지만, 진술의 근본 뜻으로 제시되었던 '함께 나누기'(의사소통)를 위해 일종의 빌려온 글로써 글을 짓는 방식이라고 할 수 있다. 우리가 글을 지어 함께 나누고자 하는 것들은 어떤 사실이나 정보(情報), 의미(意味), 품은 뜻, 주고받고자 하는 마음(정, 情), 세계관이나 가치관 등, 이루 헬 수 없이 많다. 즉 우리가 느끼고 생각

37) 빌렘 플루서, 22 쪽.

하고 바라고 믿는 모든 것을 서로 함께 나누고자 하는 마음이 곧 글짓기에 담긴 목적이 된다.

글쓰기는 이러한 글짓기의 구체적 수행이다. 글로써 '함께-나누기'가 성공적으로 이루어지려면, 그것의 소통이 원활해야 한다. 즉 우리가 서로 함께 갖는 기호 체계나 그 표현 자체가 올발라야 한다. 글쓰기는 글짓기를 목적으로 글짓기의 법에 따라 글을 작성(作成)하는 것을 말한다. 글쓰기는 앞서 정해진 '쓰기 방식'에 따라 맞고 틀림이 결정되는 규제적 행위이다. 그렇기 때문에 특정한 형식으로 굳어진 글쓰기들이 흔하다. 서류 쓰기, 원서 쓰기, 계약서 쓰기, 기사 쓰기 등은 그 형식이 미리 지정되어 있고, 글쓰미는 내용만 채워 넣으면 된다. 이때의 "쓰기"는 보통 "작성(作成)"이라는 말로 바꿔도 무방하다.

글쓰기는 글쓰미가 나타내고자 하는 바를 올바로 드러내기 위해 거기에 적합한 형식의 글을 쓰는 것을 말한다. 글쓰기는 글을 제멋대로 짓는 게 아니라, 기본적 제약 사항들을 잘 지켜 가며 짓는 것을 말한다. 글을 지을 때의 형식적 제약은 글짓기를 제한하기 위한 목적이기보다 글의 목표를 보다 잘 달성하기 위한 것이다. 보기컨대 어떤 주장을 할 목적으로 글을 짓고자 할 때 가장 효과적인 글의 갈래는 논설문과 같은 것이 될 것이고, 풀이를 위해서는 설명문이, 어떤 내용을 보고할 때는 보고서가, 주어진 주제에 대해 자신의 견해를 논(論)하고자 할 때는 논술문이 적절한 글의 형태가 될 것이다. 그러므로 논술이나 진술은 글쓰기의 한 형식에 속한다. "논술"은 "논리적 진술" 즉 "논리적 글쓰기"로서 규정되어도 결코 틀리지 않다.

글을 쓴다는 것은 글을 구사(驅使)한다는 것이다. "구사"란 "부려 씀"을 뜻한다. 글을 잘 쓴다는 것은 글을 마음대로 또는 빼어난 솜씨(능수능란, 能手能爛)로 다루어 나갈 줄 안다는 것을 말한다. 글쓰기는 그때마다의 글짓기의 목적을 제대로 달성할 수 있는 적합한 형식들을 선택해 나가는 과정이다. 선택의 긴 과정이 끝나 한 편의 글이 완성될 때 글이 다 지어지는 것이고, 새로운 글이 만들어진 것이다. "새 글"은 "전적으로 자기 자신의 낱말과 생각만으로 된 글"을 뜻할 수 없다. 글쓰기는 주어진 형식들과 문체들 그리고 다양한 실제 글들을 전제로 하는 선택의 과정이다. 구어체, 문어체, 논문체, 서사체 등의 문체를 자유자재로 구사하거나, 풍부한 어휘력을 갖췄거나, 읽으미(읽는 사람)의 심금을 울리거나 동감을 불러일으킬 줄 아는 글을 쓰는 사람을 우리는 글재주가 뛰어나다고 말한다.

글은 말이 상징적 형태로 탈바꿈 된 것으로서 이미지의 형태를 띤다. 글이란 말을 적기 위한 수단이다. 적는다는 것은 새긴다는 뜻이다. 이때 새김의 대상은 뜻이 아니라, 말을 가리키는 이미지이다. 말이 눈에 보일 수 있는 형태로 전환된 것이 곧 글이다. 그렇기 때문에 글을 쓸 때 우리는 자신의 생각을 대상화하거나 가다듬기가 쉽고, 쓰인 글 자체를 통해 그리고 그 글의 독자인 다르미(다른 사람)의 눈을 통해 자신을 성찰하고, 나아가 글이라는 의사소통의 수단을 통해 다르미를 더 잘 이해할 수 있게 된다. 글쓰기는 다르미의 글을 대하는 태도를 갖추는 인격성장과 지성인의 사회적 소양을 쌓는 밑거름이 되기도 한다.38)

글은 말과는 다른 형태의 의사소통 수단이다. "**의사소통(意思疏通)**"이라는 말은 뜻이나 생각이나 마음 등이 막히지 않고 서로 통하는 것을 뜻한다. 말하기와 글쓰기 모두 우리 자신의 몸을 써야 하는 행위이다. 입을 움직이거나 손을 사용해야 한다. 우리는 말이나 글을 함께

---

38) 하병학, 124 쪽 살핌.

나눔으로써, 즉 말하기와 글쓰기를 통해 더불어 살아갈 수 있다. 말과 글은 이러한 '더불어 살기'의 차원에서 차이를 갖는다. 데리다는 글쓰기를 시간과 공간의 제약을 넘어서기 위한 의사소통 행위로 간주한다.[39] 그러나 **글쓰기**는 데리다가 주장하는 바처럼 청자의 부재(absence) 때문에 수행된다기보다—이러한 목적의 글쓰기는 편지 쓰기와 같은 특수한 형태의 글쓰기라고 할 수 있다—말의 기록(저장)과 고정(작품화) 그리고 '함께-나누기'를 목적으로 수행된다.

글쓰기는 말을 글의 형태로 고정시킴으로써 '그 자체로 존립하게' 하려는 행위, 보존의 행위이다. 쓰인 글은 글쓰미(글을 쓰는 사람)뿐만 아니라 읽으미(읽는 사람)에게도 하나의 '독립된 대상'이 된다. 즉 작품이 된다. 글은 인쇄를 통해 수많은 사람들에게 유통될 수도 있고, 인터넷을 통해 끝없이 복사될 수도 있다. 하지만 그렇게 복제된 글이 글일 수 있기 위해서 그것은, 데리다의 말을 빌려 표현하자면, '반복가능성'(iterability)[40]을 가져야 한다. 하나의 글은 그것을 접하는 모든 사람에게 그때마다 그 자체로 반복적으로 읽혀야 한다. 이때 그 내용은 사람마다 다를 수 있다. 이를 달리 말하면, 글은 그것이 누군가에게 읽혀질 수 있을 때, 즉 그 내용이 반복적으로 파악될 수 있을 때 비로소 글이 된다. 그렇다고 그 글이 하나의 고정된 의미를 가져야 한다는 것은 아니다. 하나의 예술 작품이 다양한 해석 가능성을 가지듯 작품으로서의 글 또한 끊임없이 다르게 해독될 수 있다.

글쓰기는 **말의 작품화**로서 이해될 수 있다. 말 자체가 다양한 해석 가능성을 갖기 때문에 선택의 연속으로서의 글쓰기에는 선택의 고통

39) Jacques Derrida, "Signature Event Context", in *Margins of Philosophy*, Chicago, 1982. p. 309-330.
40) Jacques Derrida, p. 315.

이 따르고, 아울러 글 자체가 글쓰미와 읽으미를 공동의 맥락 속에 붙잡아 두는 게 아니기 때문에 간접적 의사소통이 초래할 수 있는 오해의 위험을 감수해야 한다. 글을 쓴다는 것은 이미 말에 대한 특정한 선택, 즉 다양한 해석을 전제로 하기 때문에 글쓰기 자체는 해석을 둘러싼 갈등을 풀어가는 과정과도 같다. 우리는 글쓰기를 통해 사회적 갈등을 반성적으로 인지할 수 있고, 따라서 갈등적 상황에서 대화를 통해 문제를 해결할 줄 아는 합리성을 키울 수도 있다. 하지만 글쓰기는 글쓰미가 주도하는 대화이자, 자신의 선택적 해석에 근거한 주장이기 때문에 자기중심적 세계관을 고착시킬 수도 있다.

글쓰기는 우리에게 현실을 반성적이고 체계적으로, 즉 글의 형식에 맞춰 이해할 수 있게 해 주고, 자신의 주장을 논리적으로 전개시킬 수 있게 해 주며, 그로써 자신이 처한 다양한 문제들을 다양한 관계들을 고려하여 보다 적절히 해결할 수 있게 해 준다. 글쓰기는 이미 쓰인 글들을 적극적으로 활용하는 행위이기 때문에 **'글-읽기'**를 전제한다. 글을 읽지 않으면 글을 쓸 수 없다. 글쓰기가 다양한 해석 가능성을 안고 있는 말의 작품화로서 이해될 수 있는 한, 글을 읽는다는 것 또한 '해석의 갈등'을 전제한 행위라고 할 수 있다. 읽음은 선택이다. '글-읽기'는 해독(解讀)으로서 글쓰기에서 요구되는 모든 제약에 대한 앞선 이해를 전제한다. 글을 읽으면서 우리는 그 글 자체의 뜻을 풀이하려 할 뿐 아니라, 글쓰미가 그 글로써 뜻하고자 했던 바를 함께 파악하려 하고, 더 나아가 그 글이 함축할 수 있는 숨겨진 뜻들까지 일구어 내려 한다.

우리가 글 읽기에서 얻고자 하는 바가 바로 **글쓰기의 최종 목적**이라 할 수 있다. 글쓰기는 자신이 하고자 하는 말을, 스스로 지어낸 글이나, 아니면 자신의 생각이나 뜻을 잘 표현해 주는 다른 사람들의 글을 적절히 부려 쓰는 방식으로 작품화하기 위한 행위이자, 그러한 글 속에 담긴 뜻과 생각을 다르미들[다른 사람들]과 의사소통을 원활하게 하기 위해 정형화된 형식을 사용하는 글짓기이다. 그렇기 때문에 자신의 생각이 제대로 담기지 못했거나 자신이 하고자 했던 말을 올바로 전달하지 못하는 글은 '틀린 글'이 된다.

"논술"은 "논리적 진술"로서 논리적 글쓰기이다. 논술은 '논리적 글'을 쓰는 일을 말한다. 여기서 "논리적"은 "논증의 형식을 통해 이루어지는 것"을 뜻하지 않고, "이치에 맞음" 또는 "말 됨"을 말한다. 서로가 주고받는 말을 통해 이루어진 말이나 글이 "말이 될 때", 즉 그 말글이 쓰임새에서 옳고 진리성에서 바를 때, 우리는 그 말글을 통해 그 속에 담긴 바 전체—뜻, 느낌, 울림, 세계관, 관계—를 서로 함께 나눌 수 있게 된다. 논술의 훌륭함의 정도는 글쓰미가 사용한 말글의 쓰임새나 진리성 그리고 그 안에 담긴 내용 전체와 의사소통성 등에 의해 결정되어야지, 논증과 같은 어느 한 가지에 치우쳐 평가되어서는 곤란하다.

논술은 주어지거나 발견된 문제에 대한 글쓰미의 느낌과 생각 또는 비판과 주장 등을 "말이 되도록" 글로써 적어 내는 일이다. 글쓰기의 기본은 자신이 만난 대상이나 느낀 느낌을 글로써 그대로 나타내는 일, 즉 서술(敍述) 또는 기술(記述)이다. 진술의 근본 성격 가운데 하나가 "진술의 대상"이므로, 글을 쓰고자 하는 사람은 글의 주제나 대상 또는 소재 등에 대한 정확하고 사실적인 기술을 할 수 있어야 한다.

도막 2. 글쓰기의 근본 목적

이제까지 글쓰기의 다양한 목적들을 살펴보았다. 먼저 글쓰기 제도에서 추구된 글쓰기 목적은 '바른 문장 쓰기'로 분석되었고, 다양하게 제시된 '새로운 글쓰기 주장들'에서 추구된 글쓰기 목적은, 하나로 통합시키기는 어렵지만, '뜻의 전달'로 규정할 수 있다. 무엇보다 서양의 근대적 합리성에 기초한 "논문적 글쓰기"는 '우리'의 역사와 전통 그리고 '우리'의 삶과 생각을 제대로 담아낼 수 없고, 그렇기 때문에 과거의 '우리'를 미래의 '우리'에게 제대로 전달할 수 없다. 따라서 이제는 '우리'에게 어울리는 글쓰기 틀이 요구된다. 즉 '우리들' 서로가 자유롭게 소통할 수 있는 글쓰기를 해야 한다. 외국어 원전의 지나친 인용과 삽입 등으로 얼룩진 '소개식 글쓰기'를 피하고 우리들 누구나가 이해할 수 있는 글쓰기가 요구된다.

한국어 문법에 어긋나지 않는 바른 글을 쓰는 것은 '한국어로 글쓰기'의 기본이 될 것이고, 글쓰미 자신이 말하고자 하는 뜻을 올바로 세워 그 뜻을 다른 사람들에게 전달하는 것은 '글쓰기 일반'의 토대가 될 것이다. '바른 글'이 궁극적으로 그 글에 담긴 뜻을 다른 사람에게 두루 전달하기 위한 것인 한, 이제까지 살펴 본 글쓰기의 목적은 결국 뜻의 전달에로 집약되는 셈이다. 공동체 내에서 상대방을 설득하기 위한 말의 기술을 연구했던 고전수사학이나 소통 장애에 대한 치유를 목적으로 하는 신수사학조차도 글의 목적이 '뜻의 전달'에 있다는 것은 반대하지 않는다. 글의 다양한 위상의 변화에도 불구하고 **글쓰기의 목적**이 뜻의 전달에 놓인다는 사실은 변함이 없는 듯 보인다.

뜻의 원활한 전달을 위해서는 역사적 맥락에 대한 공유, 처해 있는 상황이나 현실에 대한 공감, 주고받는 언어의 소통성, 그리고 말글을 함께 나눌 사람에 대한 깊은 이해가 요구된다. 이는 글쓰기의 새로움이 바로 주체성의 발견과 일맥상통한다는 것과 같다. 19세기 조선에서 전개되었던 **달의론(達意論)** 또한 이러한 사실을 잘 보여준다. 달의론은 과거문체의 형식적이고 몰개성적인 글쓰기를 비판하고 나왔다는 점에서 고려의 이규보(李奎報, 1168-1241)에 의해 주창되었던 주의론(主意論)을 이어받았을 뿐 아니라, 조선 시대에 수용되었던 의고문풍(擬古文風)과 도학문풍(道學文風)의 글쓰기에 대한 비판과 반성을 포함한다.[41] 이 주장은 '생각[意]'을 중시하는 당송고문 계열의 문인들이 펼쳤다. 홍석주는 달의론의 요지를 다음과 같이 말한다.

> "글은 생각을 전달하는 것[達意]을 위주로 하고, 생각[意]은 이치에 합당하는 것이 중요하다."[42]

"**달의(達意)**"란 생각 또는 뜻의 전달을 말한다. 윗 글월에 따를 때 글의 주된 목적은 생각이나 뜻을 전달하는 데 놓인다. 여기서 "의(意)"라는 낱말의 해석이 문제된다. 당대의 문장론에 대한 정식화 "이도위문(以道爲文)"을 버리고, "즉심위문(卽心爲文)"을 주장한 데는 글쓰기 목적에 관한 일대 변화가 일었음을 나타낸다. 왜냐하면 의(意)는 도(道)와 달리 저마다 학자가 스스로의 학문을 통해 갖추게 되는 견식해오(見識解悟), 즉 글쓰미 자신의 주체적 자각을 통해 얻게 되는 진리—자득(自得)한 진(眞)—을 뜻하기 때문이다. 도(道)가 온세계(天地)의 모든 사물(事物)을 규정하는 근본원리라면, 의(意)는 도(道)에 대한 저마다의 해석을 의미한다. 이는 글쓰기를 모방이 아닌 창작, 그것도

---

41) 김철범, 89 쪽 살핌.

42) 홍석주, 『학강산필』 권2 41항:"文以達意爲主, 意以當理爲貴." 여기서는 김철범 89 쪽 다시 따옴.

주체적 창작으로 이해하려 했다는 것을 뜻한다.[43]

홍석주는 이렇게 글 속에 세워 담겨진 뜻을 전달하기 위한 원리로서 우선 **“문종사순(文從辭順)”**[44]을 꼽았다. 이는 글의 문체란 그 뜻을 알아보기 쉽도록 해 주어야 하고, 글의 꾸밈이란 논리적이어야 한다는 것을 말한다. 다음으로 **“사필기출(詞必己出)”**을 들었는데, 이는 문장을 구성할 때 고문의 이곳저곳에서 자신이 말하고자 하는 바와는 아무 상관도 없는 글귀들을 이것저것 따오지 말고 자신만의 독창적인 표현을 사용하라는 것을 말한다.[45]

그러나 견식해오(見識解悟)로서의 의(意)와 사필기출(詞必己出)에 의한 달(達)에 관한 홍석주의 주장 자체가 오늘날의 우리에게는 제대로 소통되기 어렵다. 글쓰기의 일차적 목적이 의사소통이나 ‘뜻의 전달’에 있다고 주장하는 학자가 ‘자기들’만의 언어(한자)로 글을 썼다는 것 자체가 여기서 말하고자 하는 “글쓰기의 길”에서 벗어난 것이며 시대적 한계를 가지고 있다. “달의”와 “소통”을 강조하는 글쓰기 연구가들이 정작 그 뜻이 전달되거나 소통될 세계를 주의 깊게 살피지 않는다는 것은 매우 놀라운 일이다. 세계의 간과와 망각은 곧 그 세계 속에서 살아가는 사람들에 대한 경시를 뜻한다는 점에서 서글픔을 낳는다.

달의론과 의사소통론에서는 세계와 사람에 대한 성찰만 간과되는 게 아니라 “뜻”과 “의(意)” 그리고 “의미(意味)”와 “의의(意義)” 등과 같은 ‘바탕 낱말’도 제대로 해명되지 않고 있다. **‘뜻’**은 어떤 것이 특정한 관점에 따라 두드러져 나와 우리에게 뚜렷해진 것을 말한다. 여

43) 김철범, 89-91 쪽 살핌.

44) 홍석주, 『淵泉集』 권16, 「與李審夫書」:“獨執事之文, 雍容典雅, 雖步趨折旋, 一循古法, 而文從辭順, 未嘗爲一句艱棘語, 此平日所以斂衽之不暇.” 여기서는 김철범 92 쪽 다시 따옴.

45) 김철범, 92-93 쪽 살핌.

기서 "관점"은 "낱말"과 같은 것을 뜻한다. "붉은 꽃"이라는 말은 어떤 것(꽃)을 붉음의 범주에서 보게 해 주는 일종의 관점이다. '뜻'은 낱말과 같은 것에 의해 '가리켜진 사물'이나 '그러한 방식[낱말을 통해]으로 드러난 모든 것'을 일컫는다. '의(意)'란 '뜻으로써 나타내고자 하는 바'를 말한다. 방금의 보기로써 말하자면, '붉은 꽃'은 사랑의 뜨거움을 나타낸다. 이때 "사랑의 뜨거움"과 같은 것이 의(意)이다. 이와 달리 "의미(意味)"는 의(意)를 구체적으로 경험한 내용을 말한다. 다시 앞의 보기로써 말하자면, 붉은 꽃으로서의 장미를 사랑하는 연인에게서 선물로 받았을 때 직접 경험하게 되는 '사랑의 뜨거움'을 말한다. "의미(意味)"가 사람마다 개별적으로 맛볼 수 있는 '저마다의 뜻(意)'을 말한다면, "의의(意義)"는 모두에게 공통된 떳떳하거나 객관적인 뜻(意)을 말한다.

이러한 구별만으로도 글을 통해 전달하고자 하는 '뜻'의 개념과 위상이 어느 정도 드러났을 것이다. 그런데 이 뜻은 언제나 특정의 해석학적 지평을 전제하고, 이 지평은 다시금 이해의 차원을 전제한다. 이때 전제되는 내용은 사람들에게 공유되는 점만큼이나 근본적으로 저마다에게 고유할 수밖에 없는 것이다. 누군가 자신의 뜻을 밝힌다는 것은 공감만큼이나 반감을 살 위험을 감수하는 행위이다. 뜻을 통해 우리는 서로 차이가 날 수 있다. 이 차이는 우리를 두렵게 한다. 서로 뜻을 함께 나누기 위해 글을 쓸 때 우리가 두려워하는 것이 바로 이러한 차이에 의한 평가 또는 분열이다. 누군가 자신의 뜻을 밝힌다는 것은 단순히 그 뜻 자체만을 드러내는 것이 아니라, 그것의 수많은 전제들까지 함께 폭로하는 것이다. 그렇기 때문에 뜻을 전달하기 위한 글을 쓰는 게 결코 쉽지 않은 것이다.

글쓰기의 일차적 목적이 의사소통이나 '뜻의 전달'에 있다 손치더라도 "뜻"의 의미가 제대로 해명되지 못하고 있는 한, "뜻의 전달"이라는 규정은 글쓰기의 목적에 대한 온전한 해명이 될 수 없다. "뜻의 전달"이 글쓰기의 근본 목적이 되려면 "뜻"과 "의(意)" 그리고 "의미(意味)", 더 나아가 "의의(意義)" 등이 옳게 구별되어야 할 뿐 아니라 무엇보다 그 구별의 마당 또는 지평이 앞서 드러나야 한다. 아울러 "전달"의 의미도 함께 해명되어야 한다. 전달해야 할 것으로서의 뜻이 모호한 채로 남는 한 "뜻의 전달"이라는 규정은 공허할 뿐이다.

비록 "뜻의 전달"이라는 규정이 문제가 있을지라도, 이 규정 자체는 거부될 수 없다. 만일 말과 글이 뜻을 전달하기 위한 것이라면, 말과 글의 구조에는 '**뜻의 전달**'과 같은 요소가 포함되어 있어야 한다. 이를 확인하기 위해 우리가 글을 쓸 때 일어나는 현상에 주목해 보자. 글은 "누군가" "누군가에게" "무엇에 대해" 쓴 것이다. 여기에 언제, 어디서, 왜 등의 의문사를 더 첨가할 수도 있다. "누군가"는 글을 쓰는 사람 자신을 말한다. 글을 쓸 때 글쓰미는 '자기'와 말을 나눠야 한다. 스스로의 생각을 묻고, 스스로의 경험을 길어 올리고, 스스로의 지식을 끊임없이 참조해야 하고, 스스로에게 솔직해지기 위해 애를 써야 한다.

글을 쓰기 위해 글쓰미가 '**스스로 묻고 대답해야 한다.**'라는 이 사태는 그리 낯선 게 아니다. 이러한 사태는 곧 지식(知識)을 획득하는 과정, 즉 앎을 만들어 가는 과정을 나타낸다. 앎을 얻기 위해서는 먼저 모름을 깨뜨려야 하고, 이를 위해서는 모르는 바를 물어야 한다. 앎은 '주어진 물음에 대한 올바른 대답'이다. 하지만 모름은 쉽게 깨뜨려지는 것도 아닐 뿐 아니라, 알아나갈수록 더 커지기도 하며, 끝내 결코 제거할 수 없는 심연과도 같다. 더 나아가 우리가 비록 앎을 얻었을지라도 그것을 체계화하는 것은 '허물어질 수밖에 없는 집을 짓는 것'과 같다. 앎과 글쓰기의 과정은 이처럼 끝없는 고통을 낳는다.

글쓰기는 자기와의 대화록을 작성하는 것과 같다. 이러한 사태를 우선 "**사무침**"이라는 말로 규정해 보자. 가슴 절절이 사무치는 바가 있는 사람은 그것을 글로 쓰지 않을 수 없을 것이다. 또는 아마도 글이 저절로 쓰일 것이다. 반면 사무치는 게 아무것도 없는 사람은 자신의 글을 쓰는 게 불가능하다. 이때 그는 베끼기나 외워서 쓰기나 인용으로 채워 넣는 글쓰기 정도를 할 수 있을 뿐이다. 글을 쓰기 위해서 글쓰미는 이미 '스스로에게 사무친 바' 또는 '**겪은 바**'를 앞서 갖고 있어야 한다. 사무침 없는 글을 쓴다는 것은 그 자체로 이미 글쓰기에 대한 반역이거나 배반이 된다. 글쓰기는 스스로에게 사무친 바를 글로써 드러내어 다른 사람들에게 전달하려는 행위이다. '뜻'은 '**스스로에게 사무친 바**' 속에서만 전달될 수 있다.

한번은 글쓰기 수업 수강생들에게 발표를 전제로 하여 "올바른 삶"이라는 주제에 관해 글을 쓰도록 했는데, 많은 학생들이 글을 어떻게 써야 할지 몰라 막막해 했다. 심지어 어떤 학생은 나눠 준 흰 종이를 그대로 냈고, 반면 어떤 학생은 우연적으로 떠오른 첫 문장에 자신의 글 흐름을 완전히 내맡긴 채 "손 가는 대로 둔다."라는 바둑의 격언처럼 생각나는 대로 마구잡이로 글을 쓰고는 자신이 무슨 내용의 글을 썼는지조차 몰랐다. 게다가 많은 학생들이 자신의 글에 대한 조그마한 반박 앞에서 곧장 무릎을 꿇거나 비판자의 논지를 그대로 수용해 버렸다.

물론 이런 학생들도 친구들과는 막힘없는 대화를 즐길 뿐 아니라, 자신의 말하는 논지를 잘 파악할 줄 알고, 쉽게 자신의 주장을 꺾지 않는다. 그들이 "올바른 삶"에 관한 글쓰기를 힘들어 한 까닭은 주어진 주제에 대해 아무런 **고민이나 사무침**이 없었기 때문이다. 물론 글쓰는 훈련이 없었을 수도 있다. 그러나 보다 큰 원인은 사무침의 탈락에 있다. 글을 쓰기 위해 스스로에게 주제에 대해 물었는데, 그 '스스로'가 아무 말도 해 주지 않는다면 우리는 글을 써나갈 수 없거나, 위의 학생처럼 생각나는 대로 아무렇게나 써 나가게 될 것이다. 스스로에게 '할 말'이나 이야기를 많이 갖추고 있거나, 그 '할 말'과 이야기의 두께가 두꺼운 사람은 스스로의 물음에 대해 대답해 줄 게 많을 것이고, 따라서 글을 쓰기가 상대적으로 쉬울 것이다.

글쓰미가 글을 쓸 수 있으려면 그는 이미 '스스로에게 사무친 바' 또는 '겪은 바'를 앞서 갖고 있어야 한다. 하나의 낱말이나 한 떨기의 꽃에 대해서도 사람마다 그 사무치는 바가 다를 수 있다. 사무침이 하나도 없는 말로써 말하거나 글을 쓰는 일은 고역(苦役)이라 할 수 있지만, 아무런 사무침도 일지 않는 꽃에 대해 말을 하거나 글을 쓰는 일은 그 일 자체에 대한 거역(拒逆)이 된다. 아니 어쩌면 그 자체로 이미 글쓰기에 대한 반역이거나 배반이 될 것이다. 글쓰기는 스스로에게 사무친 바를 글로써 드러내어 다른 사람들에게 전달하려는 행위이기 때문이다. 글쓰미가 글을 통해 전달하고자 하는 바는 '스스로에게 사무친 바'이다. 이때 뜻은 글이 사무침을 올바로 전달하기 위해 갖추어야 할 핵심 요소 가운데 하나가 된다.

그런데 **사무침은 전달될 수 없다.** 글과 같은 물질적 형태를 갖춘 것들은 전달할 수 있지만, 세상 속에서 삶을 살아가면서 제 마음속에 사무친 바들은 일종의 응어리 또는 뭉텅이 또는 어떤 덩어리와 같은 형태로 이루어져 있기도 하거니와 그 있음의 방식 때문에도 다른 사람에게 직접적으로 전달될 수 없다. 그 '사무침 덩이'에는 생각과 느낌은 말할 것도 없고, 스치는 것들, 어렴풋한 것들, 또렷하지만 맥락이 잘 잡히지 않는 것들, 즉 알 수 없는 수많은 것들이 한데 뒤섞여 있다.

글쓰기는 바로 이러한 뒤엉킨 실타래를 풀어내는 것과 같다. 게다가 '사무침 덩어리'를 적절히 드러낼 수 있는 말조차 없는 경우도 허다할 뿐 아니라, 사용 가능한 낱말들도 너무 낡거나 잘 맞지 않아서 '사무친 바'를 찌그러뜨리거나 일그러뜨릴 때가 많다. 이러한 뒤엉킨 실타래를 끝까지 풀어내거나 어긋난 것들을 바로 잡아 곧게 만드는 작업으로서의 글쓰기는 고통스러울 수밖에 없다.

그럼 우리는 왜 이러한 창작의 고통을 달게 받으며 글을 쓰는 것일까? 우선은 자신의 생각과 느낌 또는 기분이나 주장 등을 뚜렷하게 밝히고 싶기 때문이다. 글을 쓰는 과정에서 우리는 스스로에게 사무친 바를 꿰뚫어 볼 수 있게 되고, 그것을 나름의 형태(글월/문장)로 앉힐 수 있게 되며, 그러한 작업(作業)을 통해 비로소 자신이 '누구'인지를 알아가게 된다. 뿐만 아니라 스스로에게 사무친 바의 근원을 추적해 갈 수도 있다. 사무침의 근원은, 여기서는 자세히 논구할 수 없지만, '참의 사태', 즉 진리의 사태와 연결되어 있다. 앞에서 우리는 사무침을 풀어내는 일로서의 글쓰기가 앎을 일구어 가는 과정과도 같다는 점을 이미 암시한 바 있다. 글은 우리의 이해와 경험을 마름질하는 것으로서의 말[46]의 작품화로서 사무침의 영역과 말의 영역을 한데 모아준다.

글은 한편에서는 글쓰미 자신의 사무침의 세계를 드러내 주고, 다른 한편에서는 말에 의해 마름질되어 있는 방식을 나타낸다. 읽으미가 한 자락의 글을 막힘없이 읽고 그 뜻을 알아챘다면, 그는 그와 더불어 그 글 속에 깃들인 사무침의 세계를 함께 이해했을 것이다. 글을 쓸 때 글쓰미가 스스로에게 사무치는 바에 맞춰 글을 써나가듯 읽으

46) 말의 본질을 마름질로 규정하는 것에 대해서는 구연상의 「말의 얼개와 특성」을 살필 것.

미 또한 글을 읽을 때 그 글의 뜻을 알아가는 것과 더불어 낱말과 글의 틀 그리고 문체와 배열 등을 통해 드러나는 사무침의 세계에 젖어든다. 글을 통해 글쓰미(저자)와 글읽으미(독자)는 서로에게 사무치는 바들을 공유(公有)하게 되는 것이다. **글을 쓴다는 것은 서로에게 사무치는 바를 함께 나누기 위한 일**이다. 글쓰기의 근본 목적이 바로 여기, 즉 '서로의 사무침을 함께 나누기'에 있다.

함께 나누기의 자리에서 요구되는 말하기나 글쓰기의 원칙은 화백(和白)의 원리, 즉 '고루 말하기'의 원리이다. 이는 오늘날의 표현으로 말하자면 "자유로운 의사소통의 공간"이라고 할 수 있다. 말할 수 있는 기회가 빠짐없이 주어지고, 말해져야 할 바가 빠짐없이 말해져야 한다. 관련된 주요 내용이 빠짐없이 언급되고 토론되고, 누구나 자율적으로 자신이 하고자 하는 말을 마음껏 할 수 있을 때가 바로 "서로 함께 나누기"의 참다운 자리를 이룬다. 이러한 자리에서만 말이나 글로써 드러난 바가 들으미나 읽으미의 가슴 속까지 스며들어 마음을 움직여 그 말해진 바나 쓰인 바에 따르도록 할 수 있다. 이것이 진정한 의미의 소통이다.

도막 3. 사무침

우리가 **글을 쓰는 까닭은 '사무치는 무엇인가를 글로써 말하기 위함**'이다. 말한다는 데에는 '드러내 보게 해 줌(제시, 提示)', '차차로 풀이함(서술, 敍述)', '함께 나눔(전달, 傳達)' 그리고 '함께 가짐(보존, 작품화)' 등이 있다. 말은 '말해진 바'를 '함께 가짐'으로써 그 속내(내용/뜻)를 '함께 나눌' 뿐 아니라, '차차-풀이(서술)'의 방식으로 말해진 '말-거리'를 '말 짜임새'(언어적 구조)에서부터 '드러내어 보게 해 주는 것'이다. 말의 '몸통 목적'은 말거리를 드러내어 보게 해 주는 데 있다.

그러나 말하기와 글쓰기의 목적이 이러한 '드러내 보게 해 줌', 즉 말함이나 알림으로 끝나는 것은 아니다. 뜻을 갖춘 소리들과 글자들을 서로 주고받았다고 실질적 소통이 이루어진 것은 아니다. 소통(疏通)은 서로의 사이가 막혀 있지 않고 트여 있어 오고갈 수 있는 상태, 또는 길이 열려 있거나 뚫려 있는 상태를 말한다. 우리는 서로의 뜻과 생각[의사(意思)]을 주고받는 것 이상을 추구한다. 즉 서로의 마음이 하나가 되거나, 누군가에게 감동을 주어 그의 삶을 바꿔 놓거나, 스스로가 겪은 바를 느낌의 차원에서 함께 나눌 수 있기를 바란다. 누군가의 말만 알아듣고 마는 게 아니라, 그의 처지와 살아온 과정 그리고 그 자신의 깊은 데까지 동감으로 받아들여지는 상태가 펼쳐지기를 바란다.

나는 투명한 말하기 또는 의사소통이 원활한 말하기가 갖춰야 할 모든 요소들이 한데 잘 어우러져 있을 뿐 아니라, 그것을 통해 목적하는 바, 즉 느낌과 기분과 삶의 전 차원을 그대로 전달하여 그 함께하고자 하는 바에 직접 도달(導達)할 수 있게 해주는 "소통 방식"을 "**사무침**"이라 부르고자 한다. 사무침은 말글의 모든 구성 요소가 탈락하지 않은 채 그 안에 간직되어 있으면서 동시에 말글로써 함께 나누고자 하는 바가 막힘없이 오고갈 수 있는 상태를 말한다. 사무침의 상태는 소통이 막히거나 제대로 뚫려 있지 못한 상태에서는 도달될 수 없을 뿐 아니라, 단순한 의사소통만으로 달성될 수도 없다. 이는 다음의 글월에서 잘 드러난다.

"나랏 말ᄊᆞ미 中國에 달아 文字와로 서르 ᄉᆞᄆᆞᆺ디 아니ᄒᆞᆯᄊᆡ"[47)]

이 말은 우리나라의 말 쓰이는 씀씀이가 중국의 그것과 달라 한자로써는 서로 소통할 수 없다는 뜻의 말이다. **15세기 조선인** 가운데 한자로써 서로 사무칠 수 있는 사람은 그리 많지 않았다. 만일 사무침이 말이나 글을 통해 서로의 뜻이나 생각을 함께 나누는 것뿐만 아니라 느낌이나 기분과 같은 것까지 함께하는 방식의 소통을 말한다면, 한자로써 사무칠 수 있는 조선인은 극히 드물었다고 말할 수 있다. 외국어로서의 한문으로써는 조선인 또는 현재의 한국인은 서로를 사무칠 수 없다. 사무침의 낱말 뜻이 오늘날과 달리 본디 소통성의 의미를 간직하고 있었다는 사실은 그 옛 모습에서 읽어낼 수 있다.

"사무치다"의 옛말은 "ᄉᆞᄆᆞᆽ다" 또는 "ᄉᆞᄆᆞᆾ다"인데 이는 "통(通)"의 번역어로 주로 쓰였다. 그 뜻은 "멀리까지 미치거나 깊이 꿰뚫다."이다. "通達ᄋᆞᆫ ᄉᆞᄆᆞᄎᆞᆯ씨라."[48)]라는 보기말에서 '사무침'은 '막힘없이 환희 아는 정도의 소통 상태'를 말한다. '사무침'에는 앎의 뜻 말고 다다름과 꿰뚫음(투명성)의 의미도 속한다. "達 ᄉᆞᄆᆞᄎᆞᆯ 달"[49)]이나 "透 ᄉᆞᄆᆞᄎᆞᆯ 투"[50)]의 예문이 그 증거가 될 수 있다. 게다가 '사무침'은 '끝까지 이어짐'의 특징도 나타낸다. **사무침**은 단순한 앎의 차원을 넘어 삶 전체에로 넓혀지는 소통 능력을 말한다. 사무침은 서로의 마음과 환경과 사정까지 속속들이 깊이 미루어 헤아리는 것, 즉 말이나 글로써 드러난 것과, 그 드러난 것을 통해 짐작할 수 있는 숨겨진 것을 한데 아울러 생각하는 것을 일컫는다. 사무침은 머리와 가슴까지 미

47) 『훈민정음(언해본)(1447) 1』
48) 『석보상절(1447) 13:4』
49) 『신증유합(1576) 상:1』
50) 『신증유합(1576) 하:4』

치는 소통성을 말한다. 그렇기 때문에 사무침에서는 기분이나 감정이 강조될 수밖에 없다.

사무침이 '두루 그리고 고루' 일어날 수 있는 말은 대체로 그 쓰임이 오래된 것이기 십상이다. 그 쓰임의 역사가 깊은 말일수록 그 말 자체에 담긴 뜻도 그 말을 쓰는 보다 많은 이들에게 사무치기 쉽고, 그렇게 보다 많은 이들에게 써 먹힐 수 있는 말일수록 매우 자연스럽게 말해진다. 말쓰임의 자연스러움은 말과 말하미[말하는 사람]가 하나가 될 정도로 가까워졌을 때 가능하다. 이때 말의 마디는 매끄럽고 부드러워 원하는 방향대로 자유자재로 휘어질 수 있다. 우리는 자유로운 말을 통해 자기를 마음껏 나타낼 수 있다. 사무치지 않는, 국물도 없는, 맛이 없는, 가슴으로 와 닿지 않는, 삶이 녹아들어 있지 않은, 달리 말해, 머리로만 주고받는 말은 자기를 제대로 드러낼 수 없다. 즉 서로 사무칠 수 없다.

사무침 가운데 일어나는 말하기와 글쓰기는 한낱 의사소통만을 목표로 하는 게 아니다. '사무치는 말글하기'는 '**서로를 함께 나누기**' 위한 것이다. 이는 말글하기를 통해 서로의 처지와 형편 그리고 마음을 투명하게 이해하는 가운데 상대의 말하는 뜻을 올바로 받아들이는 것을 말한다. 이와 달리 사무침 없는 말은 인정사정을 봐주지 않는, 또는 이해타산에 따라 손톱만큼의 어긋남도 없이 야멸치게 주고받는 말을 말한다. 사람의 삶에 대한 깊은 이해를 깊이 끌어들이려 하기는커녕 오히려 잘라 내버리려는 '말하기 태도'는 사람을 사물처럼 대하는 객관적이고 냉정한 태도로 간주되고, 상대를 머리로는 납득시킬 수 있을지 몰라도 가슴으로까지 설득시키기는 어려운 태도이다.

사무치는 말글은 상대를 감동시킬 수 있다. 사무침에 의한 감동을 나는 **흐뭇함**이라 부른다. 흐뭇함은 어떤 기대치가 차고도 남도록 아주 넉넉하게 달성되었을 때의 상태를 나타낸다. 이는 열매가 잘 익었을 때, 또는 삶고자 하는 것이 푹 고아져 잘 익었을 때와 관련된다. 이러한 때의 특징은 너와 나, 이것과 저것을 따로 나누던 껍질이나 경계가 허물을 벗듯이 허물어져 곤죽처럼 풀어져 흐물흐물해진 상태가 된다는 데 있다. 우리는 흔히 누군가 선행을 베풀었을 때 흐뭇한 마음이 되곤 한다. 흐뭇함은 경계심이 사라지고, 이해타산의 마음이 봄눈 녹듯이 녹아 서로가 하나 되는 상태를 말한다. 서로 사무치면 서로 흐뭇해진다. 이는 기쁨이나 슬픔으로 하나 되어 서로 얼싸 안는 것과 같다. 우리가 가슴 깊이 사무치는 말과 글을 접할 때 우리는 그 말글이 말해 주는 바 속으로 흠뻑 젖어들게 된다. 이때 빨려들어 가는 것을 깊이라 할 수 있다면, 사무침은 **"깊지만 투명한 소통성"**을 뜻한다.

말할 것도 없이 '사무치는 말글하기'는 슬픔이면 슬픔, 아픔이면 아픔과 같은 다른 마음들에 대해서도 흠뻑 젖어들게 만든다. 사무침은 젖어듦이고, 젖어듦은 '스며들어 제 몸 속에 배는 것'을 말하는데, 이러한 뱀은 축축한 무게가 되어 우리의 삶을 짓누를 수도 있고, 반대로 삶의 자양분이 되어 우리를 자라게 할 수도 있다. 사무치는 말글은 들으미[듣는 사람]를 끌어당기는 방식으로 흔들어놓는다. 들으미는 그 말글의 울림에서 벗어나기 힘들다. 즉 함께 울리게 된다. '**함께 울림**'은 말글을 주고받는 사람들이 저마다 그 말글이 말하는 바에 따라 행동한다는 것을 뜻한다. 사무치는 말글의 울림을 들은 사람은 그 울림에 젖은 만큼에 따라 응답한다.

사무침의 젖어듦을 통해 흐뭇하게 된 사람들은, 그들이 젖어든 바가 무엇이든 상관없이, 한데 어울리기 쉬워진다. 이는 같이 울고, 같이 웃으며 살아온 사람들끼리 서로 마음이 잘 통하는 바와 같다. 자신의 삶 속에 젖어든 말글이 비슷한 사람들은 삶의 방식까지도 비슷해지고 만다. 사람은 그가 사무치게 쓰는 말글에 따라 세상을 마름질하고, 그 결과물을 입고 살아간다. 옷이 몸에 잘 맞으면 옷을 잃듯이 말글이 삶에 잘 맞으면 우리는 말글을 잃는다. 이때의 잃음은 '자유자재로 써먹음'을 뜻한다. 우리의 몸과 마음에 사무치는 말글만이 우리에게 말글의 자유를 줄 뿐이다.[51)]

사무침의 반대는 먹먹함이다. **먹먹함**은 먹어 버린 상태, 또는 삼켜 버린 상태, 따라서 밖으로 나오지 않아 그 정체를 제대로 알 수 없는 상태, 그러므로 말의 경우에는 그 뜻을 도무지 알아챌 수 없는 말을 들었을 때의 상태를 나타낸다. 먹먹한 말글은 우리를 먹통으로 만들거나 또는 불통 상태에 놓이게 한다. 먹먹한 말글에 대해 응답해야 한다는 것은 막막하다. 즉 아득하다. **막막(漠漠)함**은 사막에서 바늘 찾기와 같을 때의 상황을 말한다. 어떤 일을 하려 하지만, 그 일을 어디서부터 어떻게 그리고 언제까지 해야 할지조차 감을 잡을 수 없을 때 우리는 막막한 상황에 놓인다. 이때 모든 것은 막혀 버리고 만다.

우리는 뜻이 먹혀 버려 감조차 잡을 수 없게 된 '먹먹한 말글'로는 아무것도 소통할 수 없다. 그러한 말글은 서로의 사이를 감감하게 또는 캄캄하게 만들 뿐이다. 낯선 사이라면, 그러한 말글은 불안감이나 두려움 또는 무서움을 낳을 수조차 있다. 보기를 들어, 영어를 할 줄 모르는 사람이 갑작스레 지나가던 외국인으로부터 어떤 말을 들었다 치자. 그때 그 사람은 무척 당황스러울 것이고, 속수무책일 테고, 따라서 빨리 그 자리에서 벗어나려 할 것이다. 물론 용기 있게 외국인에

51) 사무침을 서로 제대로 또는 참답게 함께 나눌 수 있으려면 고유성과 예술성을 갖춰야 한다. 고유성이란 크게 두 가지로 나뉜다. 고유성에서 중요한 바는 말 자체의 고유성과 문화의 고유성이 된다. 예술성은 흔히 말하는 풍격이나 격조 또는 수준을 말하는데, 이는 흔히 "멋"이라는 말로 보다 잘 설명될 수 있다. "멋"은 맛(직접적 경험이 묻어나는 생동감)에서 피어난 것이다.

게 나름의 방식으로 소통을 시도할 수도 있을 것이다. 하지만 그 말 자체는 우리에게 아무것도 알려주지 못할 것이다. 하물며 사무칠 수는 없다.

우리는 모르는 말에 대해 공포를 느낀다. 그것은 단순한 무지에 대한 기분이 아니라, 낭떠러지에 대한 감정이다. 누군가의 먹먹한 말은 들으미를 절벽으로 떠민다. 모든 사무침이 떨어져 나간, 더 나아가 그 어떠한 언어적 소통마저 끊겨버린 '막막한 상황'은 캄캄한 어둠에 갇히는 것과 같다. 사무치는 말이 '따뜻한 빛'을 던져 주는 것이라면, 먹먹한 말은 무서운 어둠으로 그 빛을 둘러막는다. 그 아찔한 순간에 처하면 말문마저 꽉 닫히고 만다. 모든 말은 혀끝에서 뱅뱅거릴 뿐 입 밖으로 나오지 못하거나, 심한 경우 정신까지 아뜩해지고 만다. 이때 우리는 서로 답답할 뿐이다.

글쓰기가 본디 사무침을 목적으로 하는 행위라면, 그것의 본질은 곧 빛을 던져 주기 위한 그리고 두려움을 떨쳐 버리기 위한 사랑인 셈이다. 사랑이 미움을 완전히 제거하지 못하듯 사무침 또한 먹먹함을 완전히 사르지는 못한다. 비방의 말글이나 상처를 주고받는 말글도 어떤 점에서는 사무침이 큰 말글이다. 한(恨)의 정서 또한 사람의 가슴에 크게 사무치는 것 가운데 하나이다. 글쓰기의 근본 목적은 "바른 문장 짓기"나 "뜻의 전달"을 넘어 "사무침 함께 나누기", 즉 사랑의 실천에 놓인다고 할 수 있다.

나누기 3. 사무침 글쓰기

도막 1. 칸막이 글쓰기와 참 글쓰기

사무침이 말글하기의 근본 목적이라면, 그것을 달성한 글쓰기는 "참글쓰기"라고 부를 수 있을 것이다. 이때 "참"은 "가득 채워진 상태"를 뜻한다. '참글쓰기'는 사무치는 바를 서로 투명하게 함께 나누고자 하는 모든 글쓰기를 가리킨다. 이것을 "진정한 글쓰기"라 불러도 좋다. 물론 모든 것을 가득 채울 수 있는 글쓰기는 가능하지 않다. 모든 글쓰기는 모난 글쓰기일 수밖에 없다. 따라서 참을 추구하는 글쓰기를 시도하는 일은 죽을 수밖에 없는 자가 영원한 삶을 구하는 것과 같다. 문제는 영원 또는 '보다 오래 삶' 등과 같은 시간성을 이해할 수 없는 사람은 자신의 죽음을 알지 못하고, 거꾸로 자신이 죽을 수밖에 없다는 사실을 깨닫지 못한 사람은 영원성의 의미도 제대로 맛볼 수 없듯이, 자신의 글쓰기가 모날 수밖에 없다는 한계를 직시하지 못하는 사람은 결코 '참글쓰기'를 희망할 수 없다.

그런데 현대 사회가 소통 중심의 사회가 됨으로써 되레 이러한 참글쓰기에 대한 추구가 더욱 어려워지고 있다. 참으로 아이러니한 사실이다. 오늘날의 정보사회는 소통의 끝없는 확대를 향해 나아가고 있고, 미디어의 지속적 발전으로 말미암아 세상과의 소통은 더할 나위 없이 원활해지고 있으며, 그 덕분에 삶의 분야와 경계는 상상할 수 없을 정도로 다채로워지고 있지만, 소통의 속도가 빨라지고 그 영역이 넓어질수록 정작 소통의 깊이는 얕아지고, 그 연관성도 느슨해지고 만다. 자신의 삶의 공간을 함께 살아가는 다수의 사람들이 우리에게 이방인이 되고, 그 가운데 극소수의 사람만이 말글을 함께 나누는 이웃이 됨으로써 우리는 갈수록 낯선 세계 속에서 서로에 대해 무관심하게 살아간다. 삶의 몸피가 너무 커져 버린 데 따른 삶의 쪼그라듦이 외로움을 낳고, 공허감을 불러일으킨다.

사무침의 깊이가 문제이다. 사무침이 작아질수록 상대를 받아들일 수 있는 기분 또한 잘 일어나지 않는다. 기분이 일지 않으므로 마음과 몸을 움직일 힘이 없게 된다. 대신 우리는 저마다의 자리에 안전하게 머물면서 머리로 서로의 생각이나 뜻을 간접적으로 파악하고, 그에 따른 적절한 대응책을 강구하는 가운데 자신의 이익을 추구할 뿐이다. 이렇게 사무침이 줄어드는 시대에는 말하기나 글쓰기의 사무침도 그 빛이 바랜다. 철저한 남남의 세상에서는 누구의 말이든 글이든 아무에게도 아무 상관도 없게 마련이다.

사무침이 적은 말이나 글로써 소통을 시도할 때 기분이나 감정의 차원에 대한 고려는 줄어든다. 기분이나 감정 또는 느낌은 전체를 직접적으로 받아들이는 문(門)이다. 기분의 문을 통해 주어지는 바들은 일시적일 뿐 아니라, 목이 마를 때 물을 마시면 목마름이 가시는 것처럼 한시적이거나 변덕스럽고 저장하거나 붙잡아 둘 수 없다. 불안감에 사로잡힐 때 세계 전체가 불안하게 보일 수 있는 것처럼 기분은 자신이 처한 세계를 필요 이상으로 지배하곤 한다. 기분이나 감정은 흔히 소통의 장애를 일으키곤 한다. 전체를 직접적으로 받아들이기 위한 문이 닫힘으로써 세상은 부분과 부분의 관계로 새롭게 조명될 수 있다.

기분이 억제됨으로써 현실의 부분들을 연결해 가는 데 불필요한 장식적 요소나 군더더기가 삭제된다. 이제 세상은 분석과 종합의 방식으로 연결된다. 세계는 논리적이 된다. 논리적이지 않은 문장들은 거짓으로 선언되고, 시인들은 추방된다. 사무침이 메마름에 따라 글도 무미건조해진다. 하지만 그 만큼 가벼워져 유통과 소통에는 편리한 글들이 양산된다. 독자와의 충돌 가능성은 철저히 방지된다. 글은 노골적으로 내용 중심으로 구성되고, 방법론적으로 기술된다. 글은 일종의 보고문이 되거나, 설명문 또는 논증문이 된다. 글은 비약을 막기 위해 지루할 정도로 세밀해지고, 쪼개지며, 전체와의 연관성을 잃고 토막으로 잘린다. 이러한 글쓰기를 "**칸[막이]-글쓰기**"라 부르기로 한다.[52)]

'칸막이 글쓰기'는 사무침이 크게 떨어지는 글쓰기로서 감정적 충돌을 잠재울 수 있을지는 모르지만, 서로의 뜻과 생각을 깊이 이해하고 해석하는 길을 가로막을 뿐 아니라, 쓰인 글을 통해 서로를 함께 나누는 일을 매우 어렵게 한다. 더 나아가 '칸막이 글쓰기'는 사물과 세계를 바늘구멍으로 보려는 것과 같다. 칸막이 글쓰기는 수많은 제약조건들에 구속된 글쓰기일 뿐 아니라, 일종의 '빈 칸에 알맞은 말을 채워 넣기'와 같은 방식의 글쓰기 또는 '주관식 시험을 보는 것과 같은 글쓰기'이다.

---

52) "칸막이"는 서로 이어져 있던 공간을 칸살을 질러 칸칸이 막는 일을 말한다. 여기서 "칸막이"는 학문과 일상의 소통이 정체를 빚고, 서로 다른 학문 분야들끼리의 대화가 끊기며, 이론과 그 실천이 겉돌고, 역사적 맥락과 실제 현실이 어긋나 있는 사태를 일컫는 말이다. 그렇기 때문에 오늘날 어디에서나 '소통의 바람'이 부는 것이다. 서로 분리할 수 없는 것들을 따로 분할 점령해 온 과학기술은 우리의 삶의 영역들을 새로운 방식으로 재결합시키려 하고 있다. 이는 어떤 의미에서는 "칸막이 부수기"라고 할 수 있지만, 그 위험성은 누구도 예측할 수 없다. 이왕주의 설명을 참조해 말하자면, "칸막이"의 사태는 "**동굴 속 유폐**"에 비유될 수 있다.(「사람의 무늬와 학문의 소통」, 『새한영어영문학』, 제42권 2호, 2000, 309 쪽 살핌.) 동굴 속을 아무리 환하게 밝힌다 해도 그것이 또 다른 세계로 이어져 있다는 사실이 어둠 속에 묻혀 있는 한 그 환함은 오히려 위기를 키우는 것일 수 있다. 자신이 처한 상황을 전체적으로 통찰할 줄 아는 능력이 지혜라고 한다면, 우리는 '환한 동굴' 속에서 편안하게 살아가는 데 만족하기보다 밤낮이 뒤바뀌는 '동굴의 바깥'과 소통할 길을 만들어야 할 것이다.

칸막이 글쓰기에서는 정답을 제시하는 게 중요하다. 쓰고자 하는 글의 주제에 알맞은 기호들을 틀리지 않게 채워 나가는 것이 이러한 글쓰기의 목표이다. 써야 할 주제와 채워 넣어야 할 기호 집합이 거의 정해져 있기 때문에 글쓰미는 크게 고민하지 않아도 된다. 쓰인 기호들은 소통에 아무런 걸림이 없으면 그만일 뿐 사무칠 필요까지는 없다. 아니 사무침은 금지된다. 글쓰미의 주관적 생각이나 감정 또는 주장을 해서는 안 된다. 누구나 받아들일 수 있는 내용만을 서술해야 한다. 말하고자 하는 바를 말하기 위해 논리의 비약을 감행하느니 차라리 쓸데없이 자질구레한 내용을 차곡차곡 늘어놓는 게 좋다.

칸막이 글쓰기에서 소비되는 기호들은 감정의 촉촉함이 전혀 배어 있지 않아 메마르다. 기호는 메말라 가볍고 얇다. 그렇기에 기호는 빠르게 전달될 수 있다. 오늘날에는 기호조차 무겁게 느껴진다. 디지털 신호를 통한 정보 전달의 속도는 기호의 그것과는 비교할 수조차 없을 정도로 빠르다. 물론 전달의 속도가 빨라졌다고 우리가 서로 함께 나누고자 하는 사무침의 세계를 잃어버리는 것은 아니다. 사실은 정반대가 문제다. 디지털 세상에서의 환상성 또는 조작성 말이다. 하지만 기호와 신호를 통한 소통의 편리성은 소통을 '사무침의 차원'에서 따로 떨어질 수 있다는 인상을 심어 주었다. 그 결과 소통은 유통으로 대체되고 있다.

오늘날 디지털 세상에서는 무차별적으로 유통되는 다양한 형식의 정보들로 말미암아 우리의 사무침이 탈맥락적으로 시달림을 받는다. 삶의 자리에서 사람이 서로 함께 나누어야 할 사무침의 기회는 줄어들었지만, 사무침을 담은 정보물들은 소통의 막힘없음을 통해 사람들의 가슴속을 마구 휘젓고 다닐 수 있게 되었다. 문자, 이미지, 동영상 등으로 된 갖가지 유통물들은 그것들의 제작자와 아무 교통할 수 없는 방식으로 '차가운 매체'를 통해 사람들 위를 유령처럼 흘러 다닌다. 그러나 얼굴을 마주대할 수 없는, 달리 말해, '숨은 가면'의 제작자들은 사람들의 사무침을 요리조리 편집한다. 그들은 사무침을 일종의 낚싯바늘로 삼아 정보 소비자들의 마음을 낚는 셈이다. 우리는 스스로에게 사무친 바에 대해서는 둔감해지는 반면 편집된 사무침에는 점점 민감해지고 있다.

참다운 글쓰기는 사무침의 이러한 뒤틀림을 바로잡을 수 있어야 한다. 글쓰기의 근본 목적을 잃지 않고, 그 목적이 제대로 이루어질 수 있는 사무침의 세계를 품을 수 있는 글쓰기 틀이 마련되어야 한다. 이를 위해 우리는 '**우리 글쓰기**'의 두 전통, 즉 서양의 글쓰기 전통과 동양의 글쓰기 전통에로 새롭게 눈을 돌려야 할 것이다. 이때 주요한 바는 '우리의 글쓰기'가 '우리 스스로에게 사무치는 말'로써 이루어질 수 있기 위해서는 한국어의 '말틀'에 대한 왜곡되지 않은 해명이 전제되어야 한다는 점이다. **주시경**(周時經, 1876-1914)은 서양의 문법이나 일본어 문법으로 조선어의 어법을 덮어씌우는 대신 조선어 말틀의 고유성을 발견해 정리했다.(『조선어문법』, 1911) 주시경은 우리말의 바탕이 "씨+빗"으로 짜여 있다는 사실을 밝혔지만, 그 뒤 일제강점기를 거치면서 형성된 현재의 한국어 문법은 우리말의 근본 짜임새를 완전히 왜곡하고 말았다.[53] 이러한 말글의 바탕 연구와 더불어 두 갈래 전통에 대한 역사적 연구가 필요하다.

서양의 글쓰기 전통 가운데 하나는 수사학이다. **서양의 수사학**에

53) 나는 한국어 말틀이 현행의 "주어+목적어+동사"의 얼개보다 '매듭-풀이'라는 얼개로써 보다 잘 설명될 수 있다고 본다. "매듭-풀기"의 얼개에 따른 "흘러-쓰기"—이 표현의 창안자는 주시경—가 '한국어로 글쓰기'의 기초를 보다 튼튼히 다져줄 수 있을 것이다. '한국어로 글쓰기'는 한국어 자체의 말틀이 그 사용자들에게 골수까지 사무칠 정도로 이해되어 있을 때 탄탄해진다. 이에 대한 보다 촘촘한 뜻 밝힘은 이 책 '둘째 뭇: 서술 원리' 살핌.

대한 연구는 많이 이루어졌다고 볼 수 있지만, 우리에게 중요한 바는 수사학의 의의와 그 현재적 상황에 관련된 것이다. 서양의 전통 수사학의 핵심은 "감정에 호소하는 논변을 통해 상대방의 판단을 흐리게" 하는 대신, "논리적, 윤리적, 심리적 그리고 미학적 토대"에 기초한 판단 능력으로써 "사태에 대한 청중의 동의를 얻는 데" 놓인다.[54] 흔히 수사학을 설득의 학문이라 하는 까닭이 여기에 있다. 수사학적 설득은 청중이 어떤 선택이나 결의를 하도록 만드는 것을 말한다. 설득(說得, persuasion)은 그 반대자들의 반론을 물리쳐야 하고, 대중의 동의를 얻어야 하는 어려운 과정이다. 그 어려움은 법정에서 펼쳐지는 검사와 변호사 사이의 공방을 떠올릴 때 실감이 날 것이다. 어쨌든 설득에는 '이길 목적'이 전제된다.

그런데 설득은 말이나 글을 함께 나누는 여러 목적들 가운데 하나이다. 설득을 목표로 하는 수사학은 말하자면 논쟁의 산물로서 '폭력이 아니라 말을 통한 승리'를 목적으로 하는 셈이다. 상대의 논리를 제압하여 자신의 말에 따르도록 하는 대화에는 언제나 전투적 충동이 숨겨져 있다. 그것은 말로써 펼치는 전쟁이다. 크로스화이트는 수사학을 다양한 갈등을 평화적으로, 즉 이성적으로 해결할 목적으로 제안된 학문으로 본다.[55] 설득이 갈등 또는 논쟁의 상황에서 비롯되었기 때문에 설득을 당한 자는 일종의 패자로서 상처를 입게 마련이다.

임상수사학(臨床修辭學, rhetorique clinique / clinical rhetoric)은 이러한 언어적 의사소통의 과정에서 발생하는 갈등과 부조화 그리고 그로 인한 상처를 진단하고 처방하며 치료하는 학문이라고 할 수 있

54) 박주영, 「작품의 성격과 사회상을 근거로 한 서술 형태의 변천에 대하여」, 2008년 1월 25일 외대 대학원 세미나실 발표문, 4 쪽. 조지 커퍼드, 김남두, 『소피스트 운동』, 아카넷 2003. 3장 살핌.

55) J. 크로스화이트, 『이성의 수사학』, 오형엽 옮김, 고려대학교출판부, 2001년. 제1장 살핌.

다.[56] 여기서는 오해, 갈등, 비난, 비방 등의 현상을 발견하고, 그 원인을 탐색하여 '소통상의 문제'를 해결할 처방을 내려주는 일을 한다. 이는 잘못된 인식구조나 가치관 또는 비논리적 사고방식 등에 의해 야기된 "철학적 병"을 진단하고 치료하는 "임상철학"과 그 맥을 같이 한다고 할 수 있다.[57] 이러한 태도가 곧바로 글쓰기에도 적용될 수 있다. 이는 말하기와 글쓰기에서 그 소통의 상황이나 여건, 말하자면, 주제의 역사성과 맥락성을 충분히 고려해야 한다는 것을 뜻한다.

이는 곧 논쟁(論爭)으로부터 화쟁(和諍)에로 눈길을 돌리는 것을 말한다. 이 둘 다 논증(論證)의 방식을 사용하긴 하지만 그 목적이 크게 다르다. 논쟁적 논증은 서로 갈등 관계에 있는 상대방이 다른 상대방을 설득하여 나름의 합의에 도출하는 것을 목표로 한다면, 화쟁적 논증은 비판이나 설득을 목표로 하지 않고 이해와 조화를 목표로 한다.[58] 화쟁의 근본 정신은 서로의 다름을 인정하는 동시에 그 다른 것들이 일심(一心), 즉 '한 마음'에서 비롯되었다는 사태를 깨닫는 데 있다. 이는 서로 다른 너와 나를 '하나'로 묶어 주는 '우리'로 승화시키는 것에 빗댈 수 있다. '한 우리' 속에서 '너와 나'는 서로 이웃이 된다. '이웃'이란 장소적으로나 삶의 차원에서나 서로 긴밀히 이어진 관계를 말한다. 이는 마치 화성(和聲), 즉 '하나로 어우러진 소리'나 꽃밭처럼 서로의 다름이 제대로 존중받으면서 동시에 저마다의 다른 것들이 따로 흩어지지 않고 잘 어우러지는 상황을 떠올리게 해 준다. 이로써 우리의 글쓰기 전통에 대한 연구의 위상도 어느 정도 가늠할 수 있을 것이다. 이는 뒤에서 좀 더 세밀히 다루어 볼 것이다.

56) 전성기, 398 쪽 살핌.
57) 김영진, 『철학적 병에 대한 진단과 처방 - 임상철학』, 철학과 현실사, 2004.
58) 김원명, 「원효 글쓰기 - 화쟁」, 2008년 2월 1일 외대 대학원 세미나실 발표문, 3-4 쪽 살핌.

사람은 서로가 '서로에게 사무칠 수 있는 말'을 할 수 있어야 한다. 사무침의 기초는 물론 소통이다. 서로 뜻이 통하는 말과 글로써 생각과 앎 그리고 마음 등을 함께 나눈다는 것이 사무침의 기본적 의미이다. 하지만 사무침에도 단계가 있다. 일상에서의 사무침도 문제이지만, 문학이나 철학 또는 다양한 학문들에서의 사무침도 문제가 된다. 영미철학과 독일철학 그리고 중국철학은 서로 제대로 사무칠 수 없어 보인다. 하물며 서로 다른 분야의 학문들끼리 무슨 사무침이 일어나겠으며, 학문과 일상 사이의 사무침 상황이 오늘날 어떻게 실현될 수 있겠는가?

글쓰기 제도의 틀 안에서 추구되는 글쓰기 목적은 글쓰기 교육과 시험 평가라는 제약 때문에 주로 "바른 문장 짓기"와 "뜻의 올바른 전달"이 되기 쉽고, 이 목적을 달성하기 위해 논리성과 비판적 사고력 그리고 표현력과 소통 능력 등이 강조되기 쉽다. 이제까지의 글쓰기 이론들 또한 공통적으로 "뜻의 전달"을 글쓰기 목적으로 강조하고 있다. 요즘 글쓰기의 본질을 "의사소통"에서 찾으려는 시도들조차도 결국에는 "뜻의 전달"이라는 울타리를 벗어나지 않는다. "소통(疏通)"이란 정보의 주고받음이 막힘 없이 자유로운 상태를 뜻하고, "의사(意思)"가 서로가 나누고자 하는 뜻과 생각을 의미한다면, "의사소통(意思疏通)"이란 말은 사무침이나 먹먹함이 나타내는 사태를 제대로 담아낼 수 없다.

사무침과 먹먹함은 소통을 넘어 삶의 방식과 직접 관계된다. 즉 사무침의 영역에는 자기 자신과 세계에 대한 포괄적 이해, 이해된 내용에 대한 개념적 해석, 해석된 내용에 대한 올바른 표현력, 그리고 막힘없는 소통성이 포함될 뿐 아니라, 기분이나 감정 그리고 앎을 체계화 하는 역사적 과정까지 포괄된다. 사무침은 흔히 말하는 진정성과 공감의 분위기가 전제될 때만 가능하다. 사람에 대한 사랑이 없이 냉철한 이성만으로 쓰인 글은 "논리적인 글"일 수는 있을지언정 "사무치는 글"이 될 수는 없다.

도막 2. 화쟁 글쓰기[59)]

마디 1. 화쟁의 기원 : 대감굿과 화백회의

사무침 글쓰기의 한 보기로 원효(元曉, 617-686)의 '**화쟁(和諍) 글쓰기**'를 꼽을 수 있다. 화쟁은 원효 철학의 독특한 핵심 낱말이고, 그의 글은 많은 부분 실제로 화쟁의 원리로써 쓰였다. 먼저 원효 화쟁 사상의 유래를 불교 내적 기원과 전통적 기원으로 나누어 살펴보자.

불교는 모든 존재가 괴로움을 벗어나 즐거움을 얻는 것[이고득락, 離苦得樂]을 목표로 한다. 화쟁은 존재하는 모든 것이 똑같이 불성을 가지고 있으며 깨달음을 얻어 행복할 가능성을 가지고 있는데 이를 실현하는 지혜다. 은정희는 원효의 화쟁 정신이 베다 사상[Vedism]에서 찾을 수 있고, 부처가 실천을 중시하는 데서 그 싹이 나타나 1200여년 불교 역사 속에서 면면히 이어져 오다가 원효에 이르러 화쟁 정신으로 시대적 재현 내지 재창조된 것으로 본다.[60)] 김영호는 원효의 화쟁이 인도의 나가르주나(Nāgārjuna, 龍樹, 150?~250?)의 회쟁(廻諍)이나 중국의 무쟁(無諍) 전통과 다르다고 본다. 나가르주나의 회쟁(廻諍)은 공관에 입각한 철저한 부정적 사유방식으로서 쟁론을 바르

59) "도막 2"에 실린 글은 김원명의 「원효의 화쟁 글쓰기」, 『철학논총』(제52집 제2권, 새한철학회, 2008) 가운데 일부를 따오면서 다시 손을 본 것이다.
60) 은정희 역주, 「해제」, 『원효의 대승기신론소·별기』, 일지사, 2002 10쇄, 11-12 쪽 살핌.

게 뒤바꿔 제거하자는 것이다.[61] 또 정영사(淨影寺) 혜원(慧遠, 523-592)은 중도(中道)를 공(空)과 같은 맥락에서 초월적이고 부정적인 것으로 해석하며 쟁론의 소극적 지양이나 화회 또는 편집(偏執)의 해소 즉 집착하지 않고 다투지 않는[불집부쟁, 不執不諍] 차원에 머문다. 혜능(慧能, 638-713)이나 신회(神會, ?-760)는 무쟁의 측면이 짙게 나타난다.

화쟁은 언어가 도구가 되는 모든 쟁론을 여의자는 선(禪)의 침묵과는 다르다. 물론 돈(頓)·점(漸) 두 흐름의 합류점을 찾는 종밀(宗密, 780-841)이나 연수(延壽, 904-975) 등에 나타나는 조화와 절충의 사상 속에 비슷한 면이 없지는 않다. 원효에게도 돈·점의 개념이 화쟁 구도 속에서 빈번히 등장하고, 일원론적이고 통합적인 천태나 화엄 교리에도 비슷한 면이 많다. 그러나 원효는 회통(會通)을 말하지 회통(會統)을 말하지는 않는다. 또 중국불교가 결국 종파의 한계를 드러내는 데 반해 원효의 화쟁 사상은 모든 종파를 두루 포괄해 범종파적이다.[62]

불교사적으로 당시 동아시아는 인도에서 일천여년의 역사를 가진 불교와 그에 따라 축적된 불교이론들이 한꺼번에 유입된다. 유입되는 시기와 종류에 따라 주로 의존하는 경전이 달라진다. 주로 의존하는 경전에 따라 여러 종파가 생기며 종파에 따라 불교 이론상의 차이 때문에 갈등하게 되고 그 차이를 어떻게 해석해야 할지 문제된다. 그래서 원효는 불경에서 혹은 논서들에서 어긋나 보이는 글들이나 주장들이 어긋나지 않음을 보이고 모두 진리를 드러내는 바가 있음을 보인다.

---

61) 김영호, 「원효 화쟁 사상의 독특성-회쟁(인도) 및 무쟁(중국)과의 대조-」, 『철학』, 한국철학회, 2000, pp.12-17, 33 쪽 살핌.
62) 김영호, 같은 논문, 21-33 쪽 살핌.

당시에는 신분제인 골품제의 모순을 겪고 있었고 골품제의 신분적 모순을 사회적으로 해결해야 할 과제가 있었다.[63] 또 당·고구려·백제·신라간의 큰 전쟁을 겪었다. 고구려는 김인문(金仁問, 629-694)과 이세적(李世勣, 李勣, ?~669) 당군의 평양성 함락으로 멸망하고(668), 백제는 김유신(金庾信, 595-673)과 소정방(蘇定方, 592-667) 당군의 사비성 함락으로 멸망하고(660) 신라와 당군이 승리하게 된다. 피비린내 진동하는 전쟁 후에 신라 땅이 된 옛 백제 땅과 옛 고구려 땅의 유민들은 신라에게 두루 감싸 안아 해결해야 할 정치적 과제가 아닐 수 없었다.

원효의 화쟁은 동아시아 불교의 시대적 요청이며, 한반도의 정치적 사회적 상황에서의 시대적 요청에 대한 보편적이며 고유한 응답이었다. 이제까지 학자들은 화쟁의 기원을 전통적 기원에서는 찾지 않았다. 그러나 나는 화쟁의 기원을 당시 한반도의 정치적 사회적 환경 그리고 전통에서도 찾을 수 있다고 생각한다. 그 중 신라의 화백회의에서 그 기원의 단면을 찾아보고자 한다.

화백회의는 원시부족연합국가가 성립하며 생긴 것이다. 그 기원은 단군조선까지 거슬러 올라간다. 오늘날까지 남아 있는 대감굿이 바로 화백회의의 원형적 모습을 보여준다. 대감굿은 신시시대 신시(神市)에서 벌인 의사결정형식을 보여주며, 대감굿을 만든 목적을 노중평은 다음과 같이 생각한다. 첫째, 단군조선에서 신시를 열고 화백회의(和白會議)를 했을 때, 의사결정수단으로 활용하였을 것이다. 둘째, 당시의 경제체제인 호혜경제의 운영방식을 각 부족에게 주지시키기 위해 교육용으로 활용하였을 것이다. 대감굿은 호혜경제시대에 단군

---

63) 박태원, 「한국 고대불교의 통합사상-원효와 의상을 중심으로-」, 『한국사상사학』 제14집, 서문문화사, 2000, 2-6 쪽 살핌.

조선에서 신시나 국중대회(國中大會)를 열고 시행해 분배의 원칙을 그대로 시연해 보인 것이다.[64] 신시 아사달에서는 호혜경제시대로서 이익이 발생하지 않는 물물거래를 하였다. 단군왕검은 당시의 천제(天祭)인 국중대회를 주관하면서, 대감굿을 하며 대회에 쓸 비용을 각 부족의 대표에게서 추렴하였다. 굿은 이미 신시가 발달했던 배달나라 시대로부터 이어져 오는 신시의 전통적인 의사결정방식이었다. 배달나라에서는 이를 화백(和白)이라고 하였다.[65]

고구려·백제·신라 삼국은 모두 합좌제도(合坐制度)에 의해 정치가 행해졌다. 예를 들면 고구려에서는 수상인 대대로(大對盧)를 국왕이 임명한 것이 아니라 귀족들이 선출하였다. 뿐만 아니라 제5관등인 조의두대형(皁衣頭大兄) 이상이 국가의 기밀사무를 맡아 국정의 중대사를 도모하였으며, 병사를 징발하여 관작(官爵)을 주기도 했다. 백제의 경우 수상인 상좌평(上佐平)을 투표로 선거했다는 이른바 정사암(政事巖)의 고사(故事)가 전하고 있다. 이러한 것들은 고위 귀족들의 합좌제도를 알려주는 것이다. 이러한 합좌제도를 가장 분명하게 알려주는 것이 바로 신라의 화백(和白)이다.

신라 화백회의는 원시부족연합국가가 성립하면서, 처음에는 경주 부근의 6촌(村) 사람들이 모여 이 6부의 단합과 결속을 위해 만든다. 원시부족국가인 사로국에서 왕권 국가인 신라로 되면서, 뒤에는 진골(眞骨) 이상의 귀족이나, 벼슬아치의 모임으로 변하여, 점차 일종의 군신(君臣) 합동회의, 귀족회의, 또는 백관(百官)회의의 성격을 띤다. 화백회의에서 왕위 계승이나 국왕의 폐위, 대외적인 선전포고, 그 밖

64)「대감굿이 보여주는 호혜경제시대의 분배의 원칙」 DAUM 블로거뉴스 2006.01.11. 자 살핌.

65)「귀거리만신의 굿은 역시 대인의 굿」 DAUM 블로거뉴스 2006.01.31. 자 살핌.

에 불교 수용과 같은 국가의 중대한 일들이 결정되었다. 화백회의는 한 명의 반대자가 있어도 의안(議案)이 통과되지 않는, 전원일치로 성립되는 회의체제다.[66] 국가의 중대사에 참여자 전원의 의견을 수렴해 결정하는 화백회의의 정신은 후일 고려시대의 도당회의(都堂會議)인 도병마사(都兵馬使: 都評議使司) 회의에서도 볼 수 있다.

재야문화인류학자인 김영래는 화백회의를 복원해 2004년 10월 15일부터 3일 동안 지리산 실상사에서 '2004 생명평화대회'에서 선보였다. 여기서 보인 화백회의 의사결정은 다음과 같은 특징이 있다. 첫째, 의견을 골고루 반영한다. 즉 소수의 의견도 고스란히 반영한다(고루함). 둘째, 주장들 간의 극단적인 대립을 피하고 두루한다(두루함). 셋째, 타협과 양보를 쉽게 해 어울린다(어울림). 넷째, 발언이 독점되지 않는다. 진정한 평등이 실현된다.

화백회의의 진행절차에서 보이는 의사결정 과정의 독특함을 소개하면 다음과 같다. 모든 회의는 의견을 성숙시키는 과정과 결정하는 단계가 있다. 화백회의는 말발을 실어주거나 빼 내는 과정을 통해 토론이 이루어지고 의견이 성숙되는 과정을 거친다. 화백회의에서의 의사결정은 다수결이 아닌 말발의 상호상쇄로 하나의 의견으로 나아가 만장일치로 결정한다. 화백회의를 하면 의견 차이 때문에 갈라서는 일이 없다. 화백회의 원칙을 통해서는 감정 상하는 일이 없다. 화백회의는 의견을 내는 순간 '내 의견'이라는 소유관념이 없다. '나'와 '내 의견'을 고집하거나 집착하지 않는다. 화백회의 장소도 신령스런 장소에서 이루어진다. 참석자들은 의견을 내면서 각자 자신도 없고 자신의 의견도 없다.

66) 『수서(隋書)』「신라전(新羅傳)」, "其有大事, 則聚群臣, 詳議而定之." 살핌. 『당서(唐書)』「신라전」: "事必與衆議, 號和白, 一人異則罷." 살핌.

나는 화백회의에서 보이는 고루하고 두루하고 어울리는 화백정신의 전통을 몸소 겪었을 원효가 불교라는 외래종교를 내면화하며 소화하고 체득·체오하면서 불교경전을 주석하고 이해하는 틀로 화쟁을 썼다고 생각한다. 즉 원효 화쟁 사상 유래의 한 축이 화백이라 생각한다.

마디 2. 원효의 화쟁 글쓰기 : 다-살림 글쓰기

인문학의 목표가 사람의 삶을 자유롭고 풍요롭게 하는 것이라면, 이런 목표를 충족하는 것이 다양한 글쓰기이고, 다양한 글쓰기는 또 서로 소통되고 이해되고 어울려야 한다. 글쓰기의 본래 목적에 부합하면서 우리 전통으로부터 우러나온 것이며 보편적일 수 있는 글쓰기는 화쟁 글쓰기다. 원효의 화쟁(和諍)은 고대 및 신라의 화백(和白)과 같은 전통에도 그 기원을 둔 것으로 볼 수 있다.

화백의 만장일치는 그저 하나의 의견으로 통일시키기만 하는 것이 아니라 모든 의견들을 고루 내고 그 의견들을 두루 아우르는 신성한 합의다. 모든 의견들은 다 마땅함을 가지고 있다. 모든 의견들은 모순되어 보일지라도 그 모든 의견들은 다 신성한 큰 뜻에 맞게 나온 것들로서 허락되지 않는 것이 없다. 그래서 통하지 않는 것이 없고 모두가 받아들이고 이해할 수 있는 조화와 통일을 이끌어내지 않을 수 없다. 그것이 화백의 만장일치다.

원효의 화쟁도 이와 다르지 않다. 화쟁은 바로 불교의 모든 법문들이 다 이치가 있으며, 다 이치가 있으므로 모두 허락되지 않음이 없고, 허락되지 않음이 없기 때문에 통하지 않는 것이 없다는 지혜다.[67)]

67) 원효 저, 은정희 역주, 『이장의』, 소명출판, 2004, 260-261 쪽 살핌; 『이장의(二障義)』, 한불전1, 814상05-06 쪽, "所設諸難 皆有道理 有道理故悉無不許 無不許故無所不通" 살핌.

또 "뭇 경전의 부분을 통합하여 온갖 흐름의 한 맛으로 돌아가게 하고, 부처 뜻의 지극히 공변됨을 열어 다양한 학파의 다른 주장들을 어울리게 한다."[68]

원효의 화쟁이 주목을 받게 되는 최고(最古)의 현존 자료는 '서당화상비(誓幢和尙碑)'를 꼽을 수 있다.[69] 이 비문은 『십문화쟁론』을 원효의 대표적인 저술로 기술하고, 화쟁의 의미를 부각하고 있으며, 이 책이 많은 사람들의 칭송을 받는 것으로 기술한다.[70] 그 뒤 300여년이 지나 고려 시대에 와서 한 번 더 화쟁을 높이 평가하고 이를 원효 철학의 핵심으로 파악한다.[71] '서당화상비' 이후 전통적으로 원효 사상의 핵심을 화쟁으로 보고 『십문화쟁론』을 그 특징적 저술로 본 이래 연구자들이 원효의 화쟁을 연구할 때 『십문화쟁론』잔간과 원효의 다른 저술 등을 통해 복원한 『십문화쟁론』을 다루었다. 그 외 이와 같은 화쟁이 펼쳐지는 술어들이 『기신론해동소』, 『대승기신론별기』,

68) 『열반종요(涅槃宗要)』, 한불전1, "統衆典之部分歸萬流之一味 開佛意之至公和百家之異諍"

69) 서당화상비는 1914년 9월에 하반부 세 조각과 1968년 9월에 상부의 왼쪽 끝이 한 조각 발견되었다. 이만용, 『원효의 사상』, 전망사, 1983, 76-77 쪽 살핌; 오법안은 노부오 오토이의 「新羅元曉の生涯について」, Vol.41, No1(교토:오타니가꾸호, 1961), 33-52 쪽을 들어 1914년 5월에 발견한 것으로 말한다. 오법안, 『원효의 화쟁사상연구』, 홍법원, 1988, 35-36 쪽, 59 쪽 살핌.

70) 이 「고선사서당화상비문(高仙寺誓幢和尙碑文)」에 의하면 원효(617-686) 사후 100여년이 지나 대력연간(766-780) 봄에 일본에 사신 행렬로 갔던 원효의 자손 한림(翰林) 설중업(薛仲業)이 원효를 흠모하고 존경하는 당시 일본의 높은 벼슬아치를 만나 융숭한 대접을 받는다. 이 사건 이후 20여년이 흘러 9세기 초 애장왕(재위 800-809) 재위 때, 각간 김언승의 후원으로 서당화상비가 세워진다. 「고선사서당화상비문」, 김상현, 『원효연구』, 민족사, 2000, 337-341 쪽 살핌.

71) 대각국사(大覺國師) 의천(義天, 1055-1101)은 원효가 "백가의 다투는 실마리를 화합시키고 일대의 지극히 공정한 논을 얻었다"고 찬양하고, 고려 고종(高宗) 때에 조하향천단(朝何向天旦)의 『해동종수좌관고(海東宗首座官誥)』에 "신라시대에 원효공이 태어나서 백가의 이쟁을 화합하고, 이문을 합하여 함께 돌아갔다."고 하였다. 고려 숙종(肅宗)은 1101년(숙종 6년)에 원효에게 '화쟁국사'라는 시호(諡號)를 추증하였고, 비를 세워 공덕을 기념하였다. 『大覺國師文集』 16권, "和百家異諍之端, 得一代至公之論"; 『동문선(東文選)』 27권 38 쪽, "曉公誕生羅代 和百家之異諍 合二門之同歸"; 이만용, 같은 책, 68-69 쪽 살핌; 『고려사(高麗史)』 11권, '肅宗六年條' 살핌; 김상현, 위 책, 209 쪽, 301-302 쪽 살핌.

『금강삼매경론』, 『열반경종요』 등 곳곳에 나타난다. 그중에서 『열반경종요』가 열반의 의미에 대한 여러 주장들과 이들 간의 차이로 생긴 주장들의 다툼을 전체적으로 화쟁하는 것을 잘 나타내주고 있다는 평가를 받는다.

'열반문' 안의 마지막 절인 '화쟁문'에서는 보신(報身) 상주(常住)와 보신(報身) 무상(無常)의 상반된 주장을 상술하고 주장의 시비를 문답하며 '모두가 얻는 게 있다'고도 하고 '모두가 잃는 게 있다'고도 한다. 각각의 주장이 서로 어긋나는데, 각각의 주장이 일리가 있기도 하고 잘못된 것도 있다는 것이다. 예를 들면, 코끼리를 만진 각각의 여러 장님이 코끼리에 대해 말할 때, 그가 말하고 그려내는 것은 자기가 만지고 경험한 것이다. 그것은 코끼리를 다 드러내지 못하는 문제가 있지만 코끼리를 드러내는 데 각각 일리가 있다. "저 눈먼 사람이 각기 코끼리에 대한 설명을 하는 것과 같아서, 비록 코끼리의 실체는 얻지 못하였지만, 그렇다고 코끼리를 설명하지 않은 것은 아니다. 불성을 말하는 것도 이와 같아서 여섯 가지 법이 딱 맞는 것도 아니며 여섯 가지 법을 벗어난 것도 아니다."72)

이처럼 어떤 주장은 그 근거 안에서만 그 나름의 의미를 가지므로 그 주장만을 고집할 경우 다른 측면에서는 잃는 것이 있다. 서로 다른 주장들이 부분적으로는 다른 설명이지만, 결국 하나를 가리키는 설명임을 알면 주장들이 서로 조화롭게 잘 어울릴 수 있다. 따라서 서로 다른 주장들 가운데 어느 한 설명만이 얻는 바가 있다고 할 수 없다. 원효가 쓰는 '서로 어긋나거나 방해되지 않는다[불상위 불상방, 不相

72) 원효, 『열반종요(涅槃宗要)』, 한불전1, 539a07-09 쪽; 혜엄 역, 『대반열반경(大般涅槃經)』(36), 대정장12, 802b29-c02 쪽, "如彼盲人 各各說象 雖不得實 非不說象 說佛性者 亦復如是 非卽六法 不離六法"

違 不相妨]'는 논증 구조를 보면, 어긋나거나 방해되지 않음을 가능하게 하는 것을 알게 된다. 전체와 부분 사이의 방해와 어긋남은 밝지 못함[무명(無明)]으로부터 오는 오해에서 비롯된다.

이 밝지 못함의 해소로 오해가 풀리면 통하고, 통하면 조화가 저절로 일어난다. 애초에 주장들 간 방해나 어긋남은 필요 없었다. 다만 밝지 못해 오해하고 고집해 어긋나고 방해된다고 여긴 것이다. 그러므로 밝지 못함[무명]을 제거해 어긋남을 없앴지만, 어긋남을 없애지 않은 것과 다르지 않다. 또 방해를 제거했지만, 방해를 제거하지 않은 것과 다르지 않다. 이는 『금강삼매경론』에서 '일체중생이 밝지 못해[무명] 꿈을 따라 유전하는 것을, 한맛을 보게 하여 일심이라는 근원으로 되돌아오게 하지만 제자리로 돌아오니 얻은 게 아무것도 없다.'[73]고 하는 것과 같다. 조화는 어리석음을 제거하고 꿈으로 비유되는 치우친 견해에 대한 집착을 끊으면 저절로 일어난다. 서로 어긋나지 않기[불상방] 때문에 모두 얻을 만한 게 있고[실득, 悉得], 꼭 그런 것만은 아니기[비정연, 非定然] 때문에 서로 어긋나지 않는다[불상위].

원효는 늘 부분적으로 보는 것과 한정짓는 것을 경계한다. 광대심심(廣大甚深) 심원무한(深遠無限)한 열반의 경지에서는 어느 하나를 버리지 않고, 어느 하나를 선택하지도 않는다. 그래서 둘 다 받아들이는 것으로도 보이고 둘 다 버리는 것으로도 보인다. 그 이유는 부처의 여러 가르침이 나오게 되는 부처 뜻은 넓고 크고 아주 깊으며 아주 멀고 끝이 없으므로, 한 쪽 말에 그 뜻을 모두 담을 수 없기 때문이다. 『열반경종요』의 마지막 문구는 이렇게 맺고 있다. "부처의 뜻은 매우

---

73) 원효, 『금강삼매경론(金剛三昧經論)』, 한불전1, 610a17-b01 쪽, "如來所化一切衆生 莫非一心之流轉故 皆說一味者 如來所說一切教法 無不令入一覺味故 欲明一切衆生 本來一覺 但由無明 隨夢流轉 皆從如來一味之說 無不終歸一心之源 歸心源時 皆無所得 故言一味 卽是一乘" 살핌.

멀고 끝이 없으니, … 부처의 뜻을 한정지으려 하는 것은 마치 소라로 바닷물을 길으려는 것과 같고, 대롱으로 하늘을 보려는 것과 같을 뿐이다."[74] 소라를 합치고 대롱을 합치면 조금은 나아질 수 있을까? 그러나 그것 또한 소라와 대롱의 한계를 벗어날 수 없다. 주장이 있고 그에 따른 다툼과 갈등이 있을 때, 주장함의 의미 있음과 함께, 그 의미의 한계를 깨어 알 수 있다면 화쟁(和諍)은 저절로 이루어진다.

온전한 화쟁의 가능조건은 인식론적으로 열반이고,[75] 존재론적으로 일심이다.[76] 김정탁·이경열은 헤겔이 절대정신의 자기 전개적 다양성을 긍정하는 것처럼 원효의 화쟁사상은 보편성과 종파적 외양보다는 그 내부의 메시지에서 동일성을 찾는 것이라고 하며, 원효의 화쟁론을 의사소통관으로 이해한다.[77] 동일성이 바로 일심이다. 원효가 동일성을 찾는 것이라 해서 통일(統一)적인 것을 주장하려는 것은 아니다. 그는 다양한 주장들을 소통하기 위한 본질적 전제조건이 일심 혹은 열반임을 밝히는 것이다[불이, 不二]. 동일한 전제조건 때문에 다양성이 죽고 통일성에로 귀착되는 것이 아니라, 오히려 그 나름의 이치를 가지며 다양한 고유함들이 온전히 살아나는 것이다. 백가의 주장이 사르며[불이] 살아나[불일, 不一] 다 조화를 이룬다.[불일불이][78] 화쟁 글쓰기는 '회통(會通) 글쓰기' '화회(和會) 글쓰기'와 불가분리다. 회통과 화회는 소통을 목적으로 하지만, 비판·설득하는 것을

74) 원효, 『열반종요』, 한불전1, 547a18-21 쪽, "佛意深遠無限, …… 限於佛意, 是猶以螺酌海用管闚天者耳."

75) 김원명, 「원효 『열반경종요』의 열반론 연구」, 한국외국어대학교 대학원 철학과 박사학위논문, 2006 살핌.

76) 김원명, 「현대 문명 위기 극복을 위한 원효와 하이데거의 존재 이해」, 『하이데거 연구』 제15집, 한국하이데거학회 엮음, 두리터, 2007 살핌.

77) 김정탁·이경열, 「원효의 의사소통관-화쟁론을 중심으로」, 『한국방송학보』 Vol.20, No.3, 한국방송학회, 2006 살핌.

78) 원효, 『대승기신론별기(大乘起信論別記)』, 한불전1, 680상15-16 쪽; 원효, 『대승기신론소기회본(大乘起信論疏記會本)』, 한불전1, 742상09 쪽, "百家之諍無所不和也" 살핌.

목표로 하지 않는다. 그 뜻을 이해하면 그 글들이 서로 통하며[회통], 조화를 이루며 그 뜻을 이해한다[화회].

서양문명이 우리 삶을 지배하는 시대에 우리는 말과 글 그리고 역사와 문화 배경이 우리와 다른 서양의 '비판적 글쓰기'를 배우고, '설득의 수사학'을 배우고, 따지는 '논리적 글쓰기'를 배우고 있다. 이런 것들이 불필요하다는 게 아니다. 우리는 '비판'만 하는 걸 좋아하지 않고, '따지기'만 하는 논리를 좋아하지 않는다. 우리는 설득당하는 걸 기분 나빠한다. 왜 그런가? 우리 삶과 생각의 전통, 우리말과 잘 맞지 않기 때문이다. 논리적으로 따지며 비판적으로 글 쓰는 대신 상대를 이해하고 통하는 회통 글쓰기, 설득의 수사학 대신 조화를 이루고 이해하는 화회 글쓰기가 우리에게 더 잘 맞는다! 더 나아가 오히려 서로 다른 역사 문화 종교의 배경을 가진 문명들이 함께 공존해야 할 다원주의 지구촌 시대에 평화롭게 공존하는 글쓰기가 우리에게 더 필요하다.

최봉영에 따르면, 우리 한국인은 세계를 바라볼 때, "본디 모든 것이 '우리'로 어울려 있다."고 본다. 우리는 "사람과 사람은 물론이고 사람과 불, 물, 바람, 풀, 나무, 벌레, 동물 등이 본디부터 '우리'로 어울려 있다고 본다. 한국인은 '우리'를 이루고 있는 이쪽과 저쪽을 다 살라서 하나를 이룸으로써 이쪽과 저쪽이 어울려 있는 본디의 모습을 잘 살려낼 수 있을 것으로 생각한다."[79] 화쟁 글쓰기는 현대의 지구촌 다원주의 사회에서 필요한 평화로운 이해와 공존의 시대에 적합한 조화·이해·소통의 한국적인 '다 살리는' 인문학적 지구촌 글쓰기다. 여기서 '다-살림 글쓰기'는 원효의 '화쟁 글쓰기'를 현대적으로 설명하는 미래 글쓰기 대안이다.

79) 최봉영, 「한국인에게 정치는 무엇을 뜻하는가」, 『우리말 글쓰기와 학문』, 우리말로학문하기모임, 한국외국어대학교 대학원 1층 브릭스 센터, 2008년2월29일, 12-13 쪽.

'다-살림 글쓰기'에서 '다 살림'은 '다'와 '살림'을 조합한 말이다. '다'는 다 알다시피 '다'다. 그리고 '살림'의 본디 말을 살펴보면 '숧이다/숧오다'다. '숧이다/숧오다'는 불에 '타다' 또는 '녹다'의 뜻인 '숧다'에서 나온 것이다. '숧이다/숧오다'는 '어떤 것들을 불에 태우거나 녹여서 하나를 만드는 것'을 뜻하는 '숧다'의 사동형이다. 어떤 것들을 불로 사르면 타거나 녹아서 하나로 어우러지고 본래 것들은 사라진다. 본래 것들이 자취를 감추는 과정이 사라짐의 과정이다.[80]

그러나 하나로 어우러져 사라지기만 하면 살리는 것이 아니다. 초가 타면서 사라지지만 촛불로 살아난다. 촛불이 살아나기 위해서는 초가 타며 사라지는 수밖에 없다. 초는 사라지면서 살아나는 것이다. 자기에 고집하지 않고 자기 의견에 고집하지 않고 사라짐으로써 비로소 각각이 자기에 고집하지 않는 자기로 살아지고 그래서 각각이 자기에 고집하지 않는 자기로 살아나 다 어울리고 다 살리는 것이다.

80) 최봉영, 같은 논문, 11-12 쪽 살핌.

둘째 묫 서술 원리

나누기 4. 서술과 상상력[81)]

사무침 없는 글쓰기는 철저한 인용과 논리적 추론을 강조함으로써 글의 짜임새와 틀거지는 매끄럽지만 글쓰미의 삶과 깨달음은 조각조각 깨져 있는 글을 낳기 십상이다. 이때 글은 인용문들을 이음새가 잘 보이지 않도록 기술적으로 꿰어나가거나 짜기움으로써 생산될 수 있다. 글쓰기에서 대상에 대한 직접적 경험은 상대적으로 가볍게 여겨지고, 지식의 양과 정확도는 글쓰미를 더욱 무겁게 짓누른다. 형식적 글쓰기에 길들여진 사람들은 스스로의 눈과 귀로써 보고 들은 바를 멀리하게 마련이다.

이와 달리 사무침 글쓰기를 위해서는 스스로의 생각을 글로써 끝까지 잡아내는 일이 중요하다. 글의 무게가 사무침의 만큼에 따라 재어질 때 좋은 글은 글쓰미 스스로를 곧고 바르게 드러내는 글이 된다. 정직한 글쓰기는 사실을 어긋나지 않도록 알려주는 글을 짓는 것이다. 사물의 사실이든 생각의 사실이든 사실을 알리는 글쓰기 갈래를 우리는 흔히 서술이라 부른다. '논리적 글쓰기'의 쓰나미가 닥쳐오는 바람에 서술은 '문학적 글쓰기'로 간주되어 논술의 범주에서 제외되고 말았다. 하지만 서술은 모든 글쓰기의 기초가 될 뿐 아니라 사무침 글쓰기를 위해서는 반드시 서술의 본래적 의미가 깊이 있게 밝혀져야 한다.

81) 둘째 묫의 글은 『하이데거연구』(제21집 특별호, 2009)에 「서술과 상상력」(221-250 쪽)이란 글 이름으로 실렸던 구연상의 글을 이 책에 맞게 조금 손질한 것이다.

도막 1. "서술(敍述)"의 뜻

"서술(敍述)"은 "차례-짓기" 또는 "차례-풀이"이다. **'차례 풀이'**는 수학문제의 풀이처럼 정해진 방법과 순서에 따라 답을 찾아나가는 과정과 같다. 우리는 풀이를 통해 모르던 것을 알게 된다. 서술에서의 풀이 자체는 주로 말로써 이루어지지만, 풀이의 순서와 차례는 말의 제약을 넘어설 수도 있다. 풀이는 어떤 것 안에 서리서리 들어있는 것들을 차근차근 꺼내어 죽 이어나가는 것이다. 여기서 들어있는 바는 경험되거나 이해된 내용을 뜻하지 그릇 속의 물과 같은 어떤 물질적 내용을 뜻하지 않는다. 풀이는 풀어낼 것, 즉 이해된 것 또는 말할 것을 그때마다의 차례에 따라 말로써 적어가는 일을 말한다.

서술은 '말할 거리를 말로써 풀어내는 일'이자 그렇게 풀어낸 말을 '말이 되도록 이어나가는 일'이다. 입으로 말함이나 글로 적음은 그 이어진 말들을 구체적으로 담아내는 작업이다. 말의 이음은 곧 '말-지음'이다. 지음은 어떤 것이 생겨나 그것이 완성된 모습을 갖추도록 만드는 것이다. **지음으로서의 풀이**는 알기 어렵거나 알릴만한 어떤 것을 '알아들을 수 있는 모습'으로 새롭게 바꿔주는 일이다. 풀이는 한데 얽혀 있는 어떤 뭉치를 그것에게 알맞은 차례에 따라 착착 펼쳐내어 말이나 글로 지어나가는 것이다.

서술의 기본 형식은 **"주어+술어"의 짜개**를 갖추고 있다. "주어(主語)"는 말해질 내용의 임자말을 나타내는 말이고, "술어(述語)"는 임자말을 풀이하는 말이다. "풀이"는 보통 **'알기 어려운 바(주어)를 알기 쉽게 밝히는 것(술어)'**을 말한다. 풀이는 어떤 생각 덩어리나 생각 실타래 또는 느낌이나 듣본 것을 엉키지 않도록 '알기 쉬운 말'로써 풀어낸 뒤 그 **풀어낸 말글이 적절한 차례에 따라 늘어 놓이거나 짜이도록 하는 일**이다. 서술은 이야기를 짜 나가는 것과 같다. 소설은 이야기 짓기의 대표적 형식이다. 그 한 보기를 들어본다.

> 당직 수련의가 시트를 끌어당겨 아내의 얼굴을 덮었다. 시트 위로 머리카락 몇 올이 삐져나와 늘어져 있었다. 심전도 계기판의 눈금이 0으로 떨어지자 램프에 빨간 불이 깜박거리면서 삐삐 소리를 냈다. 환자가 이미 숨이 끊어져서 아무런 처치도 남아 있지 않았지만 삐삐 소리는 날카롭고도 다급했다. 옆 침대의 환자가 얼굴을 찡그리면서 저편으로 돌아누웠다.(김훈, 「화장」, 『이상문학상 작품집』(제28회), 문학사상사, 2004. 11 쪽)

이 소설의 첫 번째 서술문은 "의사가 얼굴을 덮었다."로 요약된다. 일반적으로 보자면 주어 자리에 놓인 의사는 "얼굴을 덮었다"의 주체가 되지만, **"차례 풀이"의 얼개에서 보자면,** "의사가 얼굴을"까지가 이 서술의 뭉치가 되고, "덮었다"는 그 얽힌 관계를 풀어주는 말이 된다. 덮음은 의사가 얼굴과 맺을 수 있는 수많은 관계 매듭 가운데 하나이다. 물론 이 하나의 관계가 서술되었다손 치더라도 읽으미는 아직 그 행위의 의미를 잘 모른다. 소설은 이 행위와 관련된 이야기 전체를 흥미롭게 풀어나간다.

이 서술에 뒤이어 작가에게 인상적이었던 '덮음'의 한 장면이 그려지고, 의료기기와 옆 환자의 반응이 대조적으로 비교된다. 이어진 서술들은 아내의 죽음을 드러내 보인다. 이를 위해 작가는 의사와 머리카락, 계기판과 삐삐 소리, 그리고 옆 침대의 환자를 실마리로 삼아 서술의 줄거리, 즉 소설의 줄거리를 짜 나가고 있다. 이때 작가 김훈은 "**주어+술어"의 형식**으로 서술하고 있다. 하지만 두 번째 서술문인 "시트 위로 머리카락 몇 올이 삐져나와 늘어져 있었다."도, "차례 풀이"의 관점에서 말하자면, 시트와 머리카락 사이의 수많은 관계들 가운데 하나를 풀어내는 말이다.

게다가 "당직 수련의", "삐져나와", "눈금 0", "삐삐 소리", "찡그림" 등의 드러냄 말은 이 소설의 전체 줄거리를 **넌지시** 알린다. 즉 하나의 서술문은 이야기 속에 함께 묶인 다른 서술문들에게로 추파(秋波)를 던지고 있다. 이런 의미에서 **하나의 서술은 없다**. 서술은 이러한 **뜻의 물결**에 맞춰 짜인다. 이 물결이 제대로 일지 않거나 끊길 때 이야기는 거칠어지거나 알아듣기 힘들게 된다. 접속사는 하나하나의 서술이 이야기 흐름에서 벗어나지 않도록 하기 위한 이음 고리와 같다. 이야기가 탄탄할수록 이 뜻의 흐름은 끊김이 없다. 이러한 이야기는 짜임새가 좋다.

서술의 근본 형식은 일반적으로 "**주어+술어**"의 형식으로 표현된다. 이때 **주어**(主語)는 그 자신에게 서술되는 술어들을 떠받치는 토대로 이해되고, **술어**(述語)는 주어에 덧붙여지는 것으로 설명된다. 주어는 "술어들의 밑에 놓인 것"으로서 그 모든 술어를 떠받치는 것이고, 술어는 주어를 서술하는 것으로서 "범주(範疇/kategoria)" 또는 보편적인 것이 되는 것이다. 이러한 형식의 서술은 보통 정의(定義)를 하거나 사물의 어떤 일반적 성질이나 속성을 기술할 때는 유용하다. 보기를 들어 "**이 나무는 단단하다**."라는 서술문은 나무가 단단함의 성질을 포함하고 있다는 사실을 잘 나타낼 수 있다.

그러나 이러한 서술 규정은 목적어의 의미를 제대로 담아내지 못하고 있다. 보기를 들어 "**의사가 아내의 얼굴을 시트로 덮었다**."라는 서술문은 의사의 속성이나 성질을 나타내기보다 어떤 행위나 관계를 드러낸다. 만일 우리가 "이 나무는 단단하다."라는 서술문을 "이 나무는 풀에 비해 단단한 성질을 갖는다."와 같은 서술문의 줄임으로 여길 수 있다면, 서술의 보다 근본적 형식은 "(**주어**+**목적어**)+**술어**"가 될 수 있다. 이 경우 "주어"와 "목적어" 그리고 "술어"라는 말 자체의 의미는 크게 바뀐다. 만일 우리가 "(주어+목적어)"를 일종의 "매듭"으로 볼 수 있고, "술어"를 "풀이말"로 새길 수 있다면, 서술은 간단히 '**매듭-풀이**'라고 말해질 수 있다.

도막 2. 서술과 상상력

서술은 "주어에 대해 술어를 덧붙이는 일"로 규정할 수도 있지만, '차례 풀이'의 관점에서 "**매듭**+**풀이**"로써 새롭게 규정할 수도 있다. 풀이는 근본적으로는 어떤 것을 **매인 상태로부터 자유롭게 놓아주는 일**을 뜻한다. 우리는 한(恨)과 같은 것에 대해서도 "풀다"는 말을 쓴다. 한은 응어리처럼 우리의 마음에 맺힌 것으로서 그것을 풀어내지 않는 한 우리의 삶을 힘겹고 괴롭게 만든다. 문제는 한과 같은 것은 저절로 풀리기커녕 되레 더욱 똘똘 뭉쳐 딱딱하게 굳어간다는 데 있다. 한 풀이는 굳은 것을 부드럽게 만들어 자유롭게 해 주는 일을 말한다. 더 나아가 풀이는 "천지왕 본풀이"에서처럼 이어져 내려온 이야기를 굿이나 노래로 **다시 들려주는 것**을 말하기도 한다. 이때의 풀이는 되풀이가 된다.

풀이는 주어진 매듭에 대한 상상력에 기초한다. 이러한 관계를 간단히 증명하기 위해 다음 세모꼴에 대해 이야기해 보자.

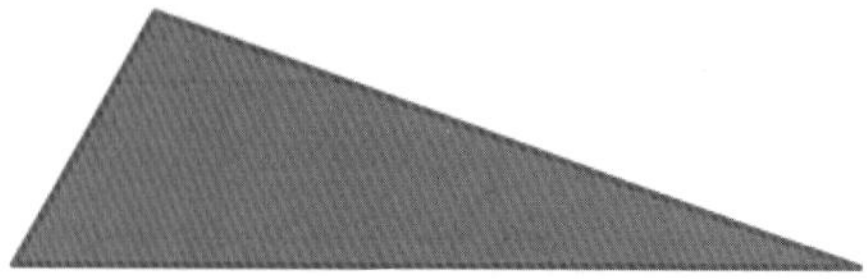

〈그림 1 : 세모 모양〉

위 세모 모양은 하나의 매듭 뭉치이다. 비트겐슈타인은 이 모습에서 다음과 같은 기술(記述) 가능성을 풀어냈다.

> "삼각 구멍으로서, 물체로서, 기하학적 소묘로서; 그 밑변 위에 서 있는 것으로서, 그 꼭지점에 매달려 있는 것으로서; 산(山)으로서, 쐐기로서, 화살로서, 또는 지시 표지로서; 직각을 끼고 있는 변 중 (예컨대) 짧은 변 위에 서야 될 어떤 넘어진 물체로서, 반쪽의 평행 사변형으로서"[82]

"이 세모 모양은 삼각 구멍을 그린 것이다."라는 서술문은 세모가 구멍이라는 입체적 공간에 자리했을 때에만 가능하다. 또 세모 모양이 "반쪽의 평행 사변형"으로 드러나 보이려면 거기에는 '평행 사변형'이 눈에 직접 보이지 않는 방식으로 더해져 있어야 하고, 그로부터 그 '반쪽'이 빠져 있어야 한다. 이 '세모 모양'은 우리가 거기로부터 수많은 서술문을 풀어낼 수 있는 '잠재적 서술 뭉치'인 셈이다. "세모는 1이 아니고, 네모도 아니며, 사람도 아니다." "세모는 둥글게 될 수 있고, 지워질 수 있다." "이 세모는 책 속에 그려진 세모이고, 저 세모는 옷에 새겨진 세모이다." 우리는 세모에 대해 무한히 서술할 수 있다.

82) L. 비트겐슈타인, 『철학적 탐구』, 이영철 옮김, 서광사, 1994, 298 쪽.

나는 논술 시간에 학생들에게 이 그림을 보여 주고 서술을 요구했다. 학생들의 대답은 다음과 같다. 뻗은 길이다. 찔리면 아프겠다. 폭격기이다. 그리스 신전의 지붕 부분이다. 미끄럼틀이다. 잘려나간 새의 부리이다. 여우 머리이다.(기하학적 모양으로 동물을 표현하는 그림에서 본) 어둔 밤 근심에 사로잡혀 창문을 바라보았을 때 비추인 자기 자신의 화난 눈이다. 새끼 새가 부리를 벌린 모습이다. 망토가 땅에 끌린 모습이다. 피자이다. 접힌 종이모자이다. 땅에 박힌 컨테이너 박스이다. 물속에 떠 있는 상자이다. 눈썹이다. 쐐기이다. 밟으면 그 안으로 순간적으로 빨려 들어가는 함정이다. 날아가는 종이비행기이다. 야구장 응원도구인 신문지 확성기이다. 할로윈 호박의 눈이다. 죠스의 지느러미이다.

서술은 그 서술할 것에 대한 앞선 이해가 주어져 있을 때만 가능하다. 서술(敍述)은 주어에 술어를 덧붙이는 것이라기보다 주어에 대한 이해 내용을 가지런히 나누어 가닥가닥 말로써 풀어내는 것이라고 볼 수 있다. 눈에 보이는 하나의 세모 모양은 하나의 말할 거리로서 그 안에 수많은 모양과 모습을 갖고 있다. 이 말할 거리에 들어있는 바는 말하는 사람의 세계에 따라 크게 달라질 수 있다. 여기서 세계란 사람이 삶을 살아가는 온누리와 같다. 세계에는 자연물과 인공물 그리고 사람과 상징이 속한다. 세계는 사람의 삶이 짜이는 그물이다. 서술은 세계에서부터 해석된 바를 말의 마름질로써 잘라 마디마디 이어가는 일이다. 그렇게 이어진 것들이 곧 서술문이다.

하나의 세모 모양이 갖가지로 풀이될 수 있는 까닭은 우리가 그것을 바라보는 서로 다른 눈을 가졌기 때문이지만, 이러한 풀이 가능성 자체는 다시금 세모 모양 안에 들어있어야 한다. 나는 이렇게 갈래갈래 나뉘거나 묶일 수 있는 말거리를 그 해석의 다양성에 초점을 맞춰

"**매듭**"이라 부르고자 한다. 매듭은 일반적으로 줄이나 실과 같은 것이 서로 엇걸려 풀리지 않도록 묶인 것을 말한다. 일의 매듭은 일의 마무리로서 일의 모든 과정이 끝을 맺는 자리를 뜻한다. 그것은 작품의 완성과 같다. "결론(結論)"은 말글의 끝을 맺는 것, 또는 그 자리를 말한다.

이야기는 말글의 매듭을 마디마디 이어나감으로써 펼쳐진다. 우리는 이렇게 펼쳐진 이야기 전체를 다시금 "이야기"라고 부른다. 이때 이야기는 뭉치가 된다. 그런 이야기를 '거듭' 주고받는 것을 "**타령**"이라 한다. '매듭'은 '갈래-묶음'의 뭉치로서 말거리가 얽힐 수 있는 가능성 전체이다. 말거리는 서술을 통해 말로써 풀어 밝혀질 수 있다. 말거리의 매듭은 서술하미 자신이 그것에 대해 이미 겪었던 일(느낌, 생각)이나 그것이 앞으로 전개될 수 있는 가능성들을 모두 담고 있다. 그런데 말거리의 매듭은 언제나 해석을 통해서만, 달리 말해, 서술을 통해서만 '우리'에게 드러난다. 말거리 매듭은 곧 말의 매듭과 같다.

서술은 말할 거리가 얽혀 있는 복잡한 매듭(관계)을 말의 매듭으로써 가지런히 풀어내고 펼쳐내는 풀이, 즉 '매듭-풀이'이다. 이러한 서술문 자체는 다시금 '하나의 매듭'이 되어 다른 서술문들과 다시 엮여 나간다. 말의 한 매듭과 다른 매듭이 죽 늘어 놓이거나 서로 이어져 나가면, 그것이 곧 이야기가 된다. 서술은 이런 의미에서 '이야기-하기'이다. 이야기는 들려주는 방식으로 이어져 내려오기도 하고, 글 속에 담겨 읽히기도 한다. 이야기 속에는 사람과 일 그리고 시대가 함께 모인다. 이야기는 말하기의 한 갈래로서 이야깃거리의 집이자 매듭의 덩어리이다. '매듭-풀이'로서의 이야기는 이미 이해되고 해석되어 있는 이야기를 새롭게 이야기하는 것이다. 서술은 [이미 일어났던] 이야기를 '다시 이야기하는 것', 즉 "이야기 되-풀이"이다. 이때

"이야기"는 두 가지 뜻매김으로 쓰인다. 먼저는 '사건의 일어남 뭉치'로서의 이야기이고, 나중에는 '사건의 줄거리에 대한 말'로서의 이야기이다.

도막 3. 상상력과 서술

하나의 말할 거리는 여러 갈래로 풀이될 수 있다. 풀이의 갈래는 말거리 자체와 말하미의 세계에 따라 그때마다 결정된다. "**사람은 말할 줄 아는 생명체이다**."(가)라는 매듭풀이는 "주어(主語)"로서의 사람을 '말할 줄 앎'과 '생명체'라는 갈래로 나눈 뒤 그 둘을 "말할 줄 아는 생명체"라는 하나의 형태로 묶은 것이다. 만일 말이 사람의 본질이고, 생명체라는 사실이 모든 사람을 포괄할 수 있는 가장 가까운 유개념이라면, (가)는 흔히 말하는 대로의 정의(定義)에 해당된다. "**정의**(定義)"는 "올바른 뜻을 앉히는 것", 짧게 말해, '뜻-앉히기'이다. 앉힌 뜻은 움직여서는 안 된다. 사람의 올바른 뜻이 제대로 앉혔을 때 우리는 사람이 '무엇'인지를 알 수 있다.

하지만 누군가는 사람의 본질을 말이 아니라 "부모 모시기(효/孝)"에서 찾거나 "도구 사용(homo faber)"에서 찾을 수도 있다. 이때 사람의 뜻은 사람마다 다를 수 있다. 정의(定義)는 이러한 다름 또는 흔들림을 막기 위한 시도인 셈이다. 정의에서의 주어는 목적어와의 관계 속으로 빨려 들어가지 않고 그 자체로 홀로 서서 다른 모든 것을 다스린다. 주어는 곧 주체가 되고, 서술은 '주어에 대한 풀이'가 된다. "주어(主語)"에서 "**주**(主)"는 "초의 불꽃"으로서 모든 것을 밝히는 것이지만, 주어는 자기 이외의 모든 것을 다스리는 것으로서 모든 술어의 지배자가 된다. 이러한 사태는 임자가 언어에 갇혀 버렸기 때문에 벌어진 것이다.

주어의 자리에 오는 모든 것은 그 불꽃의 세계에서는 이미 다른 것들과의 복잡한 관계 속에 처해 있다. 서술은 이러한 '처해 있는 관계'를 '갈래-묶음'의 방식으로 풀어내는 것이다. **상상력**(想像力)은 이러한 풀어냄의 능력을 말한다. 상상력은 단지 주어와 관련해서만 발휘되는 게 아니라 목적어나 조사 또는 술어를 비롯하여 서술 전체와 관계한다. 상상력이 없다면 서술도 가능하지 않다. 서술이 '우리'에게 어떻게든 앞서 주어진 것 또는 우리가 이미 '앞서 가진 것'을 말로써 가지런히 또는 차례대로 풀어내는 일이라면, 상상력은 그 '앞서 주어진 것'을 넘어선 것과 관계하는 능력을 말한다. 이것은 흔히 "맥락을 넘어서거나 옮기는 능력", 즉 "**넘겨 옮김**(metaphor/은유, 隱喩)의 능력"이다. 이렇게 넘겨 옮겨지는 것의 딴 이름이 곧 이미지이다.

서구(西歐)에서 "**이미지**(image)"라는 말은 '죽은 이의 얼굴을 밀랍으로 주조한 모양(imago)'을 의미했다. "주스 이마기눔(jus imaginum)"은 '조상(祖上)을 공개적으로 기리기 위한 모형(模型)'을 말한다. 그러나 이미지는 해와 빛과 눈의 문화에 그 바탕을 두었던 고대 그리스 풍습에서 유래한다. 우리가 "우상(偶像)"이라 부르는 '이돌레(idole)'는 죽은 이의 망령과 유령을 뜻했고, 나중에 '붙잡을 수 없는 그림자 형태'를, 그리고 '주검에서 날아오르는 영혼'을 일컬었다. 이미지는 "꿈속에서 본 꿈모습(onar)", "신이 불러낸 가물모습(幻影, phasma)", "죽은 이의 넋몰골(鬼神, psyché)"을 가리켰다.[83] 이미지는 그림자이

83) Jean-Pierre Vernant, "Naissance d'images(이미지의 태어남)", in : *Religions, histoires, raisons(종교, 역사, 이성)*, Paris, 1979. 110 쪽부터 살핌.

고, 그림자는 본 뜬 것이며, 사람의 이미지는 사람이 죽고 그 주검이 썩은 뒤에도 그 모습을 그대로 이어가는 것이다. 이미지는 죽음을 이기는 것이고, 죽은 이의 데스마스크처럼 그의 삶에서 영원히 기억되어야 할 것을 영원히 재현해 주는 것이다.[84)]

이미지는 사라질 수밖에 없는 것들을 끝까지 보존하는 것일 뿐 아니라, 현재 살아있는 사람들의 삶을 영원의 세계로 이끌고 지켜 주는 것이다. 이미지는 죽어가는 것들을 대신하거나 대리하거나 대체할 뿐 아니라, 그것들을 영원의 세계 속으로 복제해 들인다. 죽음에서 피어난 이미지는 빛을 발하고, 아름답게 꾸며지거나 장식되며, 땅에 묻혀서도 하늘로 오르는 생동감을 갖게 된다. 이미지는 어떤 것이 있을 수 있는 가장 높은 경지를 담는다. 그것은 이제 이미지를 통해 이해된다. 우리가 세상을 이미지를 통해 이해하기 시작할 때 죽음조차 이미지가 되고, 삶의 현실은 빛으로 가려지며, 보이는 것들은 보이지 않는 영원한 것들이 나타난 것으로 해석된다.

이미지는 보이는 어떤 것의 단순한 닮기(mimesis)가 아니다. 이미지는 '눈먼 이들의 자리(A-idès, 지옥)'에서 탈출하여 모든 것들을 대낮의 밝은 해 아래에서 고스란히 바라볼(theoria) 때 보이는 모습(idea)과 관계한다. 이미지는 나타난 것을 통해서 보긴 하지만 그것 자체에게서 직접 보일 수는 없는 **'다름없는 모양'**[85)]이다. 이미지는 삶에서 죽음을 바라보았을 때의 모습니다. 이미지는 우리가 그 모습을 직접 볼 수 없는 것을 마치 직접 본 것처럼 생생하게 그려낸 모습을 말한다. 나는 "이미지"를 **"생생-모습"**이라 새기고자 한다.[86)]

84) 레지스 드브레 지음, 『이미지의 삶과 죽음』, 정진국 옮김, 시각과 언어, 1994. 21-47쪽 살핌.

85) 여기서 "다름없음"은 "다르지 않다", 즉 "같다"는 뜻과 "변함없다"를 뜻한다.

86) 사전에서는 이미지가 "어떤 사람이나 사물로부터 받는 느낌"이라고 설명된 뒤 이를 '심

'생생-모습'은 시들거나 죽지 않고 힘이 넘치게 살아 있는 모습, 따라서 죽음을 이기고 빛의 하늘로 힘차게 솟아오를 때의 모습을 말한다. 이러한 '생생 모습'은 재현의 방식에 따라 크게 달라질 수 있다. 조각상은 실물이나 가상물의 가장 특별한 상징적 모습을 생생하게 빚기 위한 것이고, 사진은 어떤 것을 그 재현의 가장 아름다운 모습에서 생생하게 나타내기 위한 것이며, 그림은 어떤 것을 그것의 가장 인상 깊은 모습에서 생생하게 내보이기 위한 것이고, 미디어는 어떤 것을 그것의 현장성에서 생생하게 전달하거나 기록하기 위한 것이며, 말과 글은 어떤 것을 그것이 마름질되어 있는 바에서 생생하게 사무치기(소통/疏通) 위한 것이다. '생생-모습'은 어떤 것이 [누군가에게] 최상의 상태에 도달해 있을 때의 모습을 말한다. 이때 그것은 충격을 주어 마음속 깊이 각인되고 깊은 인상을 남긴다.

'**생생-모습**'은 어떤 것이 다다를 수 있는 그 끝에 섰을 때의 모습을 말한다. 꽃이 활짝 피었을 때도 '생생-모습'이 있지만, 완전히 시들어 버렸을 때도 '생생-모습'을 잡아낼 수 있다. 소리나 냄새 또는 슬픔이나 기쁨에도 그 '생생-모습'이 있다. '생생-모습'은 어떤 것이 그 절정의 상태에 머무르는 순간의 모습, 달리 말해, '치솟은 고요'의 순간을 작품화한 것이다. 모든 것은 저마다의 시간 흐름 가운데 '최고의 경지(황홀경, 몰입)'에 도달할 때가 있다. '생생-모습'은 그때의 모습을 사라지지 않을 형태로 붙잡아 두기 위해 제작된 것이다. '생생-모습'은 다양한 형태로 주어지는 극한의 경험에 대한 기록인 셈이다. 그러므로 '생생-모습'에는 어떠한 방식으로든 극한 가운데 극한인 죽음의 냄새가 묻어 있다.

상', '영상', '인상'으로 순화한다고 되어 있다.(국립국어원, 『표준국어대사전』, 다음 사전에서 인용)

상상력(想像力)은 어떤 것의 '생생-모습'을 생각해 낼 줄 아는 힘을 말한다. 이 모습은 새김이나 빚음을 통해 다듬어지거나 형상화될 수도 있고, 건축술을 통해 하나의 집으로 세워질 수도 있으며, 시인의 노래를 통해 민족적 시로 불릴 수도 있고, 영화 속으로 꾸며져 담길 수도 있다. 이 모두는 지음의 나뭇가지들이다. 상상력은 **'모습-짓기'**로서 어떤 것의 '생생-모습'을 현재의 현실 속에 하나의 작품으로 지어내는 힘이다. 지음은 마치 땅에 심긴 씨앗이 자라나 본디의 모습을 맵시 있게 또는 아름답게 또는 활짝 이루도록 해 주는 일을 말한다. '모습 짓기'는 어떤 것 속에 심겨진 가능적이거나 잠재적인 모습, 즉 '못 모습'으로부터 그것의 온전한 모습, 즉 '올올 모습'을 펼쳐내는 일이다.

'생생-모습-짓기(상상력)'는 '튼튼한 집-짓기'처럼 하나의 조각으로부터 다 갖춰진 온전한 모습에 이르기까지 다양한 단계를 거쳐 이루어진다. 이 과정은 옷을 만드는 과정과 비슷하다. 옷 만들미는 실 한 올 한 올로 짜인 옷감을 마름질하여 옷을 짓는다. 이 옷은 그것을 입을 사람의 삶을 위한 것이다. '모습-짓기'는 한 조각의 모습에서부터 그 조각이 완성될 수 있는 수많은 올올한 모습들을 풀어내고, 그 풀어내진 모습들 가운데 가장 생생한 모습을 골라 하나의 작품으로 만드는 것이다. 그렇게 제작된 '생생-모습'은 사람들에게 큰 감동을 줄 수 있다.

서술은 이러한 '생생-모습'을 말과 글로써 지어내는 한 방식이다. 모습은 사물 그 자체도 아니지만 그렇다고 논리적인 것도 아니다. 모습은 우리가 직접 경험할 수는 있지만 글 속에 그대로 담길 수는 없다. 우리는 꽃의 '생생-모습'을 형용사를 통해 말할 수는 있지만, 그렇다고 그 '형용사 서술'이 곧바로 꽃의 모습을 보여주는 것은 아니다.

서술은 '보여 주는 게' 아니라 '보게 해 주는 것'이다. 서술에서의 '생생-모습'은 말할 만한 값이 있거나 알릴 필요가 있거나 적어둘 만한 것이 될 것이다. 서술할만한 '생생-모습'은 말을 통해 완전히 다른 방식으로 전달된다. 말은 상징 기호(소리마디, 글자)를 통한 부호화로써 '생생-모습'에 대한 경험을 짜나갈 수 있다.

서술이 '매듭-풀이'인 한, '생생-모습'은 말거리로서 말로써 풀어내야 할 매듭인 셈이다. 이때 상상력은 서술의 바탕 가운데 하나가 된다. 예술적 상상력이 '생생-모습'을 다양한 장르의 예술을 통해 구현하듯 '**말로써 생생모습 짓기(언어적 상상력)**'는 말의 마술로써 '보이는 것으로부터 보이지 않는 것'을 풀어낸다. 이렇게 풀어낸 것 전체가 곧 하나의 이야기가 된다. 이는 앎을 만들어가는 과정과 같다. 글쓰기에는 '스스로 묻고 스스로 대답하기'의 과정이 속한다. 이 과정은 곧 앎의 사태에 다름 아니다. 말하기와 글쓰기는 앎의 집(체계)을 짓는 것과 같다.[87)]

'매듭-풀이'에는 적어도 **두 차원**이 속한다. 하나는 '생생-모습-짓기'로서의 상상력이고 다른 하나는 말의 능력이다. 목소리가 말소리가 되기 위해서 그 소리는 낱말(단어, 單語)이 되어야 한다. 이 소리 낱말은 소리(發話/utterance)와 뜻(概念/concept) 그리고 이음[88)]노릇(統辭機能/syntactic role)이 한데 뭉쳐진 것이다. 낱말의 뜻은 그 낱말로써 가리키거나 나타내거나 드러낼 수 있는 모든 것들에게서 두드러져 나올 수 있는 '바'이다. 따라서 낱말 뜻은 유비적(analogical) 성격을

---

87) 글쓰기와 앎의 관계에 대해서는 구연상의 「글쓰기와 사무침」(『우리말로 학문하기의 고마움』, 우리말로 학문하기 모임 엮음, 채륜, 2009. 190-191 쪽) 살핌.

88) 이음은 어떤 것들의 끝을 서로 잇는 일 또는 이음매를 뜻한다.(사진 출처: 다음 국어사전)

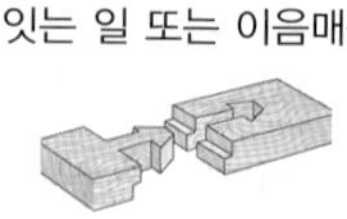

갖는다. 이는 한 낱말이 문맥이나 상황에 따라 서로 다른 속내(내용)를 가질 수 있다는 것을 말한다. '이음노릇'은 서로 다른 낱말들이 하나의 글월(문장)을 이루도록 자리매김(syn-tax/together put in order)하는 기능을 말한다. 이음의 노릇은 주로 문법의 지배를 받는다. 낱말들의 자리는 대체로 줄짓기꼴(string/직선렬)로 정해지므로, 말이나 글은 대부분 줄의 모양을 띤다.89)

낱말은 뜻과 소리와 문맥의 꾸러미이고, 말(언어, 言語)은 이러한 낱말들로써 말거리—몬(물/物), 몸(체/體), 일(사/事), 것(건/件), 뜻(의/意), 생각(사/思), 느낌(감/感), 깨달음(각/覺), 할 바(의지/意志) 등—의 '생생-모습'을 마름질한다. 우리는 말의 마름질을 통해 '생생-모습'을 '마디-짓기'의 꼴로써 '다시 보게 해 줄 수' 있다. 이때의 보게 해 줌은 근본적 의미에서의 되돌아봄 또는 불러일으킴과 관계된다. 이러한 기억이 앎의 한 특수 형태라면, 말은 앎과 알림을 위한 부호화인 셈이다. 말이 없다면 앎은 (뚜렷이) 담길 곳이 없고, 알림 또한 그 (큰) 길을 잃고 만다.

서술(敍述)은 '매듭-풀이'로서 '생생-모습'을 말의 꼴로 바꿔 주는 기술(技術)이다. 그 기술을 통해 우리는 몸과 머릿속에서 일어난 신경망 사건을 말의 부호화라는 상징 사건으로 탈바꿈시킬 수 있다. 말로의 탈바꿈은 일종의 해석(解釋)과 같다. 해석은 풀어내기이다. 우리에게는 우주 전체—모든 것—가 일종의 암호이자 기호로서 해석의 대상이다. 오늘날에는 수학이나 논리식 또는 컴퓨터 프로그래밍 등을 풀이가 광범위하게 적용되고 있다. 서술은 '말로써 풀어내는 일'이다. 매듭이 같을지라도 그 풀어낼 말이 다르면 그 풀이는 결코 같아질

89) 구연상, 「말의 얼개와 특징」, 『하이데거 연구』, 2005(봄호) 살핌.

수 없다.

한국말에는 고유한 소리의 짜임새(체계)가 있고, 그 소리들이 나타내는 뜻의 얽이(구조)가 있으며, 낱말들의 이음새로써 엮이는 세계 맥락이 있고, 그 낱말을 기호로 적을 수 있는 글자로서의 한글이 있다. 우리에게 서술은 '생생-모습'으로서의 매듭을 한국말과 한글로써 '차차로 풀어내는 것'을 말한다. 이러한 서술은 그 말과 글을 쓸 줄 아는 사람들을 서로 사무치게 해 줄 뿐 아니라, 그로써 그들 서로가 삶을 함께 나눌 수 있도록 해 준다.[90] '매듭-풀이'는 경험된 것 전체로서의 '생생-모습'을 방금 설명된 의미에서의 말로써 하나의 이야기가 되도록 풀어내는 것을 뜻한다.

90) '말글로써 사무치는 함께 나눔'은 공동체 의식과 민족성 그리고 역사성을 강화시키지만, 반대로 새로운 세계에 대한 개방성을 약화시킨다.

나누기 5. 서술의 원리와 목적

서술(敍述)은 생각이나 경험의 덩어리진 매듭을 말의 차례로써 풀어나가는 일을 말한다. '매듭-풀이'로서의 서술은 상상력과 언어적 능력의 맴돌이 틀(결합)에 기초해서만 가능하다. 상상력은 사람의 감각을 통해 주어진 생생한 모습들을 받아들이는 능력일 뿐 아니라, 그 모습들을 다시 떠올리거나 그것들을 이리저리 엮어 새로운 모습들을 지어내는 능력이기도 하다. 말은 이러한 모습들을 낱말로써 마름질하기 위한 도구이자 그 결과물이다. 우리는 '말-거리'로서의 '생생-모습'을 자신이 배워 익힌 말로써 마름질한다. 우리는 이러한 마름질을 통해 작품으로서의 말을 창작한다. 작품의 수준은 마름질 솜씨에 따라 크게 달라지기도 한다. 서술은 주어진 '생생-모습'을 말로써 풀어내는[마름질하는] 말하기이다.

우리가 이러한 '매듭-풀이'를 올바로 또는 제대로 해내려면, 우리는 그것의 원리를 앞서 이해할 필요가 있다. 누군가 자전거를 탈 줄 알려면, 그는 어쨌든 자전거 타는 원리를 몸으로 깨닫고 있어야 한다. 누군가 자전가를 탄다면, 거기에는 반드시 '타는 원리'가 있어야 한다. 우리는 그 원리를 우리가 몸소 자전거를 타 봄으로써 알아낼 수도 있고, 다른 사람의 타는 모습을 눈여겨봄으로써 그 원리를 밝혀낼 수도 있다. 그때 우리는 자전거 타는 방법들을 올바로 설명하거나 새로운 방법들을 찾아낼 수 있다. 우리가 서술의 원리를 찾아낸다면, 우리는 그것을 통해 '서술의 목적'이나 '서술의 방법들'을 더 잘 이해하고 설명할 수 있다.

도막 1. 서술의 원리: 매듭풀이로써 드러내 보임

마디 1. 원리(原理)에 대한 뜻매김

그런데 "원리(原理)"라는 말은 무엇을 뜻하는가? 원리는 원칙(原則)과 같은 말인가? 아니다! 이 둘은 그 꼴이 비슷해 보이지만 그 뜻은 똑같지 않다. 원리가 사물 자체 속에 들어있는 것이라면, 원칙은 원리를 활용하거나 적용하기 위한 근본 규칙으로서 인간의 행위와 관련된다. 보기를 들어, 자전거 타는 원리가 균형 잡기와 자전거의 직립 안정성이라는 역학적 성질이나 원인과 같은 것에 관계된다면, 자전거 타는 원칙은 그 원리에 따르기 위해 지켜야 할 근본 규칙을 말한다. 자전거 타미가 균형을 잡기 위해서 손잡이를 자전거가 기울어지는 쪽으로 돌려야 한다면, 손잡이 돌리는 원칙은 그것이 균형 잡기의 원리에 따른 것일 때 올바르다. 원칙은 원리를 이루기 위한 방법이라고 할 수 있다.

원리(原理)는 우리가 "어떤 것이 왜 그러한가?"라는 물음에 대해 내린 '궁극적 대답'과도 같다. 자전거는 어떻게 탈 수 있는가? 이 물음에 대해 주어질 수 있는 모든 대답 가운데 마지막 대답이 바로 자전거 타는 원리인 셈이다. 원리는 우리가 그것의 참임을 의심할 수 없는 진리, 즉 가장 자명한 진리(眞理)와도 같다. 만일 우리가 그 원리에 대해 "그것이 왜 그러한가?"를 묻는다면, 우리는 그 물음에 더 이상 대답할 수 없다. 원리는 모든 진리의 첫째 근거가 된다. 원리가 진리인 한, 그것은 사물에도 그대로 들어맞아야 하고, 그렇기 때문에 원리는 사물이 구성되는 근본 방식을 일컫기도 한다.

그런데 "원리(原理)"라는 낱말의 낱말 뜻은 무엇인가? "원리"는 "으뜸이 되는 이치(理致)"로 새길 수 있다.[91] "으뜸"은 우두머리의 '우두'와 우듬지의 '으듬'의 뜻을 모두 갖는다. 으뜸은 여럿 가운데 가장 뛰어난 것이나 순서에서 첫째가는 것을 가리키기도 하지만, 나무의 꼭대기 줄기, 즉 어떤 것의 맨 윗자리를 가리키기도 한다. 또한 "뜸"은 "웃뜸", "아랫뜸", "가운데뜸", "해뜸", "새뜸" 등과 같은 마을이름에 쓰이기도 한다. 여기서 '뜸'은 한 마을의 집들이 드문드문 따로 떨어져 한군데 모여 있는 자리를 일컫는다. 으뜸의 다음 또는 아래는 버금이고, 그 다음은 흔히 딸림이라고 불린다. 버금의 자리는 맨 윗자리의 바로 아래에 놓이고, 그 꼴은 그 너비가 꼭대기보다 더 크게 벌어진 모양을 갖추고 있으며, 그 버금 뜸 아래에 놓인 모든 것은 마치 포도 알이 그 줄기에 알알이 맺혀 달리 듯 으뜸에 '딸린 것', 말하자면, '딸림'이라 볼 수 있다.

"리(理)"는 『설문해자(說文解字)』에 따를 때 "치옥야(治玉也)", 즉 옥을 다듬는 일을 뜻한다. "리(理)"는 하늘의 운행과 땅의 머묾, 해와 달의 자리다툼을 주재(主宰)하고 지탱(支撐)하는 것을 말한다.[92] '리'는 자연이나 사람의 변화와 운동 그리고 관계 등을 떠맡아 다스릴 뿐 아니라, 모든 것이 그 본모습을 잃지 않도록 다스리는 것이다. 다스림은 누가 어떤 것의 본디 모습이 흐트러지지 않도록 바로잡아 나가는 일을 말할 뿐 아니라, 만일 어떤 것이 본디 상태로부터 벗어났을 때 그것을 고쳐 되돌리는 일을 뜻하기도 한다. "이치(理致)"는 '이(理)에 다다른 것'을 뜻한다.

원리는 '으뜸 이치'로서 어떤 것을 그것이 본디 모습을 갖추도록

91) "이치(理致)"에 대해서는 이 책 (『서술원리·논술원리』, 2권, 55 쪽) 살핌.
92) 주희 지음, 곽신환, 윤원현, 추기연 옮김, 『태극해의』, 곽신환·윤원현·추기연 옮김, 소명출판, 2008. 157 쪽 살핌.

가장 근본적으로 다스리는 것을 뜻한다. 원리는 자연의 변화와 운동을 지배하는 근본 법칙을 뜻할 수도 있고, 사람이 지켜야 할 삶의 으뜸 규범을 뜻할 수도 있으며, 그 항상성(恒常性)으로 말미암아 만물의 근원(형이상/形而上, 도/道)을 뜻할 수도 있다. 더 나아가 **원리**는 이러한 근원과 법칙을 풀어 밝히는 설명 근거일 수도 있다. **근원**(根源)은 '물줄기가 비롯되어 나오는 자리'의 뜻으로 어떤 것의 있음의 첫자리, 즉 '비롯-자리'와 같은 것을 말하고, **법칙**(法則)은 물이 언제나 높은 곳에서 낮은 곳으로 흐르기 위해 그 흐름 자체 안에 반드시 놓여 있어야 하는 '흐름의 틀'과 같은 것을 말하며, **근거**(根據)는 나무와 같은 것이 뿌리내리기 위해 필요한 '땅'을 말한다.

'으뜸 이치'로서의 원리는 어떤 것이 무엇이고, 그것이 왜 그것이며, 그것은 어디로부터 비롯되었고, 그것의 변화 과정은 어떠한지 등의 물음에 대한 마지막 대답과 같다. 이때의 마지막은 그 위계에서는 '첫째가는 것' 또는 '가장 높은 것'이자 '가장 앞선 것'을 말한다. 원리는 어떤 것의 있음의 원인과 관련해서는 '첫째 원인'을 나타내고, 어떤 말의 참됨과 관련해서는 '첫째 근거'가 된다. 원인(原因)은 어떤 일이 비롯되어 나오는 말미를 말하고, 근거(根據)는 어떤 일이 일어나는, 그 일을 뒷받침하는 바탕을 말한다. 원인이면서 근거인 것은 밑바탕이라 할 수 있다.

밑바탕에서 '**밑**'은 아래의 뜻을 넘어 본디의 뜻을 갖는다. "밑꼴"은 "원형(原形)", 즉 본디의 모양을 말하고, "밑불"은 "불을 피울 때에 불씨가 되는 불", 즉 '본래부터 살아 있던 불'을 일컫는다. "밑"은 단순히 어떤 것의 아랫자리를 뜻하는 게 아니라 다른 것들이 놓일 수 있는 '먼저 또는 본디의 자리', 곧 '으뜸 자리'를 뜻한다. "**바탕**"은 마당이나 터를 의미한다. 바탕은 "얼굴 바탕"처럼 어떤 사물을 떠받치는 뼈대나 틀 또는 받침을 의미하기도 하고, "근본 바탕"처럼 어떤 일이 벌어질 수 있는 터나 자리 또는 바닥을 뜻하기도 하며, "마음 바탕"처럼 어떤 것이 갖고 있는 본래의 성질을 뜻하기도 한다. 밑바탕은 '으뜸 바탕'으로서 그것에 기초할 모든 것들의 모양과 기능 그리고 성질까지를 근본적으로 떠받치는 것이다.

원리는 관련된 모든 물음에 대한 올바른 대답이 자리한 맨 밑바탕이다. 이때 밑바탕은 그 의미상으로는 '으뜸 바탕'과 같다. 어떤 대답이 올바른 것이기 위해서 그것은 무엇보다 먼저 그 자체로 옳아야[정합적이어야] 할 뿐 아니라, 그것은 그것이 말해 주는 바와 실제로 맞아떨어져야[진리여야] 한다. 원리는 모든 대답의 올바름을 마지막까지 떠받쳐[지탱해] 주는 것으로서 다른 모든 대답은 이 원리에 근거하여 올바른 것이 되거나 그른 것이 된다. 원리는 **앎(주어진 물음에 대한 올바른 대답)의 밑바탕**이자 **물음거리 그 자체의 본질과 근원 그리고 변화의 밑바탕**이기도 하다. 원리는 모든 진리 주장의 최종 권리이자 근거로서 근대국가에서 통치와 인권을 규정한 근본법으로서의 헌법(憲法)에 빗댈 수 있다.

마디 2. '매듭-풀이'의 얼개

서술 원리는 우리가 "서술은 무엇이고, 그것은 어떻게 이루어지며, 올바른 서술이나 좋은 서술 또는 아름다운 서술은 어떻게 가능한가?"라는 물음에 대한 대답들의 올바름의 밑바탕이다. 어떤 말이 서술이려면, 그것은 '서술의 원리'를 충족시켜야 한다. 이러한 서술 원리를 우리는 어떻게 찾아낼 수 있는가? 만일 원리가 인위적으로 창안되는 것이라기보다 발견되는 것에 가깝다면, '원리 찾아내기'는 우리가 그 원리가 놓여 있는 곳을 찾아감으로써 가능할 것이다. 우리는 이미 서술을 배워 써먹을 줄 안다. 그런 한에서 우리는 틀림없이 '서술의 원리'를 알고 있는 셈이다. '서술 원리'는 우리가 이미 수행하고 있는 '서술 행위들'로부터 찾아질 수 있다.

서술은 말하미 스스로에게 주어진 수많은 **'생생-모습**(이미지)'을 **말로써 풀어내는 일**이다. '생생-모습'은 '풀어낼 거리', 즉 서술의 대상을 일컫는다. 우리가 보고 듣고 생각하는 모든 것이 '생생-모습'이 될 수 있다. 서술은 주어진 '생생-모습'에 대해 글로 줄줄이 풀어낸 말이거나 이야기이다. 이는 마치 실 뭉치에서 실이 엉키지 않도록 푼 뒤 그것을 가지런히 사려 놓은 것과 같다. 풀이는 뭉치로서의 '생생-모습'에 대한 갖가지 물음들, 보기를 들어, 그것은 무엇이고, 그것은 왜 그러한지 등의 물음들에 대답해 나가는 일을 말한다.

서술이 누군가 자신이 겪은 '생생-모습'에 대해 스스로 묻고 답하는 과정이라면, **서술 원리**는 그러한 과정의 올바름의 근거, 달리 말해, **우리가 '생생-모습(풀어낼 거리 전체)'으로부터 풀이말을 올바로 이끌어낼 수 있는 밑바탕**을 뜻한다. 풀이말은 '생생-모습'을 갈래갈래 풀어낸 말이다. 이와 달리 '생생-모습'을 그때마다의 전체에서 마름질해 놓은 말은 '매듭-말'이라 부를 수 있다. 풀이말은 매듭말을 가닥가닥 줄지어 엮어 놓은 말이다. **'매듭-풀이'**는 이렇게 매듭말에 얽혀 있을 수 있는 갖가지 풀이말들을 가지런히 풀어내는 일이다. 풀이말은 매듭 자체 또는 매듭을 이루는 다양한 요소들 또는 그 요소들 사이의 관계를 내보인다. 이제 **서술 과정**을 보기로써 설명해 보자.

보기말) 나무는 꽃이 활짝 피었다.

위 보기말은 나무와 꽃이 어떠한지에 대한 하나의 풀이이다. 이 보기말에서 말해진 모든 것이 자아질 수 있는 경험의 총체, 즉 매듭은 '나무-꽃'이다. 매듭은 여러 가닥의 끈이나 줄로써 짜인다. '줄'은 어떤 것을 묶는 데 쓸 긴 물건 또는 어떤 것들을 나란히 늘어놓거나 벌여 놓은 것을 가리킨다. 말의 매듭을 엮는데 쓰이는 줄은 '씨줄'과 '날줄'이라 부를 수 있다. 씨줄과 날줄의 자리에는 명사나 명사구 또는 명사절 등이 올 수 있다. 매듭의 씨줄은 성명(姓名)에서 가계(家系)를 나타내는 성씨에 해당되고, 날줄은 개인(個人)을 나타내는 이름에 해당된다. 씨줄은 금줄처럼 테두리를 둘러 이야깃거리를 한정하는 상수(常數) 노릇을 하고, 날줄은 둘러진 테두리 안에서 변수(變數) 노릇을 한다. 씨줄과 날줄이라는 두 개의 '매듭-줄'에는 "은(는)-이(가)-을(를)"과 같은 '이음 걸이(조사)'가 붙는다.

'매듭-말'의 '이음-걸이(조사, 助詞, 걸림씨)'는 글월의 씨줄과 날줄을 갈라 줄 뿐 아니라, '매듭-줄'의 기능과 의미까지 규정한다. '걸이'는 어떤 것을 다른 어떤 것에게 매달거나 그 둘을 한데 이어주기 위한 꽂개(꽂는 도구)이다. '걸이-이음'은 걸리는 것들이 돌쩌귀처럼 서로에게 맞는 짝에 끼워질 때 하나의 매듭으로 옳게 쓰일 수 있다. '이음-걸이'는 그것이 달라붙는 받침말과 그것에 걸리는 걸림말을 한 매듭으로 묶어주는 고리와 같다. 받침말에 달라붙는 '걸이'는 '받침말-걸이'라 부를 수 있고, 걸림말에 달라붙는 '걸이'는 '걸림말-걸이'라 부를 수 있다. 받침말과 걸림말은 이 '걸이'에 의해 비로소 '하나의 매듭'이 되어 서로에게 매이게 된다. 이 두 '걸이'는 마치 남녀가 부부가 되어 한 몸을 이루는 것처럼 또는 서로 다른 문짝이 짝을 이루어 하나의 문이 되는 것처럼 함께 묶이는 '고리'를 이루는 것과 같다.

"고리"는 길이를 가진 어떤 것을 구부리어 두 끝을 맞붙여 놓은 물건을 뜻하지만, 여기서는 어떤 것과 다른 것을 기계적으로 짝지어

주는 귀틀에 빗대어질 수 있다. 귀틀은 네 귀를 맞추기 위해 굵은 나무를 가로세로 어긋나게 '井' 자 모양으로 짠 틀을 말한다. 틀은 그것으로써 무엇인가를 찍어내거나 박아내는 데 편리하다. 보기말에서 "나무는 꽃이"라는 매듭말은 "는"과 "이"라는 두 걸이로써 마디지어 짜였는데, "는"은 '나무'를 받침말로 하여 '꽃'을 그러안는 '걸이'가 되고, "이"는 이와 거꾸로 '꽃'을 받침말로 삼아 '나무'에 그러안기는 '걸이'가 된다. 이 보기말은 "나무는 꽃을"로 바뀔 수도 있다. 이때 '걸이-고리'는 '는-을'로써 이루어진다.

'**매듭-걸이**'의 **이음새**는 이러한 '걸이-고리'의 짜임새, 즉 귀틀의 모양새에 다름 아니다. 그런데 이러한 걸이의 틀은 그것에 의해 한데 묶이는 '받침말과 걸림말'의 쓰임새에 따라 알맞거나 어긋맞을 수 있다. 낱말마다 거기에서 돋칠 수 있는 걸이들이 있고, 이러한 걸이들 사이의 궁합에 따라 서로 잘 어울릴 수도 있는 것들끼리 '걸이-고리'가 걸린다. '받침말과 걸림말'이 바뀌거나 그 뜻이 달라지면 그것들을 맺어주는 '걸이'의 짝이나 모양도 틀어질 수 있다. 나무는 꽃이 필 수도 있고, 가지가 부러질 수도 있으며, 바람에 흔들릴 수도 있지만, 꽃은 나무에 피거나 꽃병에 담기거나 버려진 채 시들거나 한다. 나무와 꽃이 그것들 나름의 '**있음 꼴**'을 갖추기 때문에 우리는 "꽃은 나무에 담긴다."와 같은 말을 자연스럽지 않게 여긴다.

보기말 "나무는 꽃이 활짝 피었다."에서 '는'은 '나무'를 **매듭의 씨줄**로 자리매김하고, 그로써 '나무'를 이 글월의 '으뜸 이야깃거리'로 앉혀 놓는다. '는'이라는 '걸이'는 그것이 달라붙은 '받침-낱말'인 "나무"를 이야기의 초점으로 삼아 두드러지게 드러낸다는 점에서 '**초점-걸이**'가 된다. 이때 "초점(焦點)"은 받침말이 가리키는 바가 또렷하게 드러나는 '밝은 지점'을 뜻할 뿐 아니라 그것에 관한 모든 이야기가

'한데 모이는 지점'을 뜻하기도 한다. '초점-걸이'는 그것의 받침말인 "나무"를 말하기의 '으뜸-말(주어)'로 세워 앉힌다는 점에서 '밑받침-걸이'이며, 그것에 짝하여 걸릴 수 있는 '버금-말'들을 나무가 밑받침이 되는 경우에 한정한다는 점에서 '가름-걸이'가 된다.

이와 달리 "나무는 꽃이 피었다."에서 '이'는 '꽃'을 **매듭의 날줄**로 자리매김하고, 그로써 '꽃'을 이 글월의 '딸림 이야깃거리'로 앉혀 놓는다는 점에서는 '는'과 비슷하지만, 그것이 '꽃'을 "피었다"라는 풀이말의 구체적 보기로서 나타낸다는 점에서는 '는'과 그 쓰임이 다르다. '이'는 그것의 받침말인 '꽃'을 풀이말의 대표 사례, 즉 본보기로 내보인다. 본보기는 구체적인 어떤 것이 그것이 들어간 전체 또는 그것이 속한 범주나 갈래를 잘 나타내는 보기(사례)를 말한다. 이런 의미에서 '이'는 '**본보기-걸이**' 또는 '**대표 사례-걸이**'이다. '본보기-걸이', 또는 줄여서 '보기-걸이'는 그것의 받침말을 도두새기는 기능을 갖는다.

만일 우리가 저 보기말을 "나무가 꽃은 활짝 피었다."라고 바꾼다면, 매듭말은 "나무가 꽃은"까지이고, 매듭의 씨줄은 '꽃'이 되고, 날줄은 '나무'가 된다. 이러한 분석은 '나무'가 '으뜸-말(주어)', 즉 씨줄이 되어야 한다는 상식에 어긋나는 듯 보인다. 그런데 만일 우리가 바뀐 보기말의 일반적 뜻을 '나무의 다른 사정은 고려하지 않더라도 나무에 꽃이 활짝 피었다는 것만큼은 확실하다.'는 것으로 볼 수 있다면, 바뀐 보기말의 '으뜸-말'은 '꽃'이 될 수 있다. 이때 '가-은'이라는 '걸이-짝'에 의해 매겨지는, 씨줄과 날줄의 자리매김은 제한적으로 적용되어야 한다. 즉 '가'라는 '이음-걸이'는 '본보기-걸이'로서 '꽃이 활짝 피어난 곳'이 바로 '나무'임을 강조하는 말이고, '은'이라는 '이음-걸이'는 '초점-걸이'로서 꽃을 주제적으로 도두새기는 말인 셈이다. 즉 바뀐 보기말은 다시금 "꽃이 나무에 활짝 피었다."와 같이 바뀔 수 있다.

그런데 "나무는 꽃을 활짝 피웠다."라는 보기말에 쓰인 '을'은 어떤 일을 하는가? 우리는 흔히 "을"을 "**목적격 조사**"라고 부른다. "목적격(目的格)"은 '목적어 자리'라는 뜻이다. "목적(目的)"은 누군가 다다르고자 바라보는 곳을 말한다. 이러한 단어 해석에 따르자면, **목적어(目的語)**는 주어가 동사로써 다다르고자 하는 바에 해당하는 셈이고, 보기말에서 '을'이라는 '이음-걸이'는 나무라는 주어가 '피우다'라는 동사로써 다다르고자 하는 것이 '꽃'임을 지정해 주어야 한다. 문제는 꽃이 과연 피움의 목적일 수 있는가 하는 점이다. 만일 그렇다면, "나는 책을 읽는다."라는 말에서 책은 내가 읽고자 하는 목적이 된다. 책이 '읽기 위한 도구' 또는 읽을거리인 한, 방금의 목적 설정은 뒤바뀐 것이다. 책은 읽음의 목적이 아니고, 꽃은 피움의 목적이 아니다.

보기말 "나무는 꽃을 활짝 피웠다."에서 '을'은 그것의 받침말인 "꽃"이 씨줄인 '나무'의 목적임을 나타낸다기보다 '나무'와 '꽃'이 서로 어떤 작용이나 행동을 '가하거나 당함', 즉 서로 무엇인가를 '주고받는' '능동과 수동'의 **관계를 맺고 있음**을 나타낸다. 이때 '나무'가 '매듭의 씨줄'로서 피움의 일을 벌여가는 주인공이라면, '꽃'은 날줄로서 피움의 일을 마주하는 조연이 되는 셈이다. 나무와 꽃은 피움의 일을 함께 연출한다. 이 일은 그 둘이 **함께 마주함**으로써 일어난다. '을'은 그것이 이러한 마주함을 나타낸다는 점에서 '**맞-걸이**'로 부를 수 있다. 이런 의미에서 목적어는 맞은쪽이란 의미의 '**맞-말**' 또는 마주 걸려 있는 것이란 의미의 '맞-걸림-말'로 새길 수 있다.

'나무'와 '꽃'은 피움의 측면에서 일을 함께 해야 하지만, '나무'는 꽃이 피어날 수 있도록 꽃에게 어떤 영향을 가해야 한다는 점에서,

반면 꽃은 나무로부터 주어지는 영향을 받아들여 스스로 꽃이 되어야 한다는 점에서 서로 맞결어 있어야 한다. 맞결음은 때론 어긋매낌이거나 어긋맞음일 수도 있고, 맞부딪침이거나 맞닿음 또는 맞닥침일 수도 있으며, 부림이거나 부리임일 수도 있다. '맞-'은 때론 맞부딪침이나 맞섬을, 때론 함께하기를 뜻한다. 즉 '맞-'은 '마주-하기'를 뜻한다. 마주한다는 것은 단순한 '마주 대함'이나 맞섬만을 뜻하지 않고, "얼굴을 마주한다."라는 말에서 드러나는 것처럼 '일 함께하기'와 같은 것도 함께 일컫는다.

"나는 책을 읽는다."라는 말에서 '을'이라는 '맞-걸이'는 '나와 책'이 서로 마주할 수 있는 일들을 매듭으로 엮어내라는 명령과 같다. 만일 누군가 "나는 책을"이라고 말했다면, 우리는 그의 말을 우리들 자신이 이해하는 대로 알아들으려 할 것이다. 이때 '는'이라는 '초점-걸이'는 우리에게 '나'를 초점으로 삼아서 글월을 짜라는 것을 명령하고, '을'이라는 '맞-걸이'는 그 '나'가 '책'과 마주하여 능동적 역할을 하는 경우들을 떠올릴 것을 명령한다. 우리 가운데 누군가 저 풀이말이 빠진 글월을 "나는 책을 버렸다."라고 채워 들었다면, 버림의 일은 '나'가 '책'을 마주했을 때 펼칠 수 있는 '능동적 행위들' 가운데 하나인 셈이다.

서술은 매듭풀이로서 앞서 주어진 '매듭-걸이'를 그 짜임새에 맞춰 풀어내는 일이다. 만일 글월에서 이러한 '이음-걸이'가 빠진다면, 그 글월은 이해가 쉽지 않게 된다. 보기를 들자면, "나 너 사랑해."라는 글월은 우리가 그 말을 일상에서 이해하는 데 큰 어려움이 없지만, 그것이 읽힐 수 있는 길은 여럿이다. 그것은 "나는 너를 사랑해."로 읽힐 수도 있고, "나를 너는 사랑해."로 읽힐 수 있으며, "나랑 너랑 사랑해."로 읽힐 수도 있다. 더 나아가 이 글월은 "나만 너를 사랑해.",

"나까지 너를 사랑해.", "나는 너조차 사랑해." 등과 같이 여러 '걸이'로써 엮일 수도 있다. 글월의 '풀이-뜻'은 그 '걸이'의 꼴과 짝에 따라 크게 바뀔 수 있다.

그런데 서술은 '매듭-걸이'의 짜임새로써 끝나는 게 아니다. 서술의 완성은 결국 그 매듭에 대한 풀이에서 이루어진다. '매듭-풀이'로서의 서술은 매듭말과 걸이 그리고 풀이말로써 엮인다. **풀이말**은 우리가 '매듭-말'로써 엮어낼 수 있는 '말-가닥'에 대한 이름이다. 매듭말은 헬 수 없이 많은 말 가닥이 얽혀 있는 **'말-타래'**와 같고, 풀이말은 그 말뭉치에서 한 올 한 올 뽑아낸 **'말-가락'**과 같다. 가락은 어떤 것에서 뽑아져 나온 가닥을 말한다. 가락은 굵거나 가늘 수 있고, 길거나 짧을 수 있으며, 매끄럽거나 거칠 수 있고, 잘 맞거나 안 맞을 수 있으며, 빠르거나 느릴 수 있다.

풀이말은 '말-가락'으로서 '매듭-말'에서 엮어낼 수 있는 것, 즉 거기에서 다양한 길이로 뽑아낼 수 있는 것이다. 말이 본질적으로 **'마디-짓기'**로 이루어지는 한, 풀이말 또한 토막이나 마디가 질 수밖에 없다. 우리가 '실' 또는 '올'을 쓰기 좋게 토막 낸 것을 "님"이라 부른다면, 풀이말의 '님'은 **"풀이-마디(술어절)"**라고 불릴 수 있다. 그런데 '마디'가 '길이를 가진 몸'을 여럿으로 나누어 이어 주는 이음매이자 그 나뉜 낱낱의 토막을 뜻하는 한, '풀이-마디'는 **'매듭-마디'**와 짝해서만 제 구실을 다할 수 있다.

풀이말이 매듭말에서 자아질 수 있는 '말-가락'이라는 사실은 **풀이말의 유래** 가운데 하나가 바로 매듭말임을 말해 준다. 여기서 "유래(由來)"는 원인을 뜻하지 않고 '말미'를 일컫는다. **"말미"**는 본디 "다른 일로 말미암아 얻는 겨를"만을 뜻하지 않고 "어떤 일을 한 까닭이나 연유(緣由)"를 함께 뜻했다. 만일 누군가 "백조(白鳥)는 깃털이 희다."라고 말했다면, 그가 이렇게 풀이한 까닭은 '백조'에 대한 그의 '앞선 이해' 때문일 것이고, 결국은 '백조의 흰 깃털' 때문일 것이다. 이때 그의 풀이말은 '백조'로 **말미암은 것**이다. '말미암음'은 '말미-삼음'으로서 '근거를 두다'는 뜻으로 볼 수 있다.[93] 즉 위 풀이말은 주어진 매듭에 근거하여 선택된 것이다.

그런데 매듭이 풀이말의 말미가 되는 정도, 즉 **말미암음의 연관성 정도**는 다양할 수 있다. '깃털이 희다'는 사실은 백조로부터 직접 읽힐 수 있지만, "백조는 헤엄을 친다."라는 말이 말해지려면, 거기에는 백조의 '생태(生態)'에 대한 보다 폭 넓은 이해가 요구된다. 더 나아가 "백조는 마법에 걸린 오데뜨이다."라는 말은 차이코프스키의 『백조의 호수』에 나오는 '백조'로 말미암지 않고는 제대로 이해될 수조차 없다. **매듭이 풀이말의 말미가 되는 이러한 연관성의 차이**는 우리가 그 매듭에 대해 던지는 **물음의 차이**에서 비롯된다. 우리가 '백조' 앞에서 '백조의 깃털은 어떤 색인가?'라고 묻는다면, 그에 대한 대답 풀이는 '희다'는 것이 될 것이고, 이와 달리 '백조의 생태는 어떠한가?'라고 묻는다면, 그 물음에 대한 대답은 '헤엄을 친다.'와 같은 것이 될 것이다.

이와 달리 '마법에 걸린 오데뜨'라는 풀이는 자연의 백조에 근거한 게 아니라, 발레작품에서 유래한 것이다. 여기서는 '백조'라는 매듭 자체가 바뀐 셈이다. 즉 "백조"라는 말은 같지만, 그것이 쓰이고 가리키는 맥락과 대상은 딴판 달라졌다. 매듭에서 풀려나오는 풀이말의 가락이 이처럼 다채로울 수 있는 근거는 우리가 그 매듭에 던질 수 있는 **물음의 다양성**에 놓인다. 우리는 '백조'가 무엇이고, 그것이 어

93) 김무림, 「'말미암다'의 어원」, 『새국어생활』(제19권 제1호), 2009.

떻게 살아가며, 또 그것을 상징으로 한 예술작품으로는 어떠한 것들이 있는지를 물을 수 있다. 우리는 바로 이러한 물음들에 기초하여 거기에 알맞은 대답들을 찾아나가게 되고, 그러한 과정에서 얻은 대답들을 적절한 풀이말들로 삼게 되는 것이다. 풀이말은 '그때마다 이미 앞선 물음에 대한 하나의 대답'이고, 풀이말의 가락은 그 물음과 대답이 한데 어우러진 소리가 된다.

풀이말은 그 던져진 물음에 따라 매듭의 갖춤(속성, 屬性)을 알려 주는 것일 수도 있고, 매듭의 뜻과 까닭(의미와 근거)을 밝혀 주는 것일 수도 있으며, 매듭의 역사나 그것에 대한 말하는 사람의 감정 등을 나타내는 것일 수도 있다. 알림, 밝힘 그리고 나타냄 등은 풀이말이 길어져 나오는 관문(關門) 또는 갈림목과 같은 것을 일컫는다. 사물의 성질과 관련된 앎의 영역에서 쓰이는 풀이말은 의미를 밝히는 데 쓰이는 풀이말이나 느낌을 표현하는 데 쓰이는 풀이말과는 그 '말미의 자리'가 다르다. 즉 똑같은 풀이말도 그것이 갈려나오는 원줄기가 다르면 그것에 대한 이해 지평도 달라질 수 있고, 결국 풀이 자체가 달라질 수 있다.

"나무는 꽃이 활짝 피었다."에서 풀이말은 "활짝 피었다."이다. 그것은 '나무-꽃'의 매듭에서 울려 나온 '말-가락'이다. 가락의 울림은 가장 먼저 매듭 자체에 대한 물음에 의해, 다음으로 '매듭-걸이'와 그에 대한 말하미의 이해에 의해 다스름(조율, 調律))을 받는다. 여기서 다스름은 물음과 대답을 둘러싼 생각 다툼을 가다듬는 일을 뜻한다. 누군가 눈앞의 나무를 보는 순간 자신도 모르게 "꽃이 폈네."라는 혼잣말을 내뱉었을지라도, 그 말은 이미 '나무는, 꽃은, 어떠한가?'라는 물음에 대한 대답, 즉 스스로 생각한 것에 대한 결론이라고 할 수 있다. 그가 "나무-는"이라는 말로써 말을 시작한 이상, '꽃'에 대해 붙일 수 있는 '걸이'는 "이"나 "을"로 거의 확정이 된다. 그가 그 가운데 "이"라는 걸이를 고른 까닭은 그가 '꽃'을 어떤 일의 본보기로 강조하고자 했기 때문일 것이다.

우리는 이러한 다스름의 바닥 위에서 그 **풀이말의 가락을 뗀다.** "나무는 꽃이"라는 매듭말에 어울릴 **풀이말의 테두리가 잡히고,** 그 밑그림이 그려지자마자 우리에게는 '나무-꽃'의 매듭을 풀어낼 말들이 실타래처럼 **풀려나온다.** 우리는 그렇게 풀려나오는 가닥들을 가락가락 **엮어내** 본다. 만일 이러한 '말-가락'이 떠오르지 않는다면, 우리는 아무런 서술도 할 수 없게 된다. 풀이를 한다는 것은 마치 **매듭과 말을 중매시키는 것**과 같다. 사람은 매듭의 경험자이자 말의 기술자로서 그 둘을 이어줄 훌륭한 중매쟁이이다. 사람은 '중매쟁이 풀이꾼'으로서 매듭에게 그것에 가장 걸 맞는 풀이말을 소개시켜 그 둘을 **맺어준다(결혼).** 매듭과 그것에 알맞은 풀이말을 맺어주는 것, 달리 말해, 세계와 언어의 결합이 곧 매듭풀이로서의 서술인 것이다.

결혼이 예단 주고받기나 결혼예식 등 복잡한 절차를 거쳐 이루어지듯 '**풀이말-짓기**' 또한 결코 단순하지 않다. "활짝 피었다."라는 풀이말을 보자. "활짝"은 먼저는 꽃이, 그것이 피어날 수 있는 데까지 다다른 '어찌-꼴'을 마치 새가 접었던 두 날개를 쫙 펼치고 시원스레 날아가는 모습에 빗댄 말이지만, 그와 아울러 말하는 사람 자신이 그 펼쳐진 모습 앞에서 느꼈던 감탄의 감정도 내보인다. 사실 우리는 "나무는 꽃이 활짝!"이라는 말로도 그 말이 무엇을 말하려는지를 짐작하고도 남는다. "활짝"은 꽃이 그 꽃잎을 마음껏 펼친 동작(동사적 의미)을 그대로 멈춰 놓은 것(명사적-형용사적 의미)처럼 말한다. 그렇지만 "활짝"만으로는 풀이말의 짜임새가 온전히 갖춰질 수 없다. 이런 의미에서 부사(副詞)는 '**버금-풀이말**'이라고 할 수 있다.

그렇다면 '으뜸-풀이말'은 어떠한 것인가? 보기말에서 그것은 "피었다."가 된다. 이 말은 "피다"라는 동사(動詞)의 과거형이다. 우리는 "피었다."의 자리에 "피었지.", "피었오.", "피었을까?", "피었고,", "피었으므로,", "피었어," 등을 갈아들일 수 있고, 맥락이 바뀐다면, "피었다."를 "핀다.", "피려 한다."나 "피어라!", "핀다면,", "피세!", "피더라." 등으로 갈아맬 수 있다. 갈아들임과 갈아맴은 우리가 그때에 맞춰 '풀이말의 옷'을 갈아입히는 것과 같다. 우리는 이러한 '말-갈아-쓰기'를 활용(活用)이라 부른다. 이는 어간(語幹)과 어미(語尾)의 관계를 나타내는 것이다. 어간은 쓰는 몸체를, 어미는 갈아 바뀌어 쓰이는 옷에 해당한다.

그런데 "어간"이 말의 줄기를, "어미"가 말의 꼬리를 뜻한다면, '줄기-꼬리'는 어긋매끼로 짜 맞춰진 셈이다. 이를 바로 맞추려면 '줄기-가지'나 '머리-꼬리'가 되어야 한다. 여기서 줄기나 머리는 풀이말에서 밑바탕이 되는 것으로 가지나 꼬리가 갈아 끼일 수 있는 몸체이자 뼈대이다. 그런데 풀이말은 '말-가락'으로서 가로쓰기나 세로쓰기를 할 때는 말할 것도 없고 입말로 이야기할 때조차도 어떤 '줄짓기 흐름'을 나타낸다. 가로쓰기의 경우, 풀이말은 왼쪽으로부터 오른쪽으로 쓰이고, 세로쓰기의 경우는 위에서 아래로 적힌다. 풀이말은 한 토막의 실처럼 첫머리와 끝머리로 나뉜다. 우리가 "끝머리"를 "꼬리"로 바꿀 수 있다면, 풀이말은 '머리-꼬리'의 얼개로써 이루어진다. 풀이말에서 머리는 늘 맨 앞자리에 놓일 뿐 아니라 그 모양이 한결같지만, 꼬리는 머리에 달라붙어야 할 뿐 아니라 그 모양도 저마다 들쭉날쭉 또는 요리조리 휘어지거나 구부러져 있다.

'으뜸-풀이말'의 머리(어간)는 매듭이 풀려 나갈 방향(方向)을 가름한다. 풀이말 "피었다."는 그 매듭말 "나무는 꽃이"가 엮일 수 있는 갈래들 가운데 하나가 뽑혀 나온 것이다. 풀이는 매듭 안에 들어있거나 박혀 있는 것들을 하나씩 가려 뽑아 가지런히 이어가는 일이다. 만일 '나무-꽃'의 매듭을 푸는 길이 나 있지 않다면, 우리는 그 길을 찾느라 헤매거나 어떻게 말해야 할지를 몰라 쩔쩔 맬 것이다. 만일 누군가 "나무는 꽃이 졌다."라고 말했다면, 그는 "피었다."와는 반대 방향에서 '나무-꽃' 매듭을 푼 것이다. 풀이말들은 **그것들 사이의 관계**를 통해 **방향이 잡힌다**. 또 다른 누군가 "나무는 꽃이 냄새가 좋다." 라고 말했다면, 이때 "좋다"는 '나무-꽃-냄새'라는 '겹줄-매듭'으로부터 방향이 잡힌 것이다.

머리는 그 수가 하나이지만, 꼬리는 그 수가 여럿일 뿐 아니라 그 안에 마디도 여럿일 수 있다. **꼬리의 마디들**은 열차 객차처럼 서로 나뉜 채 여러 꼴로 이어질 수 있다. 심지어 "나무는 꽃이 활짝 피었다가 졌다."처럼 하나의 글월에서 여러 풀이말이 잇달아 쓰일 수조차 있다. "피었다"에서 "**었**"은 나무에서 꽃이 피어난 일이 이미 지난 일(과거)이었음을 나타내는 '**때-매김-마디**'이다. 과거(過去)는 '지난 때'를 말한다. '지난 때'는 해나 달 또는 철이 바뀌면서 또는 헬 수 없이 많은 일들이 벌어지면서 우리에게 쉼 없이 다가왔다 지나가버린 '이때-들'의 무덤과 같다. "었"은 있음의 한 방식, 즉 '지나가 버렸기 때문에 지금 여기에는 더 이상 있지 않음(없음)'을 나타낸다. 모든 '으뜸-풀이말'이 그 자체로 **때의 갖가지 모습들**을 따로 나타낼 수 있다는 사실은 '매듭-풀이'가 있음의 무늬와 결, 한마디로 말해, **있음의 온갖 꼴**을 그려내는 것임을 말한다.

그리고 "피었다"에서 "**다**"는 '매듭-풀이'의 끝을 마무르는 '**끝-마디**'이다. '끝-마디'에는 그것의 뒤쪽에 맞닿는 마디가 없이 끝을 완전히 홀쳐매는 '**옭-마디**'가 있고, 또 '옭-마디' 구실을 하면서도 동시에 뒤따라오는 또 다른 '매듭-풀이'에 다리를 놓는 '고-마디'가 있다. "다"는 '풀이말-가락'이 풀리지 않도록 고를 내지 않고 옭맨 '옭-마디'로서 말하는 사람이 '나무에 꽃이 피어 있었다는 사실'을 사실로 여길 뿐 아니라 말하미가 자신의 말을 참말로서 내세운다는 것을 나타낸다. 즉 "다"는 말하미가 '매듭-풀이'에서 말해진 모든 내용을 '말 그대로' 모두 인정함을 나타낸다. 이런 의미에서 "다"는 '그대로-마디'이다.

이와 달리, "나무는 꽃이 활짝 피었지만, 꽃 냄새는 전혀 풍기지 않았다."에서 "-지만"은 먼저 "지"라는 '옭-마디'가 뜻하는 바, 즉 꽃이 피었다는 사실은 인정하면서도 곧바로 "만"이라는 '고-마디'로 말미암아 방금 인정된 사실과는 '다른 사실이 있을 수 있음'을 내비친다. 또 "나무는 꽃이 활짝 피었니?"는, 그것이 비록 '옭-마디'이긴 하지만 말하미가 물었던 물음에 대한 대답에로 이어져 있다는 점에서, '고-마디'이다. 그리고 "선생님께서 나무에 핀 꽃으로 다발을 만들어 주셨습니다."에서 "께서"와 "셨"은 말하미가 '선생님'과 '선생님의 만드는 일'을 함께 높이려는 마음을 갖고 있음을 나타낸다.

풀이말의 '머리-꼬리' 얼개는 매듭의 한 가닥 한 가닥을 알맞은 크기로 잘라 앞뒤를 잘 맞춰 그 차림새를 가지런히 갖춰 놓는 데 알맞다. 우리는 풀이말의 유연한 꼬리 덕분에 매듭에서 벌어질 수 있는 수많은 일들을 그 말해지는 때와 상황 그리고 말하는 이의 감정에 따라 갈래갈래 갈라놓을 수 있다. 이것은 마치 카멜레온이 몸 빛깔을 주변 환경에 맞춰 감쪽같이 물들이는 것과 비슷하고, 그리미가 자신이 보고 느낀 바를 그림으로 그려내는 것과 닮았다. 매듭은 그것에 붙은 '매듭-걸이'의 짜임새에 따라 그리고 우리에게 앞서 주어진 풀이말의 '머리-꼬리' 얼개에 따라 수많은 가락으로 풀어질 수 있다.

앞서 우리는 세 가지 '매듭-걸이'를 살펴보았다. 먼저, '는(은)'이라는 '초점-걸이'는 그것이 달라붙은 말('나무')을 이야깃거리로, 바꿔 말해, 씨줄의 자리에 도두 앉힌다. 그렇게 앉혀진 것은 말하자면 이야기의 주인공이 되는 셈이다. **'초점-걸이'**에 의해 도두 앉혀진 것은 일종의 관찰 대상이 되고, 우리는 그 '걸이'가 환기시켜 주는 바에 따라 그것의 일거수일투족을 자세히 살피기 시작한다. 이때 풀이는 주로 '초점-풀이', 보다 정확히 말하자면, **'바라보기-풀이'**, 즉 앉혀진 것을 마치 우리가 사물을 관찰 도구로써 관찰하듯 대상적으로 바라보면서 이야기를 펼쳐내는 방식이 된다. '초점-걸이'의 틀로 자아내지는 '바라보기-풀이'는 초점이 맞춰진 바로 그 '받침말-거리(대상)'가 무엇이고, 그것이 어떻게 그리고 왜 있는지 등의 물음에 대한 대답을 엮어나가는 것을 말한다.

이러한 풀이는 그 **바라보기의 초점(관점)**에 따라 이루어진다. 칸트는 사물의 사물성을 12 갈래, 즉 **12 범주**로 나눠 묶을 수 있다고 보았다. 사물은 우리가 그것의 크기를 셀 수 있기에 하나, 여럿, 모두의 갈래로 나눌 수 있고, 사물은 우리가 그것의 성질을 따질 수 있기에 그렇다, 그렇지 않다, 제한적으로 그렇다의 갈래로 가를 수 있고, 사물은 우리가 그것을 다른 것과 관계에서 파악할 수 있기에 '실체-속성', '원인-결과', '능동-수동'의 갈래로 묶을 수 있고, 사물은 그것이 있음의 여러 꼴을 갖기에 '있을 수 있음-있을 수 없음', '있음-없음', '반드시 있음-우연히 있음'의 갈래로 노늘 수 있다.

이러한 관점은 우리가 물리적 사물들을 풀이할 때는 쓰기에 좋지만, 상징성을 갖는 사건이나 역사적 의미 또는 사람의 마음이나 다양한 범주들이 뒤엉킨 사태를 풀이할 때는 그 가락이 잘 맞지 않게 된다. 이러한 것을 풀이할 때는 우리가 **"본보기-걸이"**라 불렀던 '이(가)'

를 쓰는 게 좋다. '본보기-걸이'에 의해 도두새겨지는 것은 특정 범주에 속하는 수많은 사례들 가운데 '대표 사례', 즉 본보기로 자리매김되는 것이다. 이 본보기는 전체를 대표할 수 있을 만큼 그 상징성이 매우 크다고 할 수 있다. 우리는 본보기에 대해서는 그것의 유래나 내력, 즉 내림을 밝히는 방식으로 말을 한다. 이러한 '내림-풀이'는 흔히 "**본-풀이**"라고 불린다. '본-풀이'는 대표적 상징물의 역사를 과거로부터 현재를 거쳐 미래의 모습까지 펼쳐 내보이는 이야기 방식을 말한다.

마지막으로 '을(를)'이라는 '**맞-걸이**'에 의해 펼쳐지는 풀이 방식은 '**관계-풀이**'와 같은 것이 된다. "관계"는 '어떤 것들이 서로에게 걸려 이어짐'을 뜻한다. 이러한 풀이는, 크게 나눠 보자면, '서로 맞섬', '서로 함께함', '서로 어긋남' 등으로 잘게 쪼개질 수 있다. "그는 사과를 먹었다."에서 "먹었다."는 '그'와 '사과'의 관계를 풀어낸다. 먹음은 그가 사과와 맺을 수 있는 수많은 관계들 가운데 하나이다. "그는 매를 맞았다."에서 "맞았다." 역시 '그'와 '매'와의 관계를 풀어낸 것이다. 그는 매를 피할 수도 있고, 꺾어버릴 수도 있으며, 달게 받을 수도 있다. 그가 매와 관계할 수 있는 가능성은 헬 수 없이 많고, 맞음은 그러한 관계들 가운데 하나이다.[94]

'관계-풀이'는 어떤 것이 놓일 수 있거나, 그것이 맺을 수 있는 관계를 **둘러볼 때**만 가능하다. "그는 사과를 먹었다."라는 말은 비록 명시적으로는 아닐지라도 그가 사과를 먹은 까닭이나 결과를 함축한다.

---

94) 최봉영은 "그는 사과를 먹었다."와 "그는 매를 맞았다."의 풀이말 "먹었다"와 "맞았다"가 앞말은 임자(주어)의 동작을, 뒷말은 임자의 상태를 푼다고 보았다.(살핌: 「한국말의 힘과 생산성」, 『우리말로 학문하기의 날갯짓』, 채륜, 2011. 00 쪽.) 이러한 설명은 무엇보다 '매듭의 의미'를 놓치고 있다. 왜냐하면 그의 동작은 '사과'와 관계된 것이고, 그가 맞고 있는 상태는 '매'와 관련한 것이기 때문이다. "먹었다"와 "맞았다"는 이러한 관계에 대한 풀이이지, 임자만의 어떤 동작이나 상태에 대한 풀이가 아니다.

그는 누가 그 사과를 주었기 때문에, 또는 그 사과가 먹음직스러웠기 때문에, 또는 배가 너무 고팠기 때문에 그 사과를 먹었을 것이고, 사과를 먹은 뒤에는 고맙다는 말을 했거나 사과 맛에 만족했거나 배가 불러졌거나 했을 것이다. '관계-풀이'는 말하미가 매듭 자체의 관계뿐 아니라 그 매듭이 또 다른 매듭과 얽혀 있는 관계까지, 말하자면, 매듭을 이루는 것들 사이에서 벌어지는 다양한 일들과 그러한 일들이 일어나게 된 이유나 과정까지 자세히 밝혀 줄 수 있다.

마디 3. 서술 원리로서의 '드러내 보임'

서술은 '생생-모습'을 매듭풀이로써 말하는 것이다. '매듭-말'은 '씨줄-말'과 '날줄-말' 그리고 그 둘을 한데 묶어주는 '걸이-고리'로써 짜이고, 풀이말은 '머리+꼬리'와 그것을 꾸미는 여러 꾸밈말로써 짜인다. 풀이는 매듭이 엮일 가능성을 묻는 물음에 대한 그때마다의 대답이고, 풀이말은 매듭말이 해석될 수 있는 다양한 가능성들 가운데 하나를 나타낸다. 이때 "하나"라는 말은 어떤 제한을 뜻한다. 보기를 들어, "나무는 꽃이 피었다."라는 매듭풀이는 그 피어난 꽃이 붉은지 아닌지에 대해서는 아무런 대답도 해 줄 수 없고, 그 꽃에 주인이 있는지 없는지도 말해 줄 수 없다. 만일 이러한 물음들에 대한 대답들, 즉 또 다른 매듭풀이들이 주어져 있다면, 우리는 '매듭-날줄'인 꽃에 대해 보다 더 많은 것을 알게 된다.

그렇기 때문에 매듭이 풀릴 수 있는 가능성이나 방향은 앞서 **틀이 잡혀 있다**. 이는 뒤집어 말하자면 매듭이 엮이거나 매듭지어질 가능성 또한 **어느 정도는 관습적**임을 뜻한다. 만일 누군가 자연계에서 "나무는 꽃을 먹는다."라고 말했다면, 우리는 그가 말하려는 바를 선뜻 알아듣기 힘들 것이다. 그것은 우리가 경험적으로 나무가 꽃을 먹는 일이 결코 일어날 수 없다는 것을 잘 알고 있기 때문이다. 하지만 만일 "나무는 꽃을 먹는다."라는 '매듭풀이-말'이 '만화 마당'에서 말해진 것이라면, 그것은 '나무-꽃' 매듭의 새로운 가능성을 **드러내 줄** 뿐 아니라, "먹는다"라는 풀이말을 통해 나무가 입으로 꽃을 삼키는 장면을 **내보일** 것이다.[95)]

동일한 서술도 그것이 놓이는 마당이 바뀔 때마다 그 뜻하는 바가 크게 달라질 수 있다. 이는 서술이 드러내 보이는 바가 마당에 따라 달라질 수 있다는 것을 뜻한다. 마당은 막혀 있거나 숨겨져 있던 어떤 것이 우리에게 자유로이 떠오를 수 있는 '트인 곳'과 같다. 매듭풀이에는 매듭이 묶이고 풀릴 수 있는 **풀이 마당(지평)**이 앞서 놓여 있다. 매듭풀이는 그것이 이루어지는 마당이 사람들이 나날의 삶을 살아가는 **'나날 마당'**이냐, 아니면 저마다의 직장에서 일을 해나가는 **'일 마당'**이냐, 그것도 아니면 진리에 대한 증명을 추구하는 **'학문 마당'**이냐에 따라 사뭇 다르게 이루어진다. '풀이 마당'은 이러한 갖가지 마당들을 포괄하는 '열린마당'을 뜻한다.

'나무-꽃' 매듭은 그것이 놓인 마당에 따라 그 드러나는 방향이 달라질 수 있고, 우리는 그 방향에 맞춰 그 매듭에 알맞은 풀이말을 찾아 잇는다. **풀이말 찾기**는 보통은 드러난 매듭을 '그것이 드러난 그대로' 드러내 보이기 위한 방향으로 이루어진다. 그런데 찾아낸 풀이말은 그 자체의 **'풀이 얼개'**를 갖추고 있기 때문에 매듭 자체를 그 자신의 틀에 맞춰 내보인다. 즉 매듭은 그때마다 선택된 풀이말의 **보임**

95) "나무는 꽃을 먹는다."라는 서술은 '나무-꽃'의 매듭을 "먹는다"라는 풀이말에서 거꾸로 엮어낸 '거꿀-풀이'이다. **'거꿀-풀이'**에서 매듭은 **풀이말에 대한 우리 자신의 생각**을 통해 꾸며진다. 이때 나무가 꽃을 먹는 게 아닌 한, 저 매듭풀이말은 거짓이지만 우리의 생각 틀과 경험 습관을 깨트려 줄 수 있다는 점에서 흥미롭게 받아들여질 수 있다. 우리가 "먹는다"라는 풀이말로써 거꾸로 엮어낼 수 있는 매듭은 '나무-새', '나무-아기 곰', '역사-현실' 등을 비롯해 무한하다.

틀을 통해 드러난다. 서술은 숨겨져 있던 것(매듭)을 풀이말로써 '마디마디 드러내 보이는 말', 짧게 줄여, '드러내 보이는 말'이다.

이때 '보임'은 '보게 해 줌'의 뜻이지 '보도록 강제함'의 의미가 아니다. 봄의 한자말에는 다음과 같은 게 있다. 견(見)은 사람(儿:걸을 인)이 걸어가면서 겉으로 드러난 사물을 눈으로 '보다(目)' 또는 '눈에 나타나 보이다'는 뜻이다. 시(示)는 하늘 위에 해와 달과 별이 '빛나다'는 뜻과 제단에 차려놓은 제물을 신(神)에게 '보이다'는 뜻을 갖는다. 시(視)는 이 둘을 결하여 쓴 말로서 하늘 위에 밝게 빛나는 해와 달 그리고 별 등을 '눈여겨 살펴 보다'는 뜻으로 쓰인다. 찰(察)은 집안(宀) 제사(祭)에 쓰는 제물에 부정한 것이 끼어들지 않도록 '삼가 살펴보다'는 뜻이다. 성(省)은 작은 것(少), 즉 잘 보이지 않는 사람의 마음까지 '낱낱이 들여다보다'는 의미를 갖는다. 끝으로 관(觀)은 주역 20번째 괘인 풍지관(風地觀)괘에 따를 때 바람 부는 땅, 즉 세상의 큰 변화를 '꿰뚫어보다'는 뜻이다.

봄은 나타난 것을 눈귀코입몸으로 알아차리는 일은 말할 것도 없고 머릿속이나 마음으로 느끼고 깨닫는 것까지 말한다. 눈으로 바라보고, 귀로 들어 보고, 코로 맡아 보고, 입으로 먹어 보고, 손으로 만져 보고, 발로 걸어 보고, 몸으로 부딪혀 보고, 가슴으로 느껴 보고, 머릿속으로 생각해 보는 일은 어쨌든 보는 일로서 모습, 소리, 냄새, 맛, '손-알이', '발-알이', 다솜, 느낌, 생각 등과 같은 '볼-거리들'이 무엇인지를 알아내고 그것들이 뜻하는 바까지를 깨닫는 것이다.

보임은 '보게 해 줌'이다. 우리는 누군가에게 자신의 반가운 마음을 보이기 위해 얼굴에 웃음을 띠운다. '얼굴 웃음'이 곧 '반가운 마음'과 같은 것은 아니지만, 그것은 우리가 그를 반긴다는 사실을 보게(省) 해 준다. "나무는 꽃이 활짝 피었다."라는 서술은 우리 눈에 그저 나란히 보이는(見) 나무와 꽃을 그것들 사이에 놓인 어떤 연관을 살펴봄(察)으로써 '핌'이라는 관계에서 보게(觀) 해 준다. 만일 누군가 이 서술을 "나무는 꽃을 활짝 피웠다."라고 고쳤다면, 이 고친 서술은 나무와 꽃의 관계를 마치 '원인-결과'처럼 **내보인다**. 우리가 비록 꽃이 나무에서 피어나는 과정을 직접 보지는 않았을지라도 우리는 이 서술이 내보이는 바를 이해할 수 있다. 서술은 드러난 매듭이 어떠한지를 보게 해 준다.

서술은 그것이 말이 되어야 하는 한 그것이 말하는 바를 그때마다의 풀이 마당에서 우리에게 드러내 보여야 한다. 이러한 '**드러내 보임**'이 곧 매듭풀이로서의 서술의 밑바탕, 즉 **서술 원리**이다. **드러냄**은 숨겨져 있던 어떤 것(매듭)이 드러나도록 하는 것을 말하고, **보임 또는 내보임**은 그 드러난 매듭에 대한 알맞은 풀이말 자체를 밝혀 놓는 것을 말한다. '드러내 보임'은 '**드러냄+내보임**'으로서 한편에서는 매듭을 만나게 해 주면서 동시에 그 매듭에 대한 하나의 해석과 대답을 제공해 주는 것이다. 여기서 **보이기**는 표현하기, 겉으로 나타내기와 같다. **매듭 드러내기**와 **풀이말 내보이기**는 우리가 주어진 '말할 거리'에 대해 구체적으로 어떻게 말했는지를 밝히는 것과 같다.

서술 원리로서의 드러내 보임은 서술이 서술일 수 있는 밑바탕이다. 매듭말은 매듭을 드러내고, 풀이말은 그 매듭에 대한 풀이(해석)를 보여 준다. 풀이말은 매듭 자체를 드러내는 것이 아니라 매듭의 보임새를 밝혀 주는 것이다. 매듭을 드러내지 못하는 서술이나 풀이말을 올바로 내보이지 못하는 서술은 이미 서술의 뜻을 잃고 만다. 게다가 서술은 그것이 비록 같은 매듭에 대한 풀이일지라도 매듭의 보임 꼴이 사람이나 상황에 따라 다르게 보일 수 있기 때문에 매우 다양하게 펼쳐질 수 있다. 서술은 이러한 다양성을 해소하기 위한 것이기커녕 되레 그러한 다양성에 기초한다. 매듭풀이로서의 서술은 매듭을 그때마다의 해석에 기초한 풀이말로부터 드러내 보이는 것이다.

보기를 들어, 한 꼬마가 자신의 윗도리를 쳐들었고, 그때 그 꼬마의 배꼽이 드러났다고 치자. 누군가는 꼬마가 우리에게 자신의 배꼽을 내보였다고 생각했고, 다른 누군가는 그 꼬마가 배가 가려워 긁으려 했다고 판단했다. 만일 누군가 꼬마의 그 행동에 대해 "꼬마는 배꼽을 내보이기 위해 자신의 윗도리를 걷어 올렸다."라고 서술했다면, 이 서술은 꼬마가 윗도리를 걷어 올렸다는 사실을 **드러낼** 뿐 아니라 동시에 그 사실이 꼬마가 자신의 배꼽을 내보이려 했다는 것임을 **내보인다**. 그런데 이러한 '드러내 보임'은 꼬마가 배를 긁기 위해 윗도리를 걷어 올렸다고 판단한 다른 서술자에게는 그 내보임 측면에서 틀린 것이 될 수 있다.

꼬마의 행동이 다양하게 해석될 수 있는 한, 그에 대한 서술 또한 여럿일 수 있다. 이때 드러난 매듭은 같을지라도 그에 대한 풀이는 다르다. 풀이가 달라지는 까닭은 그 보는 바가 다르기 때문이다. "꼬마는 윗도리를 걷어 올렸다."라는 서술은 그것이 비록 매듭은 같을지라도 그 말로써 내보이고자 하는 바는 다를 수 있다. 이러한 다름은 맥락을 통해 읽히거나 이어진 서술을 통해 밝혀질 수도 있다. 서술의 드러내 보임은 언제나 '마디-꼴'을 갖출 수밖에 없다. 하나의 매듭풀이는 주어진 글 속에서 하나의 마디가 된다. 우리는 이 글 자체를 그 글이 말하고자 하는 '바탕 매듭'에 대한 풀이로 여길 수 있다. 그렇다면 우리가 서술을 통해 하나의 매듭을 온전히 드러내 보일 수 있는 길은 없다.

우리는 서술을 통해 매듭을 드러내고, 그 매듭에 대한 자신의 생각을 내보인다. "꼬마는 배를 긁기 위해 자신의 윗도리를 걷어 올렸다." 라는 서술은 말하미가 내보이려 하는 바가 이중적임을 나타낸다. 먼저 말하미는 '꼬마가 윗도리를' '걷어 올렸다'는 사실을 내보였고, 아울러 그 행동이 배를 긁기 위한 것이었다는 해석을 내보였다. 이때 말하미는 꼬마를 잘못 봤을 수도 있다. 꼬마는 윗도리를 걷어 올리지도 않았고, 배가 가렵지도 않았을 수 있다. 매듭풀이는 매듭을 그것이 있는 그대로 드러낼 수도 있지만, 그것과는 다르게, 즉 거짓되게 또는 착각에 의해 드러낼 수도 있으며, 더 나아가 어떤 의도적 꾸밈으로 드러낼 수도 있다. 이러한 '**참-풀이**'와 '**거짓-풀이**' 그리고 '**꾸밈-풀이**'는 서술이 근본적으로 '매듭을 드러내 보이는 말'이기 때문에 가능하다.

매듭풀이는 그것이 반드시 참일 필요는 없지만 어쨌든 매듭이 우리에게 드러나 있을 때만 말이 될 수 있다. 매듭말과 풀이말이 우리에게 **앞서 이해**되어 있지 않은 매듭풀이는 우리에게 아무것도 드러내 보일 수 없다. 우리가 매듭풀이가 드러내 보이는 것을 알기 위해 매듭말과 풀이말이 말하는 바를 배우고 익힌다는 사실은 이러한 '앞선 이해'가 매듭풀이의 전제임을 뜻한다. 매듭풀이는 매듭에 대한 앞선 이해, 달리 말해, **매듭의 드러나 있음**을 전제할 뿐 아니라, 매듭 자체를 엮거나 풀어주는 '걸이-고리'와 풀이말에 대한 앞선 이해, 달리 말해, **말의 뜻하는 바의 드러나 있음**도 전제한다.

'매듭-풀이'로서의 서술의 원리는 숨겨진 채로 있던 매듭을 그 숨겨져 있음으로부터 드러내어 보게 해 주는 것, 즉 '**드러내-보임**'이다. 서술은 볼거리(매듭)를 드러낼 수 있어야 할 뿐 아니라, 그것이 '어떠한지'까지를 보일 수 있어야 한다. 만일 하나의 서술이 그것의 매듭을 드러내기는 하지만 그것의 어떠함을 깨닫게 해 주지는 못한다면 그것은 온전한 서술이라고 할 수 없다. 서술의 원리가 '드러내 보임'에 놓이기 때문에 우리는 서술을 통해 그것이 드러내 보이는 것을 다른 사람들과 함께 나눌 수 있고(서술의 목적), 그 '드러내야 할 것'에 따라 또는 그 '보이는 꼴'에 따라 서술의 방법을 달리할 수도 있다(서술의 방법). 우리는 다음에서 먼저 서술의 목적을 밝혀 보고, 다음에 서술의 방법(종류)을 헤아려 보고자 한다.

도막 2. 서술의 목적: 함께 나누기

서술은 '매듭-풀이'로서 드러내야 할 매듭(서술 대상)을 풀이말로써 보이는 일이다. 보임은 마치 눈앞에 드러난 어떤 볼거리를 **그림으로 그려나가는 일**에 빗댈 수 있다. 그리미는 그릴 대상을 제 눈으로 직접 보았기 때문에 자신이 긋는 선 하나가 어떤 의미를 갖는지 잘 알 수 있는 반면, 그 선을 보는 다른 사람은 그 선이 무엇을 그려내기 위한 것인지, 말하자면, 그 선의 의미가 무엇인지를 종잡기가 힘들 것이다. 우리가 서술의 한 줄 한 줄을 차례대로 따라 읽는 것은 우리가 어떤 그림이 그려지는 과정을 죽 지켜보는 것과 비슷하다. 그려지는 것의 의미는 그 그어지는 금들이 드러내 보이는 바가 어렴풋하게나마 깨달아지는 바로 그때에 알려진다.

하나의 서술이 그 숨겨져 있던 매듭을 풀이말로부터 드러내 보일 때 우리는 주어진 서술로써 그것이 말하고자 하는 바를 **함께 나눌 수** 있게 된다. 우리가 수박 한 통을 가족끼리 함께 여러 몫으로 쪼개어 나눠 먹을 때, 우리는 그로써 서로의 마음과 삶까지 함께 나누는 셈이다. 이때 누군가 "함께 먹는 수박이 참 달콤하구나."라는 말을 했다면, 이 서술은 가족의 삶을 더욱 가깝게 해 줄 것이다. 그런데 이 말에 대해 가족 가운데 누군가 "달긴 뭐가 달아, 니 입이 비뚤어진 거 아냐?"라고 대꾸했다면, 이러한 대꾸 말은 가까워지려는 마음을 멀어지게 만들 수도 있다. 수박이 달콤하다는 서술과 입이 비뚤어진 것 같다는 서술은 단순히 사실만을 드러내 보이는 것만을 목적으로 하지 않고, 가족을 서로 가깝게 하거나 자신의 서운한 감정을 누군가에게 나타내기 위한 것이기도 하다.

서술의 목적은 단순히 사실을 드러내는 데 그칠 수도 있지만, 서로의 마음을 함께 나누는 데까지 나아갈 수도 있다. '단 마음 나누기'가 목적이 되는 경우, 우리는 '전혀 달지 않은 수박 맛'까지 '달콤하다'고 풀기도 하지만, 그 목적이 '쓴 마음 나누기'로 달라지는 경우, 멀쩡한 입까지 '비뚤어진 것'으로 비아냥거리기도 한다. 우리가 서술의 드러내 보이는 바를 길바로 알아볼 수 있으려면 우리는 먼저 서술의 목적부터 똑바로 잡아낼 수 있어야 한다. 그런데 문제는 서술의 목적이 한 번에 파악되기 어려울 뿐 아니라, 서술에는 언제나 '함께 나누고자 하는 바'가 어떻게든 앞서 주어져 있다는 데 있다. 사실만을 드러내는 서술조차도 '사실만을 함께 나누고자 함'이라는 목적이 앞서 놓인다.

서술의 원리인 '드러내 보임'과 서술의 목적인 '함께 나누기'는 서로 떼어놓을 수 없다. '함께 나누기'는 드러내 보임을 통해서만 가능하고, 드러내 보임은 '함께 나누기'에 의해 그 방향이 앞서 잡혀 있다. 드러내 보임의 갈래는 '함께 나누기'의 목에서 갈려나온다. 이러한 틀에 따를 때 우리는 먼저 서술의 목적을 바로잡은 뒤에 서술의 원리에 따라 서술을 짓고 읽어야 한다. 하지만 서술의 목적은 서술문 자체를 통해서만 알려질 수 있고, 우리가 서술의 본디 목적(의도)을 눈치챈 뒤에야 비로소 그 서술된 바의 의미를 올바로 이해할 수 있다. 이러한 맞걸림 모양새를 다음의 '보기 서술'을 통해 알아보자.

> 염소의 맹장을 여러 시간 물에 담가 두었다가 뒤집어서 다시 약한 알칼리성의 여과액에 담그는 데 12시간 정도마다 그 액체를 바꾸어 넣는다. 며칠간 담가서 유연하게 하고, 주의 깊게 문질러 점막을 밀어내서 완전히 껍질만 남게 한다. 다음에 유황의 연소증기에 넣었다가 비눗물로 씻는다. 다음에 공기를 집어넣어 부풀게 하여 건조시키고 7~8인치(18~20센티)의 길이로 잘라서 주둥이 쪽을 리본으로 꿰맨다.[96)]

이 보기 서술은 첫머리에서는 그것의 **매듭**을 뚜렷이 드러내지 않다가 그 끝머리에서 그 한 가닥을 넌짓 내비친다. 만일 우리가 이 보기글을 첫머리에서부터 끝머리까지 죽 이어서 읽는다면, 처음에는 '염소의 맹장'을 처리하는 방법이 나오지만, 맨 뒤에는 '염소 맹장'으로 만들어진 어떤 물건이 등장한다. 이 글의 이야깃거리는 우리가 이 글을 한 줄 한 줄을 읽을 때마다 조금씩 그 모습이 바뀐다. 그렇기 때문에 위 보기글이 **드러내 보이는 바**, 즉 풀이거리는 쉽사리 잡히질 않는다. 만일 이 글 첫머리에 "옛날에 콘돔은 염소의 맹장으로 만들어졌다."라는 말이 들어가 있었다면, 우리는 아마도 이 보기글을 보다 편안히 읽을 수 있었을 것이다.

위 보기글은 읽으미에게 '콘돔의 제작 방법'을 알려 준다. 염소 맹장으로 만들어진 콘돔의 두께가 0.038밀리였다는 사실은 놀랍기까지 하다. 그런데 위 보기글이 **함께 나누고자 하는** 바는 무엇인가? 그것은 바로 '맹장 콘돔'이 제작되던 방법이나 그 모양과 두께 등에 관한

96) 셔어리 그린 지음, 이덕주 옮김, 『피임의 풍속사』, 이덕주 옮김, 내일을 여는 책, 1993. 134 쪽.

'정확한 사실'이다. 그렇기 때문에 윗글은 마치 글쓰미가 '맹장 콘돔'을 자신의 눈앞에서 직접 보고 있는 것처럼 그 과정을 자세히 묘사하고 있다. **묘사(描寫)**는 어떤 사물이나 사태를 그림을 그리듯 그대로 그려내는 서술 방법으로서 글쓰미 자신이 눈으로 보았거나 마음으로 느낀 바를 독자로 하여금 더불어 볼 수 있도록 해 주는 **그려내기** 표현법을 말한다.

윗글은 '맹장 콘돔'이 만들어지는 과정을 크게 세 단계로 그려냈다. 첫째, 염소 맹장을 유연하게 하기, 둘째, 맹장의 껍질만 남기기, 셋째, 건조시킨 맹장을 적당한 길이로 잘라 꿰매기. 그런데 우리는 윗글에서 염소 맹장이 어떤 빛깔인지도 보지 못하고, 껍질을 무두질하는 질퍽한 소리도 듣지 못하며, 유황 냄새의 역겨움도 맡지 못한다. 그렇다면 윗글은 읽으미와 '정확한 사실'을 함께 나누고자 한다는 **목적에 실패했는가?** 아니다! 그렇다면 성공했는가? 아니다! 여기서의 성공과 실패는 글쓰미와 읽으미 사이에 놓이는 기대치에 따라 달라진다. 만일 맹장 콘돔의 아주 세세한 부분까지 알고 싶은 독자라면 윗글은 너무 듬성듬성 쓰인 글일 테지만, 대략의 과정만 아는 것으로 만족하는 독자라면 윗글은 적절할 것이다.

서술의 목적은 드러나 보이는 바를 함께 나누는 데 있다. 함께 나눔은 글쓰미가 본 바를 읽으미도 같이 볼 수 있을 때만 가능하다. 쓰인 글 자체는 서로 함께 읽을 수 있지만, 그 드러나 보이는 바는 수박을 나누어 갖듯 그렇게 함께 가질 수 있는 게 아니다. 그것은 읽으미가 서술이 드러내 보이는 바를 '제 눈으로' 볼 때만 가능하다. 그런데 말과 글이 그 거리를 **드러내 보이는 '틀-꼴(방식)'**은 그림의 그것과는 다르다. 서술은 글자를 읽거나 말소리를 들음으로써 그것이 뜻하는 바를 알아듣게 되고, 그것을 바탕으로 서술의 '함께 나눌 거리'가 드러난다. 다음의 보기글을 통해 서술을 알아듣는다는 게 무엇을 뜻하는지 생각해 보자.

그런데 그것을 집이라고 할 수 있을까? 좀 자세히 말해서, 그것은 이미 집의 형체를 잃어버린 집이었다. 위에서부터 아래까지 완전히 무너져 버린 집이다. 집이라고 이름 붙일 것은 그 옆에 서 있는 다른 높은 집들일 것이다. 그것도 이웃집이 벽을 모조리 허물었기 때문에 곧 쓰러질 것같이 보였다. 콜타르를 칠한 기다란 기둥만이 배의 돛대와도 같이, 쓰레기 구덩이 같은 지면과 벌거벗은 외벽 사이에 비스듬히 기울어져 있었다. 더구나 내가 벽이라고 앞에서 말한 것이 바로 이런 어처구니없는 벽이었다. 그것은, 말하자면 과거에 있던 집들의(그렇게라도 생각할 수밖에 별도리가 없다) 그 외벽을 말하고 있는 것이 아니고, 겉껍데기는 모두 무너져 달아나고 속에 있던 맨 마지막 벽을 말하는 것이다. 집 안이 들여다보였다. 어떤 층이고 간에 방의 벽들이 훤히 보였다. 그 벽에는 그래도 아직 벽지가 붙어 있었으며, 여기저기 마룻바닥이나 천장의 한 조각이 남아 있었다. 방을 막고 있는 벽 바로 옆에는 그 외벽을 끼고 더러워진 하얀 홈이 끼어 있어서 변소의 녹슨 파이프관이 드러나 이루 말할 수 없이 무시무시하고, 파충류가 꿈틀거리듯, 또는 동물의 창자 같은 모양으로 꾸불거리고 있었다. 가스 회로의 파이프가 끼워졌던 흔적이 천장 한구석에 잿빛 먼지투성이가 되어 남아 있었고, 곳곳에 늘어진 가스관들이 생각지도 않은 데서 구부러져 들어가기도 했고 색칠한 벽을 뚫고 들어가기도 했으며, 벽에 시꺼멓게, 사정없이 구멍을 뚫어 놓기도 하였다. 그러나 가장 잊어버릴 수 없는 것은 벽 그 자체였다. 이러한 방들에서 보낸 끈덕진 생활은 짓밟혀도 결코 없어지지 않는다. 그 생활은 암만 두드려 부숴도 죽지 않을 듯 필사적으로 얼마 남지 않은 손톱으로 매달려 있는 듯싶었고, 손바닥만하게 남은 마루청에도 아직 생활은 눌어붙어 있는 듯하였다. 조그만 공간밖에 없는 한구석에도 생활은

기어들어가 있었다. 벽의 빛깔에까지 그런 생활의 끈덕진 면이 나타나 있는 것을 알 수 있다.[97)]

릴케의 서술은 첫머리에서 '형체마저 잃어버린 집'을 그대로 그려내고 있다. 가장 먼저 '맞바로 그리듯(스케치하듯)' 그려진 것은 무너져 내린 집의 전체 형태, 허물어진 벽, 돛대처럼 서 있는 기둥, 쓰레기 구덩이 같은 바닥이다. 글쓰미는 이렇게 허물어진 집 전체를 쓱 훑어본 뒤 그 초점을 "어처구니없는 벽"에 맞춘다. 바깥벽은 모두 허물어져 집안은 훤히 들여다보인다. 그나마 안벽에는 벽지라도 달라붙어 있다. 거기서 작가는 다시금 마룻바닥, 화장실과 부엌에 설치되었던 다양한 파이프들을 가까이 본다. 이리저리 살펴보던 작가의 눈이 멈춘 곳은 바로 벽이다. 릴케는 처참하게 상처 나 있던 벽을 "가장 잊어버릴 수 없는 것"이라고 적었다.

위의 보기글이 이 대목에서 그 이전과는 완전히 다른 어떤 것을 말한다. 그것은 '눈으로 볼 수 있는 게' 아니라, '마음으로 알아들을 수 있는 것'이다. 마지막 글월 "벽의 빛깔에까지 그런 생활의 끈덕진 면이 나타나 있는 것을 알 수 있다."라는 매듭풀이는 릴케가 위 보기글로써 읽으미와 함께 나누고자 했던 바가 무엇이었는지를 잘 드러내 보이고 있다. 허물어진 벽은 고고학의 발견물보다 그 안에 담긴 세계를 더 직접적으로 고증한다. 전쟁으로 허물어진 집들은 사람들이 살았던 생활의 흔적으로서 읽으미로 하여금 그 생활의 의미를 기억하게 해 준다. 릴케의 서술은 진정으로 허물어진 것은 집이 아니라 삶임을 우리에게 말해 준다.

그런데 허물어진 벽은 그림처럼 또는 사진처럼 보여주거나 그려줄

97) R. M. 릴케, 『말테의 수기』, 강두식 옮김, 삼중당, 1992. 49-50 쪽.

수 있지만, 벽에 대한 기억과 그 벽에 의해 보호되던 삶의 방식들 그리고 삶의 의미는 그럴 수 없다. 이러한 것들은 '그대로 그리기(묘사)'의 범위를 넘어서 있다. 릴케의 서술은 '전쟁의 폭격으로 완전히 허물어진 집'의 모습으로부터 그 허물어진 가운데에서도 끈덕지게 유지되고 있는 일상생활의 검질긴 모습으로 넘어가고 있다. 읽으미가 그 서술을 따라 저 너머로 뒤따라가기 위해서는 읽음의 태도가 **봄에서 생각으로 바뀌어야** 한다. 이때의 생각은 말의 뜻을 되짚어 새기면서 글쓰미가 그 말로써 뜻하고자 하는 바를 깨닫는 것이다.

서술의 목적, 즉 '드러내 보임으로써 함께 나누기'는 읽으미가 글쓰미가 본 것을 함께 보고, 들은 것을 함께 들으며, 생각한 것을 함께 생각할 때만 일어난다. '함께 나누기'는 함께하기이다. **함께하기**는 어떤 일을 서로 더불어 겪는 것을 말한다. 릴케가 읽으미에게 함께하자고 말을 건네는 바는 '삶의 의미에 대한 생각'이다. 읽으미가 릴케와 같이 생각하지 못한다면 그는 릴케의 서술이 드러내 보이는 바를 온전히 보지는 못하는 셈이고, 그 서술의 '함께-나눌-거리'를 놓치고 마는 셈이다. 우리가 주어진 서술의 뜻하는 바를 제대로 알아듣기 위해서는 '**드러나 보이는 것에로 참여(參與)**'할 수 있어야 한다. 참여는 '함께 들어감' 또는 '함께 나란히 나아감'을 뜻한다.

우리가 서술의 '드러내어 보이는 바'를 서로 함께 느끼고(감각) 알고(지성) 깨달을(이성) 수 있는 까닭은 우리가 삶을 함께하기 때문이다. '**삶 함께하기**'에는 태어남과 죽음뿐 아니라 그 사이에 벌어지는 모든 일이 한데 속한다. 서술은 사람이 서로의 삶을 함께하기 위해 지은 것, 즉 함께하는 것들의 보금자리(집) 가운데 하나이다. 서술은 서술 그 너머에서 일어나는 삶을 넘나들면서 삶을 비로소 사람에게 드러내 보인다. 서술의 목적이 함께하기로서의 '함께 나누기'에 놓이는 한, 서술의 풀이 지평은 삶 전체로까지 넓혀져야 한다. 이러한 점을 다음의 글을 통해 살펴보자.

나는 다시 개울가로 가 본다. 썩은 물 늘어진 댑싸리 외에 아무것도 없다. 그러나 나는 거기 앉아서 이번에는 그 썩는 중의 웅덩이 속을 들여다본다.

순간 나는 진기한 현상을 목도한다. 무수한 오점(汚點)이 방향을 정돈해 가면서 움직이고 있는 것이다. 이것은 생물임에 틀림없다. 송사리 떼임에 틀림없다.

이 부패한 소택(沼澤) 속에 이런 앙증스러운 어족(魚族)이 서식하리라고는 나는 참 꿈에도 생각하지 못했다.

요리 몰리고 조리 몰리고 역시 먹을 것을 찾음이리라. 무엇을 먹고 사누? 버러지를 먹겠지. 그러나 송사리보다도 더 작은 버러지라는 것이 있을까?

잠시를 가만 있지 않는다. 저물도록 움직인다. 대략 같은 동기(動機)와 같은 모양으로들 그러는 것 같다. 동기! 역시 송사리의 세계에도 시급한 목적이 있는 모양이다.

차츰차츰 하류를 향하여 군중적으로 이동한다. 저렇게 하류로 하류로만 가다가 또 어쩔 작정인가. 아니 그들은 중로(中路)에서 또 상류를 향하여 거슬러 올라올지도 모른다. 그러나 당장 하류로 향하여 가고 있는 것이 확실하다. 하류로! 하류로!

5 분 후에는 그들의 모양이 보이지 않을 만큼 그들은 멀리 하류로 내려갔다. 그리고 웅덩이는 아까와 같이 도로 썩은 물의 웅덩이로 조용해지고 말았다.[98]

98) 이상의 수필 「권태(倦怠)」 가운데 5/7 번째에서 뽑음.

만일 우리가 이 보기글을 쓰인 그대로 읽는다면, 이 글이 **내보이는 바**는 크게 세 가지 모습이다. 첫째, 개울가 썩은 웅덩이 속 송사리 떼, 둘째, 송사리 떼의 움직임, 셋째, 송사리 떼가 떠난 뒤의 조용함. 누군가 이 세 모습만 보고 이 글의 뜻하는 바가 '송사리 떼 관찰'이라고 결론짓는다면, 그것은 글의 윗거죽만을 본 것이다. **거죽**은 물체의 겉을 감싸는 껍질켜이다. **껍질**은 벗겨낼 수 있다. 거죽이나 껍질은 몸의 바깥쪽과 안쪽 모두에 생길 수 있고, 두께를 가지며, 바깥의 위험을 막고 안쪽의 건강을 지키는 '둘레-막이'이다. 껍질 안에는 속이 있고, 그 속에는 알맹이가 있으며, 거기에는 씨가 들어있다.

매듭풀이로서의 **글**은 씨(핵, 核)와 알맹이(중심, 中心) 그리고 껍질(속과 겉)의 켜로 **깊이를 갖는다**. 깊이는 겉에서 속까지의 길로써 재어진다. 깊이가 짧은 것은 얕은 것 또는 옅은 것이 되고, 긴 것은 깊다란 것이 된다. **글의 깊이**는 '드러내 보이는 뜻'과 '함께 나눌 수 있는 삶'의 두께로써 나타낼 수 있다. 매듭말은 그 씨줄과 날줄 사이에 벌어진 틈을 통해 우리를 깊숙이 가라앉힐 수 있고, 풀이말은 그 머리마디와 꼬리마디의 움직임으로써 우리를 뒤흔들어 그 어디로든 떠나보낼 수 있다. 매듭풀이의 깊이는 그것이 우리를 끌어들이거나 떠나보내는 곳의 거리로써 생겨난다.

글의 껍데기만 핥는 사람은 **글의 깊은 매혹(魅惑)**을 모른다. 그것은 자기 자신의 익숙한 삶을 새롭게 만날 수 있도록 해 준다. 새로움은 틈이나 사이로부터 피어난다. 그것은 우리가 높고 깊고 먼 곳으로 떠나거나 익숙한 경계를 넘나들며 낯선 땅을 찾아나서는 것일 수도 있다. **글의 새로움**은 쓰인 글 자체로부터도 풍길 수 있지만, 그 글이 드러내 보이는 삶에서 길지기도 한다. 새로움의 마르지 않는 샘물이 깊이라면, 우리는 그 글이 드러내 보이는 바와 함께 나누는 바를 파헤쳐야 한다. 즉 숨음의 깊이를 만들어야 한다. 새로움의 깊이는 마치 뿌리의 부름켜처럼 새로움이 생겨나고, 그 자라난 새로움이 앞선 새로움에 거듭 덧붙어 나감으로써 커진다.

만일 우리가 위 보기글의 드러내 보이는 바를 온전히 함께 나누려면, 우리는 그 글이 쓰인 자리와 자라난 자리 그리고 글쓰미가 살아온 역사를 함께할 수 있어야 한다. 무엇보다 우리는 이 글의 지으미인 시인 이상(李箱)이 일제 식민지 시대 조선의 지식인으로 살았다는 사실을 알아야 한다. 물론 이 글의 겉보기에는 나라 잃은 울분이나 분노 같은 이야기도 없고, 수필(隨筆)의 제목도 "권태(倦怠)"이어서 우리가 글이 놓인 시대성이나 역사성을 미루어 헤아리기는 어려워 보인다. 그러나 글의 깊이가 반드시 글쓰미의 삶에 의해서만 만들어지는 것은 아니다. '글-깊이기'는 읽으미 자신에 의해서도 일어날 수 있다. 이 길은 읽으미가 쓰인 글 자체의 뜻하는 바를 깊이 되새기는 길이다.

윗글은 분명 송사리 떼의 움직임 모습을 그려내고 있다. 이상은 "먹을 것을 찾아" 특정한 방향으로 움직여 가는 송사리 떼에게서 권태가 일어나는 까닭을 발견하고 있다. 권태는 우리가 똑같이 되풀이되는 무의미한 일상에 갇혀 버린 삶을 살아가야만 할 때 피어나는 지겨움의 기분이다. 무의미한 삶은 윗글에 따를 때 무엇인가를 찾게끔 하는 동기(動機)나 특정한 방향으로 나아가게 만드는 '시급한 목적'을 잃어버린 채 갈 데 없이 조용히 머물러 있는 삶을 말한다. 권태에 빠진 삶은 송사리에게서조차 발견되는 '삶의 목적'을 송두리째 잃어버린 삶을 말한다.

우리는 윗글에 대해 송사리 떼는 왜 움직이고, 지으미 자신은 왜 할 일없이 송사리 떼나 관찰하고 있었는지를 물을 수 있다. 일반적으로 보자면, 썩어 가는 물웅덩이 속에서 무리지어 다니는 송사리 떼는

"진기한 현상"일 게 전혀 없다. 만일 송사리가 먹거리를 찾아 움직인 것이라면, 지으미가 송사리 떼를 관찰한 까닭은 그 관찰 자체가 지으미의 먹거리이기 때문이다. 지으미는 관찰을 통해 한 토막의 송사리 떼 풀이(수필, 隨筆)를 길어냈고, 그것을 통해 자신이 깊은 권태에 빠져들어 있었다는 것을 드러냈다. 게다가 이 권태가 '목적 없음' 때문에 불러일으켜지는 기분이라면, 지으미는 자신의 시대에서 '삶의 목적'을 잃은 게 분명하다.

서술의 원리는 '생생-모습'을 매듭풀이로써 드러내 보이는 것이고, 서술의 목적은 '드러나 보이는 바'를 서로 함께 나누는 것이다. 드러냄은 어떤 것을 직접 만나게 해 주는 것을 말하고, 보임은 그것이 무엇이거나 어떤 꼴로 있는지를 말해 주는 것이며, '함께 나누기'는 함께하기로서 매듭풀이로써 드러날 수 있는 바를 깨닫는 것을 말한다. 그런데 모든 서술이 그 원리와 목적을 충족시키는 것은 아니다. 서술다운 서술은 무엇보다 그 짜임새가 좋아야 한다. 그리고 서술이 보통 서로 이어져 있다면, 서술의 이음새 또한 좋아야 한다. 이러한 짜임새와 이음새가 좋은 서술이 서술의 원리와 목적도 더 잘 충족시킨다면, 우리는 서술의 짜임새를 살펴볼 필요가 있다.

나누기 6. 서술의 짜임새

매듭풀이(서술)의 목적은 풀이거리[서술의 대상]를 그 풀이글[서술문] 자체로부터 드러내어 보게 해 주는 데 있다. 이러한 드러내 보임은 무엇보다 **풀어내기(서술)의 짜임새(구성, 構成)**가 그것을 가능케 해 줄 때만 가능하다. 우리가 서술의 짜임새를 갖출 때는 드러내 보임을 으뜸으로 삼아야 하고, 그런 다음에야 관점의 올바름이나 서술 자체의 정교함, 더 나아가 수사학적 아름다움을 높이는 데 구슬땀을 흘려야 한다. 드러내 보임을 가능케 하는 서술의 짜임새는 우리가 '생생-모습'에 대한 올바른 관찰 결과와 거기에 어울리는 적합한 풀이말을 '알-맞춤'으로 이어나갈 때 갖출 수 있다.

짜기는 서로 떨어져 있던 것들을 '하나'가 되도록 맞추는 방식이다. 맞춤 조각들은 저마다 모양과 크기 그리고 부릴 일(기능)이 서로 다르다. 조각 맞추기로서의 짜기는 조각 자체를 빚는 것이 아니라 주어진 조각들을 **그 나름의 틀**이나 **알맞은 자리**에 끼워 넣는 것, 달리 말해, 조각들을 그것들이 서로 아귀가 맞도록 **들이맞추는 것**이다. 이때 맞춰 들이는 틀이 다르면 그 짜인 것은 서로 다른 것이 된다. 보기를 들어, 장(欌)은 옆널을 하나의 판(板)으로 마감하는 틀로 짜인 가구이고, 농(籠)은 각 층을 모두 분리시키는 틀로 짜인 가구를 말한다. 틀로서의 **짜임새**는 맞춤 조각들이 따로 흩어지지 않도록 할 뿐 아니라 그 짜인 것들이 '하나'의 모양이나 기능을 이루도록 하는 것이다.

글도 그것이 낱말이라는 조각으로써 짜이는 것인 한 거기에 알맞은 짜임새를 갖춰야 한다. **글**은 씨줄과 날줄이 서로 결리어 매듭이 만들어지고, 거기에 필요한 만큼의 풀이 가닥들이 엮여나가는 방법으로 짜인다. 글의 짜임새는 낱말과 낱말이 나란히 이어지는 틀에서부터 글월과 글월이 내용적으로 맺어지는 틀 그리고 떨기(단락, 段落)와 떨기가 묶이는 틀에 이르기까지 갖가지 틀로써 맞춰진다. 그밖에 마디(떨기의 '묶음-틀', 즉 가리나 다발), 토막(마디의 묶음, 즉 단), 나누기(토막의 묶음, 즉 뭉치나 모둠), 뭇(나누기의 묶음, 즉 모음) 등의 글틀도 저마다의 고유한 짜임새를 갖추고 있다.

짜임새가 조각들을 하나로 꿰어 맞추기 위한 틀과 같은 것인 한 **글의 짜임새**는 실로써 옷감을 짜는 것에 빗댈 수 있다. 곱게 짜인 옷감은 보통 실의 가닥과 가닥 사이가 매우 촘촘하게 좁고, 거칠게 짜인 옷감은 올의 틈이 크게 벌어져 그 사이가 듬성듬성 성기다. 촘촘하게 짜인 것은 단단하여 잘 풀리지 않지만, 성긴 것은 엉성하여 어울리는 맛도 없이 잘 허물어진다. **글 짜임새가 곱다**는 것은 글이 그 자체로도 섬세하고 아름답지만 무엇보다 짜인 글이 그 '생생-모습'을 자세히 드러내 보일 수 있다는 것을 뜻하고, **글 짜임새가 거칠다**는 것은 글이 그 자체로도 성기고 투박하지만 아울러 그 '생생-모습'을 대충대충 그려내고 있다는 것을 말한다. 좋은 글은 무엇보다 짜임새가 튼튼해야 한다. **좋은 짜임새를 갖춘 글**은 글이 고와서 무엇보다 그 풀이거리(서술 대상)를 쉽게 깨닫게 해 줄 뿐 아니라, 그 풀이거리의 어찌꼴[있음의 모습]도 생생하게 그려볼 수 있게 해 준다.

서술의 짜임새는 글쓰미가 무엇을 어떻게 드러내 보이려 하는가에 따라 여러 갈래로 나뉠 수 있다. 우리가 주어진 매듭을 그것이 마치 눈앞에 보이는 것처럼 드러내 보일 때는 '**그려내기(묘사)-틀**'이 쓰일 만하고, 어떤 개념이나 이론을 체계적으로 알기 쉽게 드러내 보일 때는 풀이와 새김, 즉 '**풀-새김(설명)-틀**'이 알맞고, 주어진 매듭을 한눈에 짤막하게 드러내 보이려면, 그 짜임새는 **줄이기**(요약)가 제격이며, 문제로서의 매듭을 논리적으로 해명하거나 해결하는 데는 **'따져-밝히기**(논술)**-틀'**이 어울리고, 매듭에 관한 여러 이야기들을 늘어놓을 때는 **'이야기-엮기**(서사)'가, 스스로의 느낌과 깨침을 드러내 보일 때는 시(詩)나 선문답(禪問答)의 짜임새를 갖추는 게 좋다.[99]

줄이기, '따져-밝히기' 등의 짜임새는 이 책의 '셋째 뭇'에서 따로 다루기로 하고, 여기서는 서술의 짜임새가 흔히 갖춰야 할 얼개만을 밝혀본다. 얼개는 어떤 것들을 꼼짝 못하도록 한데 잡아매는 얽이 또는 물건을 만들어내는 틀을 뜻한다. 서술이 얼개가 튼튼한 짜임새를 갖추려면, 매듭풀이가 글월을 한 줄 한 줄 이어가는 방식으로 이루어지는 한, 앞에 먼저 쓰인 글월들 자체가 올발라야 하고, 그와 더불어 앞선 글월과 그것을 뒤따라오는 글월들 사이의 **짜임매**가 맞춤다리처럼 그 앞뒤가 잘 이어져 있어야 한다. 이는 곧 서술의 **순서와 차례**가 가지런해야 한다는 것을 뜻한다. 서술의 짜임새에서 **'앞뒤-맞춤'**이 중요한 까닭은 그것이 풀이거리를 드러내는 데 주요(主要)하기 때문이다. 이러한 사실을 알아보기 위해 다음의 보기 글을 보자.

> 이것의 형상은 평평한 판자 모양에 가까운 다섯 갈래 팔의 별 모양새로, 전체적으로 몸체로부터 다섯 갈래의 연장 부분이 자전거 바퀴살(spoke)처럼 방사되어 있다. 바퀴살 앞 끝을 상상적으로 이어서 바퀴에 연결하면(타이어처럼), 원주는 10인치 정도가 된다.
>
> 별 형상의 이 생물은 손바닥을 밑으로 하여 엎어 놓은 손 모양을 하고 있다. 별 밑쪽이 손바닥에 해당하고, '등' 쪽이 손의 뒤쪽에 해당한

99) 서술의 기본 형식에 대한 일반적 소개에 대해서는 한일섭의 『서사의 이론. 이야기와 서술』(한국문화사, 2009) 제9장 「기본서술형식」(219-262 쪽)을 살펴볼 것. 이 책에서 소개된 서술의 기본형식은 약술, 생략, 장면제시, 초과서술, 묘사, 코멘트 등이다.

다. 팔은 중앙으로부터 방사상의 균형을 취하여 방사되고 있는데, 만약 이 생물을 팔의 앞 끝으로부터 세로로 둘로 나누면 좌우 상칭의 축을 이룬다.[100)]

위 보기글의 **짜인 틀**은 '어떤 생물의 모양새'를 그려내 보이기 위한 것이다. 이러한 틀에 따라 짜인 서술은 **먼저** '그 생물'이 어떤 것인지를 밝히고, **다음**에 '그것의 모양'을 자세히 그려내면 된다. 그런데 보기글은 이 순서가 뒤바뀌었거나 뒤섞이고 말았다. 첫 단락의 경우, "평평한 판자 모양에 가까운 다섯 갈래 팔의 별 모양새"라는 말은 풀이거리의 모양새를 그린 것이고, 둘째 단락의 경우, "별 형상의 이 생물"이라는 말은 풀이거리의 갈래(생물-임)를 나타낸 것이다. 보기글에서 풀이거리의 모양새는 ""자전거 바퀴살(spoke)", "손바닥을 밑으로 하여 엎어 놓은 손 모양", "방사상의 균형", "좌우 상칭의 축" 등의 말로 비유되고 설명되었는데, 그 순서나 적절성이 올바르지 않다.

윗글은, 한마디로 말하자면, 풀이거리의 모양새에 대해서는 훌륭한 서술을 보여주었지만 정작 그 '모양 풀이'가 조금 지나쳐 **풀이거리가 무엇**인지를 드러내는 데는 실패하고 있다. 읽으미는 아마도 보기글의 첫 단락을 다 읽고도 그것이 생물의 모양에 관한 것이라는 것을 알기 힘들었을 것이다. 만일 우리가 첫 단락 첫 글월인 "이것의 형상"이라는 말을 "<u>이 바다생물의 형상</u>"으로 바꾼다면, 우리는 풀이거리를 쉽게 떠올릴 수 있었을 것이다. 보기글은 풀이거리가 생물인지 아닌지를 두 번째 단락에서 비로소 말해지는데, 이는 너무 늦다.

또 보기글이 별 모양새에 대한 다양한 풀이를 **제시하는 순서** 또한

100) 마릴린 모라이어티 지음, 정희모 김성수 이재성 옮김, 『비판적 사고와 과학 글쓰기』, 정희모·김성수·이재성 옮김, 연세대학교 출판부, 2008. 180 쪽.

문제가 있다. 바퀴살 모양은 별 모양과 달리 둥근 바깥 테두리가 둘러져 있을 뿐 아니라 가는 살이 그 사이에 가닥가닥 박힌 꼴이다. 이 둘은 모양이 같다고 보기 어렵다. 반면 손바닥 모양은 별 모양에 보다 가까울 뿐 아니라, 손등과 손바닥의 구분을 통해 별 모양에 어떤 위아래가 있음을 나타낼 수 있다. 비슷함이 큰 모양끼리 **먼저** 비교되고, 닮은 정도가 적은 모양들이 **나중에** 비교되는 게 **이해가 쉽다**. 서술의 순서는 이해가 쉬운 것부터 앞에 놓이는 게 좋다. 보기글의 경우, 그 비교 순서는 별 모양, 손 모양, 바퀴살 모양으로 잡는 게 좋다. 사족을 붙이자면, "상칭(相稱)"이라는 잘 쓰이지 않는 낱말보다 "대칭(對稱)"이라는 말을 쓰는 게 좋고, 대칭은 다시금 '서로 마주서기'처럼 보다 알기 쉬운 말로 바뀌는 게 좋다.

보기글에서 펼쳐진 서술의 풀이거리는 불가사리였다. 우리가 이러한 단순한 사실을 알고 있었다면, "팔이 다섯 갈래진 평평한 별 모양새"라는 풀이는 너무도 쉽게 이해될 것이다. 이는 **서술의 첫 번째 순서**가 풀이거리를 드러내는 데 있다는 것을 보여준다. 그리고 "손바닥을 밑으로 하여 엎어 놓은 손 모양"이라는 비유는 불가사리의 생김새가 위쪽과 아래쪽에 따라 다르다는 것을 잘 보여 주고 있고, "세로로 둘로 나누면"이라는 조건문은 불가사리가 특정한 조건 아래에서 특정한 형태, 즉 좌우대칭을 이룬다는 특징을 보여 준다. 이때도 **서술의 순서**는 불가사리의 모양새를 보다 잘 드러낼 수 있는 차례를 따르는 게 좋다.

그런데 매듭풀이(서술)의 순서는 사물의 모양을 드러내 보이는 경우뿐 아니라 **추론의 경우**에도 매우 중요하다. 추론은 하나의 서술로부터 다른 서술을 논리적으로 이끌어내는 기술이다. 이끌어내기는 어떤 것으로 하여금 '어디로부터 어디로 옮겨가도록 함'이다. 이러한 옮겨감의 길목을 보여주는 게 바로 '서술 순서'이다. 추론은 순서가 올바를 때만 타당할 수 있다. 추론과 관련한 서술 순서의 중요성을 알아보기 위해 다음 보기글을 살펴보자.

> 그러므로 모든 관계는—생태적 관점에서 보자면—공생관계이고, 이러한 관계가 평등의식을 고양시킨다고 보게 된다. 더욱이 직접 관찰이 가능한 평등원칙에 기초해 있다고 주장된다는 면에서 더 강한 의미를 갖는다. 평등의식을 유발하기 위해서 (자유주의의 <연약한> 인간과 같은) 추상화에 호소할 필요는 없다. 이런 관점에서 평등의 가능성에 대한 주장에 관한 한 사태는 역전되었다. 인류와 여타 종들의 확실한 불평등에도 불구하고 그들이 평등하게 취급되어야 하는 이유를 제시해야 하는 의무가 평등주의자에게 있다는 것이 전통적으로 불평등주의자의 강력한 입장이었다. 생태주의는 평등이란 적어도 불평등만큼이나 <관찰이 가능하며>, 그러므로 불평등주의자가 설득의 부담을 져야 한다고 주장할 것이다.[101)]

이 글은 이 세계에 있는 모든 생명체가 서로 긴밀히 의존되어 있고, 그렇기 때문에 모든 생명체가 평등하며, 따라서 사람이 다른 생명체에 견주어 보다 우월하다고 주장할 수 없다는 주장을 펼치고 있다. 윗글은 번역 투로 말미암아 글 뜻이 명확하지 않다. 하지만 윗글은 판단의 형태로 써내려갔기 때문에 글의 흐름을 조금만 가다듬으면 이해하는 게 그리 어렵지 않다. 무엇보다 판단의 결론과 근거가 모두 담긴 첫 문장이 가장 중요하다고 할 수 있다. 첫 문장은 "그러므로 생태적 관점에서 보자면, 모든 관계는 공생관계이다. 이 관계는 평등

101) 앤드루 돕슨 지음, 정용화 옮김, 『녹색정치사상』, 정용화 옮김, 민음사, 1993. 41 쪽.

의식을 드높이는 것으로 여겨진다."로 고칠 수 있다.

그런데 둘째 문장은 먼저 제대로 된 문장 형식으로 바꿔 쓸 필요가 있다. 우리는 그런 다음에야 글의 흐름을 똑바로 맞출 수 있다. 이때의 '**고쳐-쓰기**'는 둘째 글월을 첫째 글월로부터 셋째 글월로 이어지는 뜻 흐름길에 알맞도록 바꿔 쓰는 것이지만, 이를 위해서 우리는 먼저 둘째 글월 자체를 올바른 글이 되도록 고쳐야 한다. 글월 고치기에서 가장 중요한 바는 글이 말하고자 하는 바를 올바로 드러내는 것이다. 둘째 글월이 말하고자 하는 바는 "직접 관찰이 가능한 평등 원칙"이다. 고쳐 쓴 둘째 글월은 다음과 같다. "이러한 평등의식은 공생관계가 직접적으로 관찰 가능한 평등원칙에 기초한다고 주장됨으로써 한층 강화된다."

셋째, 넷째, 다섯째, 그리고 그 다음 문장들도 **뜻이 좀 더 또렷해지도록** 고쳐 쓸 필요가 있다. 차례로 고치면 다음과 같다. "우리는 평등의식을 유발하기 위해 더 이상 (자유주의의 <연약한> 인간과 같은) 추상화의 힘을 빌 필요가 없다. 이런 점에서 평등의 가능성을 증명해야 할 책임은 평등주의자로부터 불평등주의자에게로 넘어간다. 전통적으로 불평등주의의 강력한 입장은 인류와 여타 종들의 불평등이 확실하므로 누군가 그들이 평등하게 취급되어야 한다고 주장한다면 그 증명 책임은 주장자에게 있다는 것이었다."

이렇게 글쓰미가 풀이의 앞뒤를 제대로 맞게 써놓을 때에만 읽으미도 글을 짜임새 있고 매끄럽게 읽어갈 수 있다. 글이 짜임새가 있다는 것은 글월과 글월 사이의 **앞뒤와 사개**가 잘 맞음으로써 글이 드러내 보이고자 하는 바가 거침없이 술술 풀려나온다는 것을 뜻한다. 짜임새를 잘 갖춘 글은 그렇지 못한 글에 비해 이해하기가 쉽다. 위의 보기 글이 읽기 껄끄럽고 그 뜻을 깨닫기 어려운 까닭은 그 풀이 글

자체가 바르게 쓰이지 않았을 뿐 아니라 글의 앞뒤 짜임새가 거칠기 때문이다. 보기글은 주어를 흐리고 있을 뿐 아니라 글월의 차례도 적절하지 않다.

위의 보기 글 마지막 글월은 평등주의와 불평등주의 사이의 입장이 완전히 뒤바뀔 수 있다는 새로운 주장을 내세우는 중심 문장이지만, 이 주장은 **글의 흐름**이 매끄럽지 못한 탓에 앞 문장들과 동떨어진 것처럼 보인다. 판단이나 주장이 포함된 서술은 무엇보다 글의 흐름과 짜임새가 탄탄해야 한다. 보기 글의 마지막 문장을 앞뒤 사개를 맞춰 짜임새 있게 고쳐 보자. "생태주의에 따를 때, 평등은 적어도 불평등만큼이나 '관찰이 가능하므로', 자신의 입장을 설득해야 하는 쪽은 오히려 불평등주의자가 될 것이다."

매듭풀이로서의 서술은 주어진 매듭을 한 땀 한 땀 풀어내고 줄줄이 엮어낸 말들이 '하나'가 되도록 짜나가는 일이다. 만일 서술의 짜임새가 올바르지 않다면 서술에 대한 이해의 실타래는 마구 뒤엉킬 수밖에 없다. 이러한 이해의 혼란은 그 글이 어떤 사실 판단이나 가치 판단을 담고 있는 경우 더욱 커질 수밖에 없다. 왜냐하면 그러한 서술은 진리(사실)에 대한 증명과 추론의 타당성에 대한 입증을 수행할 필요가 있는데, 이러한 증명 과정은 객관적이고 논리적인 서술 방식, 달리 말해, 엄밀한 순서에 따른 서술을 요구하기 때문이다.

서술의 짜임새에서 '순서(順序)' 다음으로 중요한 바는 **말뜻에 대한 올바른 설명**이다. 서술이 비록 말로써 짜이는 것이긴 하지만 서술에서 본래적으로 짜이는 것은 말이 아니라 말이 뜻하는 바이다. 글쓰미는 자신이 쓰는 말의 뜻을 정확히 밝혀 놓아야 한다. 이러한 뜻 밝히기는 마치 판단에 대한 판단과 같고, 어쨌든 '앞선 서술'에 대해 내려지는 메타적 진술인 셈이다. 여기서 "메타(meta)"는 '앞선 풀이'에 대해 자신의 생각을 거듭 풀이하는 것을 말하고, 이때 우리는 '앞선 풀이'를 '보다 넓게', '보는 점을 달리하여', '보다 깊게', '보다 촘촘하게' 생각해 나간다. 다음의 보기글은 글쓰미가 자신이 말한 바를 '되-풀이'하는 방식을 보여준다.

> 그러나 사람들이 마음에 드러난 도덕감에 충실하여 행위하면 모든 사람들이 도덕적인 인간이 될 수 있겠지만 현실적으로 다양한 편차를 보인다. 극단적으로 보면 어떤 사람들은 도덕감의 현상에 아무런 주목을 기울이지 못한다. 맹자는 이 상황을 산길로 비유한다. 사람들이 다니지 않으면 산길은 풀로 뒤덮인다. 그 결과 사람들은 산길을 걸어 다닐 수 없을 뿐만 아니라 풀로 뒤덮인 길은 더 이상 사람들에게 나아갈 방향을 가리켜줄 수 없다. 반면에 성인은 일반 대중이 확실히 느끼지 못하는 도덕감을 예감(豫感), 즉 앞서 느낀다. 성인은 바로 여기서 극단적인 편차를 나타내는 일반 대중을 방치하지 않고 계도하여 "모든 사람들이 도덕적 행위를 하게 되는" 상황을 창출해야 한다. 이 상황에 이르면 도덕의 길, 즉 도덕감의 행위화가 펼쳐진다. 사람들이 그 길을 자주 다님으로써 처음에 좁았던 그 길이 넓은 길로 변하게 된다. 이 넓어진 길은 사람들이 애써서 찾아야 보이는 것이 아니라 사람들에게 자명하게 펼쳐져 있는 것이다.[102)]

윗글은 모든 사람이 도덕감, 즉 도덕을 지키려는 마음을 갖추고 태어나지만 그 마음을 갈고 닦는 정도에 따라 그 행위의 도덕성이 크게 달라진다는 주장을 펼치고 있다. 글쓰미는 사람들이 도덕감에 "충실"할 수 있는 정도가 다름을 인정한다. 그는 자신이 내세운 말뜻을 **보다 자세히 설명**하기 위해 맹자(孟子)의 말을 끌어들이고 있다. 이는 글쓰

102) 신정근, 『사람다움의 발견. 仁 사상의 역사와 그 문화』, 이학사, 2005. 567 쪽.

미가 자신의 말을 맹자의 말로 되풀이하려 한다는 것을 뜻한다. 산에는 산길이 나 있지만, 사람들이 그 길로 다니지 않으면 그 길은 묻히고 만다. 성인은 사람들로 하여금 산길을 자주 다니도록 이끎으로써 마침내 그 길이 큰 길이 되도록 한다. 윗글에 따를 때 도덕감은 산길과 같고, 도덕의 실천은 산길을 다니는 것과 같으며, 사람들이 도덕의 실천에서 큰 편차를 보이는 것은 산길의 너비가 사람들이 그 힘든 산길을 얼마나 자주 오르내리느냐에 달린 것과 같다.

'되-풀이'의 짜임새에서 중요한 바는 글쓰미 자신이 말하고자 했던 바이다. 보기글에서 그것은 "사람이 도덕적 행위를 하려면 그는 그 자신의 마음에 드러난 도덕감에 충실해야 한다."라는 말로 줄일 수 있다. 그렇다면 보기글에서 가장 먼저 풀이되어야 할 바는 "충실"이라는 말뜻이 될 것이다. 그런데 글쓰미는 충실의 말뜻을 똑바로 뜻매김하지 않은 채 성인과 일반대중의 차이부터 늘어놓을 뿐 아니라, 결론에 가서는 일반 대중은 자신의 도덕감에 충실하기보다 성인에 의해 도덕화의 길로 이끌림으로써 도덕적 행위를 할 수 있다는 애매한 주장을 펼친다.

매듭풀이로서의 서술은 되풀이를 넘어 엮음이 되기도 한다. 엮음은 여러 가닥의 말들을 하나로 꼬아 다시금 새로운 가닥으로 만드는 일이다. '엮음-풀이'의 짜임새는 이미 있던 주요 개념들이나 새롭게 주어진 복잡한 경험들을 하나의 흐름(노래, 줄거리)으로 묶어내는 것, 그로써 흐트러진 내용들을 알기 쉽게 풀어내기 위한 것이다. '엮음-풀이'는 이런 의미에서 새김과 비슷하다. 새김은 '되-풀이(되새김)'이기도 하지만 '두드러지게 드러내 보이는 것(돋을새김)'이기도 하다. 엮음풀이 짜임새에서도 앞뒤와 사개를 맞추는 게 주요하지만, 거기에 덧붙여 끊임없이 새로운 내용들이 섞여드는 것 또한 중요하다. 다음의 보기글로써 이러한 짜임새를 알아보자.

> 이러한 맥락에서 나는 仁을, 사람이 타자의 고통에 자신의 관심을 개방(開放)하는(여는) 계기와 역할 전이를 통해 타자와 내가 새롭게 소통(疏通)하는(만나는) 계기를 갖는 개통(開通)으로 규정하고자 한다. 개방이란 작은 몸, 즉 소체(小體)로 인한 욕망에 고립되어 타자의 고통을 이기적으로 계산하지 않고, 타자의 고통을 자신의 고통으로 공감하여 타자를 구제함으로써 타자와 나의 물리적 경계가 열림, 즉 대체(大體)를 의미한다. 소통이란 일의적 역할 수행에 고착되지 않고 상황의 전개에 새로운 역할을 발견함으로써 나와 타자가 각자 상대를 새롭게 이해하는 것을 말한다.[103]

윗글은 우리가 흔히 "어질 인"으로 새기는 "인(仁)"의 뜻을 "개통(開通)"이라는 말로 새롭게 **엮어내고** 있다. 글쓰미는 "개통"의 뜻을 두 갈래로 **나누어 따로 새겨** 놓았다. 하나는 개방(開放)이다. 개방은 사람이 남의 아픔과 괴로움을 공감하고, 남을 그러한 고통 상황에서 벗어날 수 있게 해줌으로써 서로가 하나 되는 경지를 열어가는 것을 말한다. 다른 하나는 소통(疏通)이다. 소통은 사람이 자신의 일만 돌보지 않고 다른 사람과 그의 일을 깊이 헤아려 나감으로써 서로가 서로를 깊이 이해하는 가운데 일을 함께 해 나가는 것을 말한다. 글쓰미는 개방과 소통이라는 두 가닥을 **한데 꼬아** 개통이라는 한 가닥으로 엮어낸다.

엮음풀이의 짜임새는 처음에 우리가 이미 잘 알고 있던 어떤 것을 앞에 던진 뒤 그것을 가닥가닥 새롭게 나눠 새기고, 그렇게 새겨진

103) 같은 책, 583 쪽.

바들을 하나의 가락으로 꼬아 줄거리를 엮어가는 틀과 같다. 엮음풀이는 가닥가닥 나뉜 것들과 그것들이 한데 엮여 만들어진 줄뿐만 아니라 그 엮이는 흐름 자체를 드러내 보이는 엮음새로써 펼쳐진다. 엮음새에는 가닥들이 나눠는 지점과 그것들이 다시 하나로 꼬여 엮이는 지점 그리고 그렇게 엮여 나가는 뒤섞임의 흐름 결이 선명하게 드러나 보여야 한다.

게다가 이러한 엮음새는 거듭 새롭게 바뀔 수 있다. 우리는 윗글을 다음과 같이 다시 엮을 수 있다. 어짊은 우리가 서로 개방하고 소통하는 삶을 살아가려는 마음이다. 개방은 다른 사람의 아픔과 괴로움을 함께 나누고, 그로써 그에게 사람다운 삶을 살아갈 수 있게 해 주는 마음을 뜻하고, 소통은 서로의 역할과 처지를 충분히 이해하고, 그로써 서로를 함께하려는 마음을 말한다. 즉 어짊은 함께 나누고 함께하려는 '개통의 마음'으로서 서로가 서로에게 공감할 줄 아는 마음이다. 이로써 개통은 '함께 나누기'와 '함께하기' 그리고 공감(共感)이라는 두 가닥 한 줄로 다시 엮인 셈이다.

매듭풀이의 짜임새는 풀이거리를 그것에 대한 풀이 자체로부터 보다 잘 드러내 보이기 위한 것이다. 풀이거리는 불가사리와 같은 구체적 물건일 수도 있고, 전쟁의 참상이나 일상의 권태와 같은 것일 수도 있으며, 순간의 느낌이나 옳고 그름에 대한 판단일 수도 있고, 새로운 해석이나 규정일 수도 있다. 하나의 서술은 그것이 서술거리를 올바로 드러내기 위한 것인 한 문법에 어긋날 수도 있고, 그 서술거리가 특정한 차례나 순서에 따라 보일 수 있는 게 아닌 한 '앞뒤-사개'의 맞춤조차 무시할 수 있다. 심지어 갓난아기의 울음소리조차도 그 울음이 아기의 상태나 욕구를 제대로 드러내어 보이는 것인 한 '원초적 매듭풀이'라고 말할 수 있다.

그런데 서술이 비록 매듭의 뜻하는 바를 차례대로 풀어내는 말하기 또는 글쓰기이긴 하지만 그렇다고 모든 서술이 '차례-풀이'로써 이루어지는 것은 아니다. 시(詩)는 노래처럼 누군가 자신이 느낀 바를 다른 사람과 함께 나누기 위한 '느낌-풀이'이다. 이때 느낌은 단순히 감정이나 정서에 제한될 필요는 없다. 느낌은 체험과 깨달음을 포괄한다. 느낌에는 예감(豫感)과 같은 것도 속한다. '느낌-풀이'의 짜임새는 온갖 느낌을 그 느낌 그대로 생생하게 드러낼 수 있어야 하고, 그렇기 때문에 시의 틀은 '자유로운 틀' 또는 '틀에 박히지 않은 틀'이 되어야 한다. 다음의 시를 통해 이러한 짜임새를 알아보자.

몸에 관한 명상(64)
 - 얼굴과 몸매의 상관관계

곡성 길 휴게소 아래
몸매 한번 쏙 빠진 여인이 걸어오더라.

몸매에 퍽
자신이 붙은 걸음걸이
무심 가장한 눈길로 유심히 본다.
아아 정말 잘 빠진 몸매로구나.

그걸 아마
몸짱이라고들 불렀다지

얼굴을 보니
그 몸 망칠 얼굴이다.

아름다운 얼굴이면서도
몸매 망칠
그런 눈매

몸매 값 와장창
떨어지는 소리

자동차 소리보다 더 크게
내 가슴 떨어지더라.

그 몸 그 얼굴
무엇으로 균형 맞출까?
오기를 빼면 좀 낳겠데.

몸매를 망치는 건 오기였구나.[104)]

이 시는 정현기의 일지시(日誌詩) 가운데 하나이다. 일지시는 글쓰미 자신이 그날그날 겪은 일을 시 형식으로 적은 것을 말한다. 시인은 곡성을 거쳐 어디론가 여행을 떠나고 있었거나 집으로 되돌아오는 길이었을 것이다. 시인의 눈은 여행 기분에 힘입어 한결 자유롭지만 그 눈을 조절하는 시인의 마음은 여느 때와 마찬가지로 주변 눈치를 살피고 있다. 시인의 눈에 띈 "**몸매 한 번 쏙 빠진 여인**"은 시인의 감탄을 자아낼 정도였다. 시인은 여인의 몸매에 반해 얼굴까지 훔쳐보았다. 만일 그 여인이 시인의 마음을 읽고 얼굴에 살짝 작은 웃음살이라도 띠어 주었다면 위 시는 전혀 딴판으로 쓰였을 것이다. 시인은

104) 정현기, 『흰 방울새와 최익현』, 푸른사상, 2006. 54-55 쪽.

여인의 눈매에 무시를 당했는지 그 눈매를 '몸매와 얼굴'을 모두 망칠 못된 것으로 비난하고 있다. 그 눈매는 뒤쪽에서 느닷없이 울리는 자동차 경음기 소리처럼 가슴을 철렁 떨어지게 만들 만큼 차가웠다.

시인은 그 눈매를 몸매와 얼굴값을 와장창 망치는 주범으로 꼽았다. 그 눈매에서 풍기는 오기(傲氣)는 남에게 지는 것을 싫어할 뿐 아니라 남을 업신여기며 자기만 잘났다고 뽐내는 태도를 말한다. 몸매와 얼굴값은 사람됨이 뒷받침될 때 빛나는 법이다. 어떤 이는 돈으로, 다른 이는 권력으로, 또 어떤 이는 학벌로 지위로 오기를 부린다. 오기에는 사람을 자기 밑으로 깔아뭉개려는 오만한 태도와 사람으로서 자신이 해야 할 도리를 다하지 않는 깔봄의 태도가 깔려 있다. 우리는 보통 자신이 무시를 당했을 때 기분이 크게 상하고, 존중을 받았을 때 즐거운 기분이 되곤 한다.

그렇다면 위 시에서 시인의 느낌은 어떠했던 것일까? 시인은 분명 잘 빠진 몸매의 한 여성이 자신에 넘치는 걸음걸이를 유심히 보았지만, 그 여인의 눈매에 실망하고는 몸과 얼굴의 균형을 찾아주려 하고 있다. 시인은 걸어오는 여인에 대한 감탄을 "아아 잘 빠진 몸매로구나"라고 서술했다. 이 서술에는 남성의 욕망이 깃들여 있다. 여인이 이 욕망을 존중하지 않을 때 남자는 자신이 무시당한 느낌을 받게 되어 여인을 거꾸러뜨릴 마음으로 달려들거나 상처 입은 짐승처럼 발길을 돌리거나 할 것이다. 하지만 시인은 사람됨을 들먹거린다. 그것은 시인이 사람의 아름다움을 '오기 없음'과 같은 방향에서 찾고 있다는 것을 뜻한다. 우리는 이 시를 통해 사람됨과 그 아름다움이 어떻게 깨트려지고 또 어떻게 되찾아질 수 있는지를 느낄 수 있다.

'느낌-풀이'의 짜임새는 그 느낌을 맛볼 수 있게 해 주어야 한다. 느낌은 몸으로 받아들여지기도 하고, 마음으로 깨달아지기도 한다.

느낌은 그것을 불러일으키는 '느낄-거리'와 느끼미 사이에서 일어나는 번개와 같다. 느낌은 그것이 일어나는 순간 어둔 밤을 밝히는 번개처럼 그것과 관련된 모든 삶의 공간을 그때마다의 셈여림에 따라 짙게 또는 옅게 물들인다. 느낌은 순간적이기도 하지만 역사적이기도 하고, 개인적이면서 공동체적일 수도 있으며, 감각적이면서 이성적이기도 하다. 느낌은 우리가 자신에게 주어진 그때마다의 경험 전체를 전체적으로 또는 부분적으로 깨닫는 것을 말한다.

시(詩)는 다양한 방식으로 일어나는 느낌에 대한 짤막한 '매듭-풀이'이다. 정현기의 시는 만남의 한 사건을 사람의 아름다움과 관련한 느낌에서 풀이한 것이다. 여기서 곡성 휴게소는 우리들의 삶의 어느 자리여도 괜찮고, 몸매 잘 빠진 여인은 그 어떤 사람이어도 아무 일없다. 만일 우리가 시인이 겪은 바(매듭)를 가지런한 글줄로 늘어놓는다면, 우리는 위 시에서 맛볼 수 있는 '**살아있는 느낌**'과 '**깔끔한 아름다움**(간결미)' 그리고 **응축이 가져다주는 시원함**을 잃게 될 것이다. '**느낌-풀이**'는 그때마다 거기에 맞는 자유로운 짜임새로써 이루어질 때 그 맛이 난다. 즉 느낌과 같은 것에 대한 우리의 서술은 그 느낌을 그대로 드러낼 수 있어야 한다.

또 선불교에서 불법을 깨치기 위한 한 방편으로 널리 쓰이는 **선문답**(禪問答)도 매듭풀이의 짜임새를 갖추고 있다. 선문답은 물음과 대답을 주고받는 사람에게 그러한 주고받음의 뜻을 활짝 드러내어 또렷이 깨닫게 해 준다. 이러한 '**깨침-풀이**'는 누군가 자신의 모름을 깨닫고, 그 모름에 대해 물으며, 그 물음에 대한 올바른 대답들을 찾아나가는 가운데 '깨끗한 앎'에 다다른 길(과정, 過程)을 말로써 이르거나 글로써 적은 것을 말한다. 다만 깨달음에 다다른 길은 말이나 글로써는 자세히 드러낼 수도 없을 뿐 아니라 그러한 말글 자체가 그 길을 걷는 데 되레 걸림돌이 되기도 한다. 그럼에도 '깨침-풀이'는 그것이 사람들에게 깨달음의 길을 드러나도록 해 주는 한 훌륭한 서술이 된다. '깨침-풀이'의 한 보기로써 그것의 짜임새를 알아보자.

> 한 중이 조주에게 물었다.
> "달마 조사께서 서쪽으로부터 오신 뜻이 무엇입니까?"
> 조주가 대답했다.
> "뜰 앞의 잣나무니라."105)

선문답은 부처님이 베푸신 말씀의 참 뜻에 대한 물음과 그에 대한 대답을 주고받는 것을 뜻한다. 주고받으미가 서로 묻고 대답하는 까닭은 깨달음을 얻고자 하는 데 있다. 묻는 사람은 자신이 알고자 하는 수준까지의 올바른 대답을 얻는 순간 일체의 물음에서 해방된다. 그는 자신이 모르는 문제들이 수없이 많을지라도 자신이 알고자 하는 바에 대해서는 모든 대답을 갖고 있다. 그는 더 이상 물음에 대한 욕망이 일어나지 않는다. 그가 비록 "이 문제는 그 누구도 답할 수 없다."와 같은 확신에 의해 물음을 포기한 것일지라도 어쨌든 그는 자신이 풀고자 한 가장 근본적인 물음을 푼 것이다. 선문답을 주고받는 일의 중요한 목적 가운데 하나는 물으미로 하여금 그 자신이 묻고자 하는 욕망의 근원을 깨치도록 한다는 점이다.

선문답에서 물음과 대답은 비교적 단순하고 분명하지만, 대답을 찾아나가는 길은 자세히 드러나 있지 않다. 물음은 무엇보다 문제 자체가 있고, 그 문제를 풀고자 마음을 졸이는 사람이 있으며, 물음을 던질 데가 있어야 물어질 수 있다. 문제에 대한 '마음-졸이기'가 셀수

105) 오경웅 지음, 류시화 옮김, 『禪의 황금시대』, 류시화 옮김, 경서원, 1993. 141 쪽 살핌.

록 물음은 더욱 간절히 던져지고, 그럴수록 대답 찾기는 더욱 뜨거워진다. 물으미가 알고자 하는 대답의 수준은 간절함의 정도에 의해 결정된다. 그는 주어진 대답이 자신이 얻고자 하는 깨달음을 가져다주는 순간 물음을 그친다. 그 대답이 느낌에 의해 얻어진 것이든, 스스로의 깨달음에 의한 것이든, 공부에 의한 것이든 그것은 아무래도 좋다. **주어진 대답에 대한 속 시원한 대답**을 얻은 사람은 '**깨침-풀이**'를 할 수 있다. 그는 비유를 사용할 수도 있고, 노래를 부르거나 몸짓을 해 보일 수도 있다. 이 모든 게 바로 깨침에 대한 풀이인 것이다.

위 선문답에서 물음은 달마 조사에 대한 앎을 전제하고, 대답은 잣나무에 대한 이해를 필요로 한다. 물으미와 대답하미는 이미 이러한 전제들을 충족하고 있어야 한다. 그때에만 조주의 대답이 잘못된 것이 아니게 된다. 첫글월 "달마 조사께서 서쪽으로부터 오신 뜻이 무엇입니까?"라는 물음은 그 자체로는 이해하기 쉽고, 달마 대사를 이미 알고 있는 사람이라면 그에 대해 대답하기 어렵지 않다. 그런데 조주의 대답은 주어진 물음에 대한 올바른 대답과는 거리가 멀다. 물으미는 이 대답을 '하나의 대답'으로 받아들일 것인지, 아니면 조주가 자신을 놀리려 하는 말장난이나 헛소리로 보아야 할 것인지를 결정해야 한다.

결국 선문답의 물으미는 자신이 던진 물음을 자기 자신에게 다시 물어야 한다. 즉 그는 스스로 올바른 대답을 찾아야 한다. 왜냐하면 "뜰 앞의 잣나무"라는 풀이는, 그것이 하나의 올바른 대답일지라도, 그 대답에 이르는 길에 관해 아무것도 드러내 보이지 않기 때문이다. '**깨침-풀이**'의 **짜임새**는 물음 자체와 대답 자체가 주고받으미 모두에게 쉽게 이해될 수 있도록 갖춰져야 하지만, 주어진 대답의 올바름을 증명하는 과정은 자세하거나 느슨하거나 비유적이거나 완전히 숨겨져 있거나 할 수 있다. 이 짜임새에서 관건은 주어진 대답이 가리키는 바를 물으미에게 뚜렷하게 드러내 보임으로써 물으미를 **그 자신이 던진 물음의 구속(拘束)으로부터 놓이도록(해방)** 하는 데 있다.

매듭풀이의 짜임새는 그것이 풀이거리를 올바로 드러내어 보일 때 좋고, 그렇지 못할 때 나쁘다. 서술의 짜임새는 서술이 드러내고자 하는 바에 따라 '앞뒤-맞춤'이나 '사개-맞춤' 또는 엮음 등의 틀이 될 수도 있지만, 직접적 함께 나눔이나 해방과 같은 '틀 아닌 틀'이 될 수도 있다. 짜임새는 틀을 짜는 것과 같다. 틀은 그 속에 놓이는 것들의 자리를 돌라주고, 그것들을 하나로 묶어 준다. 서술의 틀이 짜이고 나면, 그 다음은 그 속에 내용들을 채워가는 일이 남는다. 내용 채우기에도 그것 나름의 방법이 요구된다. 그것이 곧 '풀이의 방법'이다.

나누기 7. 서술의 방법

서술(敍述)의 **목적**은 서술되는 대상이 무엇인지를 밝히고, 아울러 그 대상이 어떠한 상태에 놓여 있는지를 뚜렷이 드러내어 독자가 그 대상을 함께 나눌 수 있도록 해 주는 데 있다. 이러한 목적을 이루기 위해서는 드러내 보임에 알맞은 **글 짜임새**가 갖춰져야 하고, 그 짜임새에 마침맞은 **풀이 방법**이 쓰여야 한다. 풀이의 갈래와 길(방법)은 너무도 많고, 동일한 말조차 사람이나 상황에 따라 헬 수 없이 다양한 '풀이 가능성'을 갖기 마련이다. 잘못된 서술 방법을 써서 풀이거리를 올바로 드러내려 하는 것은 뒷걸음질 치던 소가 쥐를 잡기를 기다리는 것만큼이나 헛될 것이다.

서술 방법은 서술의 목적(目的)을 이룰 수 있는 길, 달리 말해, 풀이말로써 매듭을 드러내 보이기 위한 길을 말한다. 주어진 매듭을 드러낼 길은 언제나 여럿이다. "**방법**(方法)"은 나란히 놓인 여러 길들 가운데 잘못된 길을 버리고 바른길을 가도록 이끌어 주는 **길잡이**와 같다. 우리가 길잡이가 알려주는 바에 따라 바른길을 찾아 그 길을 끝까지 걸어가기만 한다면, 우리는 마침내 목적지에 닿을 수 있게 된다. 우리를 목적지로 이끌어 주는 길이 곧 **바른길**이라면, 이 바른길 자체가 곧 길잡이이자 방법인 셈이다.

방법은 우리가 목적지에로 거듭 오고감으로써 닦인 길을 말한다. '**길-닦기**'는 목적지로 통할 수 있는 여러 길 가운데 한 두 길만을 골라 다니기 편리하도록 길바닥을 고르거나 이정표 등을 마련하는 것을 말한다. '길-닦기'는 목적지에 잘 오고갈 수 있기 위한 것이지만, 그것은 다시금 이러한 목적지에로 '오고가기'로써 길난다. 즉 이러한 오고감 자체가 바로 '길-닦기'인 것이다. 방법은 그 목적지나 대상을 떠나 따로 마련되어야 하는 게 아니라 목적지 자체로부터 자라나는 것과 같다. 따라서 바른길을 닦고자 하는 사람은 무엇보다 그 목적지에 대한 길속이 밝아야 한다.

서술의 목적이 매듭을 드러내 보임에 있다면, 서술의 방법은 그 목적을 이루어 줄 바른길을 닦는 데 있고, 이 길을 닦기 위해서는 글쓰미 자신이 매듭 자체에 대한 길속이 밝아야 한다. '길속-밝으미'는 풀이거리(매듭) 자체를 속속들이 알고 있을 뿐 아니라, 그것에로 다가갈 지름길과 에움길에 익숙해야 한다. 그는 그 길들 가운데 자신에게 가장 길난 길을 골라 닦는다. 그는 풀이거리를 빛나게 해 준다. 즉 그것을 밝게 드러날 수 있게 해 준다. 빛으로서의 방법은 오고갈 길을 트는 것이자, 그 트인 길을 잘 닦는 것이며, 그로써 사람들로 하여금 목적지에 다다를 수 있도록 해 주는 것이다.

서술 방법은 서술의 목적에 다다르기 위한 바른길이자 그 길을 다져나가는 길이다. 우리가 주어진 매듭을 풀어나갈 길(방법)은 그때마다의 '풀이-짜임새'에 의해 앞서 방향이 잡혀져 있다. 짜임새는 길이 놓이는 땅과 같다. 이는 땅에는 뭍길이 있고, 바다에는 바닷길이 있는 것과 비슷하다. 방법이 짜임새를 구체적으로 짜나가는 길과 같고, 짜임새가 그 길을 낼 때 쓰이는 지도와 같다면, 매듭을 드러내 보이는 길로서의 서술 방법은 선험적으로 결정될 수 없다. 왜냐하면 서술의 짜임새와 방법은 이미 그 풀이거리로서의 매듭에서부터 이끌려야 하기 때문이다.

서술이 비록 매듭을 풀어내는 일일지라도, 동일한 사건(매듭)에 대한 신문기사조차 신문사에 따라 딴판 다른 서술을 보일 때가 있을 정도로 서술 방법은 서술거리와 서술자 그리고 상황에 따라 크게 바뀔 수 있다. 그것은 서술자가 서술거리 자체를 뚜렷하게 드러내는 데 초점을 두느냐, 아니면 자신이 강조하고자 하는 바에 초점을 맞추느냐에 따라 그 방법이 근본적으로 갈리기 때문이다. 전자의 경우 서술은 서술거리를 우리가 그것을 한 눈에 알아볼 수 있게 해 주는 '대표특징'부터 풀어내겠지만, 후자의 경우는 글쓰미 자신이 강조하고자 하는 내용부터 앞세울 것이다. 그러나 실제 서술에서 이 둘은 뒤엉켜 쓰인다. 이러한 뒤엉킴에 대한 보기를 살펴보자.

> 마침내 파란 불이 켜졌고, 차들은 활기차게 움직이기 시작했다. 그러나 모든 차가 똑같이 빨리 출발하지는 못했다는 것이 금방 분명해졌다. 중간 차선의 선두에 있는 차가 멈춰서 있었다. 기계적인 고장이 발생한 것 같았다. 가속 페달이 헐거워졌다거나, 기어 레버가 움직이지 않는다거나, 서스펜션에 문제가 생겼다거나, 브레이크가 말을 안 듣는다거나, 전기 회로가 고장났다거나. 그런 것이 아니라면, 혹시 단순하게 기름이 바닥난 것인지도 몰랐다. 어쨌든 이런 일은 심심찮게 벌어진다. 새로 길을 건너려고 모여든 보행자들은 멈춰선 차의 유리창 너머로 운전자가 두 팔을 휘젓는 것을 보고 있다. 뒤쪽에 늘어선 차들은 미친 듯이 경적을 울려대고 있다. 뒤쪽의 운전자들 가운데 일부는 벌써 차에서 내려, 멈춰선 차를 교통의 흐름에 방해가 되지 않는 장소로 밀고 갈 태세다. 그들은 닫힌 창문을 사납게 두드려댄다. 안에 있던 남자는 소리가 나는 쪽으로 고개를 돌린다. 처음에는 이쪽으로, 이어 저쪽으로. 뭐라고 소리치고 있는 것이 분명하다. 입의 움직임으로 보건대, 어떤 말을 되풀이하고 있는 것 같다. 한 마디가 아니라 세 마디다. 누가 마침내 문을 열었을 때, 그 말은 확인된다. 눈이 안 보여.106)

106) 주제 사라마구 지음, 정영목 옮김, 『눈먼 자들의 도시』, 정영목 옮김, 해냄, 1998. 8 쪽.

윗글은 크게 세 개의 매듭으로 되어 있다. 첫째, 자동차 신호가 바뀐 상황, 둘째, 출발하지 않고 서 있는 차에 대한 반응들, 셋째, 어떤 예기치 못한 사건이 발생한 상황. 첫째 매듭은 "마침내 파란 불이 켜졌고"라는 말로써 풀이가 길났고(시작되었고), 둘째 매듭은 "선두에 있는 차가 멈춰서 있었다."로, 셋째 매듭은 "안에 있던 남자"라는 말로 첫발을 내딛고 있다. 여기서 매듭풀이의 처음닫기(시작, 始作)는 '파란불로 바뀐 신호등', '출발해야 할 때 멈춰선 자동차', '운전석에 앉았지만 "안에 있는 남자"로 불리는 사람'처럼 서술거리 가운데 두드러지게 눈에 띄는 바로써 이루어지고 있다. 여기서 "처음-닫기"는 처음의 자리를 만들어 내거나 가운데 자리로 넘어가기 전까지를 달려가는 일을 말한다.

그런데 이러한 서술거리의 대표특징들은 동시에 '글-지으미'가 강조하려는 내용이기도 하다. 지으미는 매듭의 대표특징을 내보이자마자 거기에 자신이 강조하려는 내용을 마치 새끼를 꼬듯 함께 엮어 넣는다. 특히 둘째 매듭은 지으미 자신의 추측과 상상까지 그 매듭 안으로 곁들여지고, 보행자와 뒤쪽에 늘어선 자동차 운전자들의 행태까지 꼬아잇기로 덧대어짐으로써 그 굵기가 더욱 굵어졌다. 대표특징과 강조내용은 따로 나뉘는 대신 서로 끊임없이 겹쳐들고 있다. 윗글의 서술방식은 마치 지으미가 교차로를 그 위에서 내려다보듯 눈에 띄는 여러 상황들을 동시에 굽어보면서 여러 특징들과 그에 대한 자신의 생각들을 함께 엮어나가는 꼴이다.

윗글은 '눈 먼 남자'가 나타나는 사건을 파란불이 켜지는 상황으로부터 풀어내고 있다. 그로써 눈멂의 사건은 평범하고 일반적인 일상에서 벌어진 매우 기이하고 예기치 못한 사건으로 다가온다. 우리는 이러한 서술 방식을 "꼬아-잇기"라고 부를 수 있다. 이것은 풀이 순서가 사건의 흐름에 따라 이루어지지만, 사건에 대한 해석이 마디마디 자유롭게 덧붙여질 수 있는 방식이다. 하나의 매듭은 어떤 사건이 벌어지는 벌임새로써 짜이지만, 그 짜임새에는 그 사건에 대한 지으미의 곁들인 이야기들이 한데 묶여 꼬인다. '꼬아-잇기'의 서술 방법은 사건의 벌임새를 드러내 보이는 가운데 사이사이 지으미의 이야기들을 곁들여 나가는 것이다.

윗글의 '**매듭-이음새**'의 '**고비-마루**(클라이맥스)'는 맨 뒤에 놓인다. 여기서 **고비**는 이야기 흐름이 읽으미를 흥분과 긴장 속으로 몰아가는 대목을 뜻하고, **마루**는 이야기 물결이 절정에 다다른 자리를 말한다. 우리가 이야기 흐름과 이야기 물결을 "**이야기-흐름-결**"이라고 부를 수 있다면, "고비-마루"는 굽이굽이 흘러가던 '이야기-흐름-결'이 갑자기 빨라지고 거세지면서 저마다의 목적지를 향해 흐르던 이야기 가닥들이 한군데로 모여드는 **꼭짓점**을 말한다. 이때 이야기 가닥들은 마구 뒤엉키거나, 거꾸로 가닥가닥 풀리거나, 그것도 아니면 어떤 파국(破局)으로 치닫거나 한다. '고비-마루'는 '이야기-흐름-결'이 가장 높게 치솟는 꼭대기를 말한다.

'고비-마루'는 매듭에서 풀려나온 풀이들이 '꼬아-잇기'로 서리서리 쌓이면서 생겨나는 높이로 말미암아 만들어진다. '고비-마루'는 서술의 흐름결이 크게 굽이치거나 높게 치솟거나 어지럽게 소용돌이치는 길목으로서 매듭이 놓인 상황 전체, 즉 공간적 상황과 시간적 상황 그리고 그 밖의 모든 상황을 전체적으로 조망할 수 있게 해 주는 곳이다. 읽으미가 '고비-마루'에 다다랐을 때 그는 비로소 매듭이 얽히고설킨 얽음새를 굽어볼 수 있게 되고, 그로써 지금까지의 매듭풀이에 담긴 뜻과 맛을 깨닫게 된다. 서술의 '고비-마루'는 이야기의 **맨 앞**에 놓일 수도 있고, 반대로 **맨 뒤**에 놓일 수도 있으며, **가운데**에 놓일 수도 있다. 우리는 첫 번째 것을 "앞마루-이야기" 또는 "앞마루-풀이"라고 부르고, 두 번째 것과 세 번째 것을 "뒷마루-풀이"와 "가운뎃마루[용마루]-풀이"라 부를 수 있다.107)

보기글은 '**뒷마루-매듭풀이**'로서 우리의 '나날-살이'에 얽힌 이야기 한 자락(장면, 場面)을 말끝을 달듯이 펼쳐놓은 다음, 이야기 물결을 크게 일으키기 시작한다. "**안에 있던 남자**"라는 말에서부터 윗글의 고비가 시작된다. 운전자는 바깥에서 벌어지는 소동에 대해 예상밖의 기이한 반응을 보인다. 그는 어쩔 줄 몰라 하는 사람처럼 '어떤 말을 되풀이하고 있는 듯한 모습'을 내보이면서 다른 사람이 자동차 문을 열 때까지 저 혼자 완전히 동떨어진 사람처럼 행동하다가 문이 열리자 갑자기 "눈이 안 보여"라는 말을 외친다. 읽으미는 '안에 있던 남자'의 이 말을 듣는 순간 한편으로는 방금까지의 특이한 상황을 와락 이해하게 되지만, 다른 한편으로는 새로운 의문들에 휩싸이게 된다.

물론 윗글은 "눈이 안 보여!"라는 특수한 외침으로부터 시작될 수도 있다. 만일 우리가 이러한 외침을 먼저 듣고 보기글을 읽었다면, 윗글은 매우 싱겁게 느껴질 것이다. '**앞마루-매듭풀이**'는 글쓰미가 사건(풀이거리)의 마지막(결론)부터 밝혀 준 뒤 그 사건이 어떻게 그리고 왜 그렇게 끝맺게 되었는지를 설명하는 서술 방법이다. 이것의 좋은 점은 글쓰미가 두드러지게 드러내고자 하는 바를 읽으미가 빨리 알아챌 수 있도록 해 준다는 데 있는 반면 나쁜 점은 뒤따라 나오

107) 한일섭은 서술의 형식을 이야기되는 사건들이 어떤 순서에 따라 서술되느냐에 따라 구분한다. 가장 먼저 일어난 사건부터 서술하는 것은 "시초부터의 서술", 중간 사건부터 서술하는 것은 "중간부터의 서술", 마지막 사건부터 서술하는 것은 "말미부터의 서술"로 규정된다. 이에 대해서는 한일섭의 『서사의 이론. 이야기와 서술』(한국문화사, 2009) 제6장 「서술의 시발형식」(135-1682 쪽)을 살펴볼 것.

는 이야기가 김이 빠지게 된다는 데 있다. 그러므로 '앞마루-풀이'는 그 좋은 점이 극대화될 수 있는 글쓰기에 쓰이는 게 바람직하다.

'앞마루-풀이'는 읽으미가 마치 기사(記事)의 경우처럼 그 제목만으로 내용까지 미루어 알 수 있도록 쓰인다. 그렇다고 우리가 '미루어 앎'만으로 매듭 전체를 '굳-바로(확실히)' 알 수 있는 것은 아니다. 만일 누군가 자신의 어림짐작을 알아보려 윗글의 앞머리 몇 줄을 더 읽었고, 그 읽은 그 내용이 자신이 '미루어 헤아렸던 바'와 크게 다르지 않았다면, 그는 나머지 줄을 읽지 않은 채 다음 단락으로 넘어갈 것이다. 그와 달리 뒷이야기에도 뭔가 새롭거나 흥미로운 알속(내용)이 들어있었다면, 그는 그 글을 끝까지 내처 읽었을 것이다. 이렇게 '앞마루-풀이'는 글의 골자를 첫머리에 미리 밝혀 놓고, 뒤이어 그것을 설명하는 방법이다. 다음의 보기글을 통해 '앞마루-풀이'의 길속을 살펴보자.

> 대량 생산이 소량 맞춤 생산으로 바뀌는 조심은 1980년대부터 나타났다. 소비자 시장이 포화 상태에 이르면서 대량 생산에 의존하던 많은 공급자는 시설 과잉과 재고 누적으로 몸살을 앓았다. 한 분야에 너무 많은 공급자가 있었고 이 회사 제품과 저 회사 제품을 구별하기 어려운 상황에서 경쟁에서 살아남기 위한 유일한 방법은 가격을 떨어뜨려 이윤을 줄이는 것이었다. 매출과 이윤이 계속 감소하자 일부 기업은 생존을 위해 획기적인 변신이 필요하다는 것을 깨달았다. 다른 회사와 차별화되는 제품을 내놓는 것만이 높은 시장 점유율을 확보하고 경쟁력을 유지할 수 있는 길이라고 판단했다. 이들 기업은 각 구매자에 맞는 맞춤 상품을 생산하기 위해 생산 조직을 대대적으로 뜯어고쳤다. 부품의 규격화와 표준화로 생산 공정에 혁명이 일어나 고객 개개인이 요구하는 제품을 주문 생산할 수 있게 되었다.[108)]

이러한 매듭풀이 방법은 정보를 전달하거나 이론을 설명할 때 꽤 쓸 만하다. 여기서 읽으미는 보통 긴장이나 흥분 또는 감동 대신 새로운 안목이나 지적인 통찰을 얻게 된다. 그는 글을 읽는 가운데 첫머리에 드러난 골자를 '앎의 뼈대'로 삼고, 그 뒤에 이어진 뒷받침 말들을 '앎의 살'로 삼아 스스로의 **앎의 체계(體系)를 세워나간다**. 읽으미는 보기글의 첫 글월에서 1980년대 이전까지는 대량 생산이 주를 이루었다는 것을 읽어낼 수 있고, 80년대 이후 기업들이 '시설 과잉과 재고 누적' 그리고 기업 간 경쟁에서 살아남기 위해 차별화 전략을 선택했으며, 그것이 결국 '주문 생산'의 방법으로 이어졌다는 것을 알게 된다.

보기글은 생산 방식이 '대량 생산'에서 '소량 맞춤 생산'으로 바뀌었다는 사실과 그 바뀐 시점이 1980년대임을 먼저 드러내 보인 뒤 그 바뀐 이유를 체계적으로 설명하고 있다. 만일 읽으미가 대량 생산이나 소량 맞춤 생산에 관한 이러한 내용을 이미 알고 있다면, 그는 첫 줄만 읽고 다음 단락으로 넘어가도 좋을 것이다. 반대로 누군가 그 변화의 과정과 이유까지 알고 싶다면, 그는 단락 전체를 꼼꼼히 읽으면 된다. '앞마루-매듭풀이'는 **경제적 글쓰기**인 셈이다.

'뒷마루-풀이'는 긴장과 흥미를 이끌어내는 데, 그리고 '앞마루-풀이'는 안목과 통찰을 높이는 데 어울린다면, '고비-마루'가 글의 가운데 놓이는 **'가운뎃마루-풀이'**는 읽으미를 갈등적 상황에 놓이도록 하는 데 얼맞다. 읽으미는 '고비-마루'에 다다를 때까지는 주어진 문제에 대해 적절한 **긴장과 흥미**를 느끼게 되지만, 정점을 지나면서부터는 던져진 문제에서 벗어나지도, 그렇다고 그 문제를 스스로 해결하

108) 제러미 리프킨 지음, 『소유의 종말(The Age of Access)』, 민음사, 이희재 옮김, 2000. 159-160 쪽.

지도 못하는 처지에 놓이게 된다. 만일 읽으미가 그 문제를 풀고 싶다면, 그는 글쓰미와 더불어 그 문제에 대해 깊이 생각해 봄으로써 안목과 통찰을 스스로 높여가야 한다. 이때 읽으미는 글쓰미의 결론에 만족하지 못할 수도 있다. 다음의 보기글로써 '가운뎃마루-풀이'의 벌임새를 알아보자.

> 네트워크에 기반을 둔 경제는 연결의 속도를 높이고, 지속 시간을 줄이고, 효율성을 향상시키고, 상상할 수 있는 모든 것을 서비스화 함으로써 생활을 더욱 편리하게 만든다. 그러나 대부분의 관계가 상업적 관계로 변하고 모든 개인의 삶이 24시간 내내 상품의 틀에 갇혀 있을 때, 비상업적 관계, 다시 말해서 혈연, 이웃, 문화적 취향의 공유, 종교적 결사, 민족 의식, 형제애, 시민 의식에 바탕을 둔 관계는 어떻게 되는 것일까? 시간 그 자체를 사고팔고, 삶이라는 것이 한낱 계약과 금전적 도구에 의해서 결합된 상업적 거래의 연속에 불과한 것으로 변질될 때, 애정, 사랑, 헌신에서 비롯되는 인간의 전통적 상호 관계는 어떻게 되는 것일까? 마케팅 전문가와 기업이 이른바 <고객 친밀감>을 발전시키기 위해 열심히 머리를 짜내고 깊은 <공동체적 결속>을 확립할 수 있는 수단과 장을 적극적으로 실험하고 있다는 것은 우려를 자아내기에 충분한 사실이다. 더욱 걱정되는 것은 내부에 상업적 덫을 가지고 있는 이런 대리적 사회 영역을 구축하려는 노력이 광범위하게 이루어지고 있으며, 이것이 앞으로 사회 전체에 엄청난 파급 효과를 미칠 수 있음에도 불구하고 사람들이 이것을 의식하지도 못하고 비판하지도 못하고 있다는 사실이다. 우리 존재의 거의 모든 측면이 유료 활동으로 바뀌면 궁극적으로는 인간 그 자체도 상품이 되어버리고 상업적 영역은 개인과 집단의 운명을 좌우하는 결정권을 쥐게 된다.[109]

109) 같은 책, 167-168 쪽.

윗글은 21세기에 나타난 새로운 "네트워크 경제 체제"가 가져올지도 모를 위험을 꼬집고 있다. 윗글이 드러내고자 하는 바는 삶의 결정권이 개인과 집단으로부터 마케팅으로 대표되는 상업적 영역으로 넘어갈 수도 있다는 문젯거리다. 언뜻 윗글은 "상업적 영역이 개인과 집단의 운명을 좌우하는 결정권을 쥐게 된다."라는 마지막 글월을 '고비-마루'로 삼은 듯 보이지만, 이는 '상업적 거래'의 고삐 풀린 확장이 불러들일지도 모를 '최악의 경우'를 말해주고 있을 뿐이다. 윗글의 서술 방법이 '뒷마루-풀이'에 가까워 보이는 까닭은 글 가운데 놓인 '고비-마루'가 물음꼴로 마름질되어 있고, 그 물음에 대한 대답의 세기가 뒤로 갈수록 높아져 마지막 글월이 최종 주장처럼 느껴지기 때문이다.

그러나 윗글의 '고비-마루'는 꼬리를 문 물음들이라고 할 수 있다. 네트워크 경제 체제에서 가파르게 늘어나는 '생활의 서비스화'가 끝내는 전통적 인간관계마저 상품으로 바꿔버리지 않겠는가? 삶의 모든 측면이 "유료 활동"으로 바뀌면 인간의 운명조차 상업적으로 결정되지 않겠는가? 글쓰미는 이러한 물음에 대해 그러한 일이 실제로 일어날 수도 있다고 믿는다. 그는 앞으로 일어날지도 모를 위험에 대한 자신의 깊어지는 우려와 걱정을 서술한다. 그의 서술은 문제의 심각성이 점차 깊어지는 모양새를 드러내 보이고 있다. 이러한 속어림에 따를 때 윗글의 서술 방법은 '고비-마루'가 글의 가운데 즈음에 놓인 '가운뎃마루-풀이'라고 할 수 있다.

우리는 보기글의 '고비-마루'가 한 곳에 집중되어 있지도 않을 뿐 아니라 물음꼴로 되어 있기 때문에 윗글의 뜻하는 바를 시원스레 꿰뚫어보기 힘들다. 게다가 윗글은 읽으미에게 "어떻게 되는 것일까?"와 같은 진지한 물음을 거듭 던지고 있다. 물음은 우리에게 모름의 사실을 깨닫게 해 주어 그 물어진 바에 대해 스스로 대답하고자 하는 바람(욕망)을 불러들인다. 물음을 읽는다는 것은 읽으미가 글쓰미와 더불어 생각해야 한다는 것을 뜻한다. 읽으미가 글쓰미와 더불어 스스로 물음을 묻기 시작하면, 그는 글속(글의 내용)에 대해 더 많은 생각을 하게 될 뿐 아니라 스스로 그 알속을 바루어(바로잡아) 나가게 된다. 알속을 바룬다는 것은 거짓의 벽돌은 던져버리고 참의 벽돌만으로 앎의 집을 지어나간다는 것을 말한다.

'가운뎃마루-풀이'는 글쓰미가 이렇게 읽으미와 대화하는 방식으로 글을 펼쳐나가기에 걸맞은 서술방법이다. 이것은 이미 주어진 지식들을 기초로 먼저 하나의 결론을 내린 뒤 뒤이어 그 결론에 바탕을 둔 새로운 문제를 던지면서 그 문제에 대한 답을 찾아나가는 '과정적 글쓰기'와 같다. 읽으미가 글을 읽는 과정은 마치 그 자신이 스스로 그 문제에 대한 답을 찾아나가는 과정과 같다. 찾음은 곧 앎이 된다. 앎을 얻기 위해서는 누구든 자신이 모르는 바에 대해 스스로 물어야 하고, 그 물음에 대해 어떻게든 올바른 대답을 얻어야 한다.

이제 "말나누기-매듭풀이"라고 부를 수 있는 서술 방법에 대해 알아보자. "말-나누기"는 "대화(對話)"로서 가장 자유롭고 기본적인 서술 방법이다. 말나누기는 나누미 서로의 관심이나 흥미 또는 이해관계가 맞아떨어지는 말거리에 대해 이야기를 함께 나누는 것을 말한다. 그런데 말거리가 모든 사람이 '함께 풀어갈 만한' 문제일 때 말나누기는 더욱 공적(公的)인 성격을 띠게 마련이다. '말나누기-풀이'가 비록 대화나 고백 또는 어떤 고유한 방법론을 갖춘 증명 등의 형식으로 펼쳐질 수는 있지만, 그럼에도 그것은 문제가 갖는 공공성 때문에 보편성과 설득력을 갖추어야 한다. 이는 다른 말로 말하자면 '말나누기-풀이'에서 중요한 바가 곧 읽으미의 공감이나 동의를 얻는 것임을 나타낸다.

'말나누기-매듭풀이' 방법은 **공동의 문제 해결**을 목적으로 한 글쓰기에 적합하다. 글쓰미는 자신이 다루고자 하는 문제를 '공적인 문제'로서 내세우고, 그 문제를 풀 수 있는 가장 좋은 방법으로써 그 문제를 풀어나간다. 이때 무엇보다 의사소통의 가능성이 중시된다. 이를 위해 글쓰미는 문제를 일반적이고 보편적인 문제 또는 본질적 **문제로서** 가다듬어야 하고, 그 문제를 해결할 **엄밀한 방법**을 갖춰야 하며, 무엇보다 그 문제에 대한 자기 나름의 **대답**을 내놓아야 하고, 자신의 대답이 읽으미에게 올바로 받아들여질 수 있도록 말과 글을 **논리적**으로, 그리고 대답에 대한 **근거들**을 체계적으로 제시해야 한다. 이러한 풀이 방법의 특징을 알아보기 위해 다음의 보기글을 읽어 보자.

> 그러므로 이미 말한 바와 같이, 긍지 있는 사람은 무엇보다도 명예에 관심을 두지만, 그러면서도 또한 그는 부나 권세나 모든 호운(好運)이나 또는 악운(惡運)에 대해서, 이것들이 어떻게 들이닥칠지라도 자기의 마음을 잘 가누어, 호운을 만났다고 해서 지나치게 좋아하지 않을 것이요, 악운을 만났다고 해서 지나치게 괴로워하는 일도 없을 것이다. 그는 명예에 대해서도 마치 그것이 큰 일이나 되는 양 처신하지 않으니 말이다. 권세나 부는 명예 때문에 바람직한 것이지만(적어도 이것들을 가지고 있는 사람들은 이것들로 해서 명예를 얻고 싶어 한다), 명예조차 작은 것으로 보는 사람에게는 다른 것들은 더욱 보잘것없는 것이다. 그러기에 긍지 있는 사람이 거만하다고 생각된다.[110]

윗글은 "긍지 있는 사람"이 거만(倨慢)하게 보일 수 있는 까닭을

110) 아리스토텔레스 지음, 『니코마코스 윤리학』, 최명관 옮김, 서광사, 1991. 126-127 쪽.

밝히고 있다. “거만”은 다른 사람에게 예의를 제대로 갖추지 않은 채 그를 업신여기거나 깔보는 태도를 말하고, “긍지(矜持)”는 스스로를 믿고 당당하게 구는 태도를 말한다. 만일 자긍심이 우리가 행복한 삶을 살기 위해 꼭 갖추어야 할 마음가짐이라면, 우리는 긍지를 길러야 할 것이다. 문제는 긍지의 인물이 ‘지나치지 않음(중용)’의 태도를 보임으로써 남들에게 거만하게 보일 수 있다는 데 있다. 긍지의 사람은 남들이 좋아하는 것에도, 또 싫어하는 것에도 늘 거리를 둔 채 지나치게 좋아하지도 않고 지나치게 싫어하지도 않는다. 그는 사람들이 크게 여기는 것조차 ‘작게 여기기’ 때문에 사람들의 눈에는 그가 자신들을 업신여기는 것처럼 보일 수 있다.

‘말나누기-풀이’는 먼저 누군가의 이야기가 나오고, 뒤를 이어 그 **‘앞-이야기’**를 맞받는 이야기가 마치 대화처럼 이끌려 나오는 서술 방식을 일컫는다. 윗글에서 ‘앞-이야기’는 긍지 있는 사람이 명예에 관심을 둔다는 내용의 말이고, 그것을 맞받은 **‘뒤-이야기’**는 긍지 있는 사람이 모든 일에 대해 ‘지나치지 않음’의 태도를 지켜 나간다는 경험의 말이며, 이 두 이야기를 바탕으로 새롭게 펼쳐 낸 **‘딴-이야기’**는 자긍심이 있는 사람이 다른 사람들에게는 거만하게 보일 수도 있다는 내용의 말이다. 이 세 이야기는 그것들이 한데 짜 맞춰짐으로써 비로소 하나의 온전한 이야기가 된다.

대화에는 주고받은 말이 있어야 하듯 ‘말나누기-풀이’에는 **서로 맞물려 펼쳐지는 이야기들**이 있어야 한다. 이야기들은 서로 다른 이야기들의 근거가 될 수 있기 때문에 그 자체에서 참이어야 할 뿐 아니라 다른 이야기들과 잘 들어맞아야 한다. 그렇기 때문에 ‘말나누기-풀이’는 이야기의 참을 증명하는 **‘밑-이야기’**, 즉 ‘뒷받침-이야기’가 갖춰져야 하고, 이야기들 사이의 이음매가 되는 **‘고리-이야기’**, 즉 ‘추론의 이야기'가 곁들여져야 하며, 그밖에 다양한 경험과 견해를 소개하는 '알속-이야기'가 얽혀 있어야 한다. 이야기들은 토막으로 나뉠 수도 있고, 서로 한데 뒤섞일 수도 있으며, 그때마다의 필요에 맞갖은 짜임새로 엮일 수 있다.

이야기는 누군가 일어난 일을 말하거나 적거나 한 모든 말과 글을 말한다. 이야기하미는 일어난 일을 그것이 일어난 그대로 말할 수도 있지만, 거기에 그 자신의 생각을 덧붙이거나 사실과 다르게 꾸미거나 할 수도 있다. 이야기는 언제나 '조각-이야기'로서 그것보다 더 큰 이야기 속에 속한다. '이야기-조각'들이 다 짜 맞춰질 때 이야기는 끝난다. 이야기에는 처음과 끝이 있다. 우리는 여러 갈래의 이야기들을 자유롭게 엮어 '이야기-꾸러미'를 꾸릴 수 있다. 이야기 묶음이 하나의 꾸러미가 되려면, 이야기들이 서로 잘 맞물려 돌아가야 한다. 이러한 방식의 서술이 곧 '말나누기-풀이'이다.

우리는 이제까지 서술의 몇 가지 방법을 알아보았다. 여기서 분석된 서술 방법들은, 서술 방법이 언제나 그 서술거리를 드러내기 위한 수단인 한, 보편적으로 타당한 방법일 수 없다. 이제까지의 분석은 서술의 의미를 밝히는 데 작은 도움이 될 뿐이다. 서술 방법은 서술거리가 달라질 때마다 거기에 가장 알맞도록 바뀌어야 한다. 이는 서술의 방법이 서술자가 마음대로 정할 수 있는 것임을 뜻하지는 않는다. 서술의 방법은 서술거리에 걸맞아야 한다. 이러한 걸맞음은 서술자가 마음대로 결정할 수 있는 게 아니다.

서술이 매듭풀이로서 생생한 모습을 말글로써 나타내는 것인 한, 방법의 걸맞음은 '생생한 모습'과 '말글의 얼개(구조)'에 의해 앞서 먼저 결정되어 있고, 서술자의 능력에 따라 다양하게 판단될 수 있다. 이에 따라 우리는 서술 방법의 걸맞음을 결정할 수 있는 몇 가지 특징들을 살펴보고자 한다. 이러한 특징들을 이론적 검토 없이 도움말 주듯 죽 늘어놓는 까닭은 그것들이 서술에 어려움을 겪는 사람들에게 작은 도움이 될 수 있기 때문이다.

<매듭풀이 두루 도움말>

(가) 이름 부르기 또는 이름 붙이기

매듭풀이가 풀이거리를 풀이 자체로부터 짜임새 있게 드러내는 것이라면, 풀이하미(서술자)는 가장 먼저 그 풀이가 '무엇에 대한 풀이' 인지부터 밝혀 주어야 한다. 사물의 정체(正體) 밝히기는 먼저 그것의 이름을 알리는 일로부터 시작되어 그 사물의 속성(屬性)을 기술하는 것으로 나아가면 좋다. 또 그 사물이 고체, 액체, 동물, 식물, 등의 일반적 분류 가운데 어디에 속하는지를 명시해 주는 것도 필요하고, 더 나아가 읽으미가 해당 사물의 특징을 보다 잘 이해할 수 있도록 그에 대한 일반적 비유를 마련해 주는 것도 괜찮다.

풀이거리를 드러내는 방법 가운데 가장 쉬운 방법은 그것의 이름을 알려주는 것이다. 이름이 비록 풀이거리의 어찌 꼴을 드러내 보이지는 못하지만 풀이거리가 무엇인지를 확정짓는 데는 큰 도움을 준다. 보기를 들어 "미국의 현재 대통령은 하와이 태생의 젊은 흑인이다."라는 말과 "미국의 현재 대통령은 버락 오바마이다."라는 말 가운데 이름이 쓰인 글월이 그 풀이거리를 더 분명히 확정짓는다. 그 까닭은 이름이 본디 어떤 것을 딱 짚어내듯 가리키는 것이기 때문이다. 이름 부르기로써 서술거리를 드러낸 다음의 보기글을 살펴보자.

사람이 타는 수레는 태평차(太平車)라 한다. 바퀴 높이가 팔꿈치에 닿으며, 바퀴마다 살이 서른 개씩인데 대추나무로 둥글게 테를 메우고 쇳조각과 쇠못을 온 바퀴에 입혔다. 그 위에는 둥근 방을 만들어 세 사람이 들어앉을 만하다. 방에는 푸른 베나 공단·우단으로 휘장을 치고, 어떤 것은 주렴을 드리워 은단추로 여닫게 되어 있다. 좌우에는 유리를 붙여서 창문을 내고, 앞에는 널판을 가로놓아서 마부가 앉게 되었으며, 뒤에는 타인이 앉게 되어 있다. 나귀 한 마리가 끌고 갈 수 있으나, 먼 길을 가려면 말이나 노새를 더 늘려야 한다.111)

수레는 사람이 타는 수레와 짐을 싣는 수레, 밭에 물을 대기 위한 수레, 불을 끄기 위한 수레, 전쟁에 쓰는 수레 등 그 종류가 매우 다양하다. 윗글의 첫째 문장에 쓰인 "태평차"라는 말은 그 뒤에 나오는 풀이거리의 이름을 알려준다. 이 풀이거리에 이름이 붙여짐으로써 읽으미는 그 풀이가 '무엇에 대한 풀이'인지를 알 수 있다. 이때의 이름은 눈앞의 풀이거리를 가리켜 부르기 위한 말이 아니라 풀이거리를 일컫기 위한 말, 즉 풀이될 풀이거리의 이름이 무엇인지를 알려주는 기능을 한다. 이로써 읽으미는 풀이의 모든 내용을 "태평차"라는 이름의 수레와 연관 짓게 된다.

(나) 풀이의 차례는 일차적으로 관심도에 따라

윗글은 가장 먼저 풀이거리의 이름을 밝히고, 다음으로 수레바퀴의 생김새를 그려내며, 이어서 수레를 타고 갈 사람이 앉는 곳인 '둥근 방'의 모습을 적고, 덧붙여 '둥근 방'의 앞뒤 자리의 쓸모를 알려주며, 마지막으로 수레를 끄는 동물과 그 필요한 마리 수를 일러 주고 있다. 이러한 풀이 차례는 일차적으로 글쓰미의 관심도를 나타낸다.

111) 박지원 지음, 민족문화추진회 편, 『열하일기(熱河日記)』, 솔, 1997. 233-234 쪽.

박지원은 모든 수레의 바퀴 자리가 동일해야 한다는 주장을 해 왔는데, 중국에서 자신의 주장이 현실화된 모습을 본 것이다. '둥근 방'은 박지원에게는 매우 신기한 장면이었다. 덧붙인 풀이는 박지원 자신도 이미 잘 알고 있는 내용이었기에 매우 짧게 줄여져 있다.

(다) 사물 풀이는 사물 자체의 특징에 따라

윗글은 태평차에 대한 풀이를 그 마차 자체의 특징에 따라 보여주고 있다. 바퀴의 높이는 어른 팔꿈치에 닿을 만큼 되고, 바큇살이 서른 개이며, 바퀴 테가 대추나무로 되어 있고, 그 테에 쇠못으로 박은 쇳조각이 입혀 있다. 이러한 서술은 바퀴가 만들어진 방식을 통해 파악된 것이다. 그것에 이어지는 서술은 마차의 손님이 타는 곳에 대한 것이다. 바퀴 위에 자리한 둥근 방은 세 명이 탈 수 있고, 휘장이 쳐져 있고, 주렴이 드리워져 있기도 하며, 좌우에는 유리 창문이 나 있다. 이러한 서술은 타는 곳을 "방"으로 이름을 붙인 이유가 되기도 한다. 그리고 둥근 방 앞뒤에는 널판이 가로놓여 있는데, 앞에는 마부가 뒤에는 다른 사람이 앉는다. 위 서술의 특징은 마차의 주요 특징을 두드러지게 부각시키고 있다는 점이다.

(라) 전체로부터 부분으로 또는 일반적인 것으로부터 특수한 것으로

매듭풀이(서술)는 풀이거리의 공간적 배열이나 시간적 순서 또는 기능적 체계 등에 따라 이루어져야 하고, 보이는 모든 것을 하나하나 적어놓으려 하기보다 풀이거리가 읽으미의 머릿속에 떠오를 수 있도록 요점과 특색에 대한 적절한 비유를 마련해 가야 한다. 이는 서술의 방향이 서술거리를 전체적으로 드러내는 일로부터 부분을 묘사하는 일로 나아가야 한다는 것을 뜻한다. 아래의 두 보기글을 통해 이러한 서술 방향을 살펴보자.

> 집 한 채의 길이는 대략 6영(楹) 내지 8영·10영·12영으로 되어 있고, 기둥과 기둥 사이는 매우 넓어서 대략 우리나라의 보통집 두 칸 간격에 해당한다. 그리고 재목에 따라 길게 하거나 짧게 하지 않고 또한 마음대로 넓히거나 좁히지 않으며, 꼭 자로 재어서 간가(間架)를 정한다. 집은 모두 들보로 다섯이나 일곱으로 하여 땅바닥에서 용마루까지 그 높이를 따져보면, 처마는 한 중간쯤 있게 되므로 물매가 매우 싸서 마치 병을 거꾸로 세운 것처럼 가파르다.[112)]

윗글은 중국집의 크기를 그려내고 있는데, 가장 먼저 길이를 알려주고 있다. 영(楹)은 기둥을 뜻하므로, 기둥 6개로 이루어진 집은 조선집 열 칸 간격에 해당하는 길이를 갖는 셈이다. 이는 집의 길이를 알려주는 좋은 비교 방법이 된다. 집의 크기를 나타내기 위해서는 그 길이뿐 아니라 그 깊이나 높이도 알려주어야 한다. 윗글에서는 집의 높이가 들보의 숫자로써 재어져 있다. 들보는 기둥과 기둥 위에 가로질러 얹어 지붕틀을 떠받치는 네모기둥이다. 글쓰미가 중국집에 들보가 다섯 개에서 일곱 개 정도 쓰인다는 사실을 알려주고 있으므로, 우리가 그 집에 쓰인 기둥의 높이만 안다면, 우리는 집의 높이를 정확히 알 수 있을 것이다. 하지만 윗글에서 기둥의 높이는 밝혀져 있지 않다.

그런데 윗글의 글쓰미에게 중요했던 점은 집의 크기를 꼼꼼히 적는 것보다 그 전체적 모양을 묘사하는 일이었던 듯싶다. 박지원은 집 전체의 모양을 결정짓는 것이 물매의 가파름 때문이라고 본다 처마

112) 같은 책, 57 쪽.

높이가 집 높이의 중간쯤 놓이고, 물매(기울기)가 매우 가파르므로 집 전체 모양은 "병을 거꾸로 세워 놓은 모양"이 된다. 이로써 집의 크기와 형태는 어느 정도 다 제시가 되었으므로 그 뒤로 이어질 이야기는 집의 색깔이나 재질 또는 그 밖의 세밀한 부분들에 대한 것이 될 것이다.

> 집 좌우의 후면은 부연(婦椽)이 없이 벽돌로 담을 쌓는데 서까래가 거의 보이지 않을 정도로 집 높이만큼 가지런하게 쌓아 올린다. 동서의 양쪽 담벽에는 각기 둥근 창구멍을 뚫고, 남쪽에 모두 문을 내며, 그중 한가운데 한 칸을 드나드는 문으로 쓰는데, 반드시 앞뒤가 꼭 맞서게 하였으므로 집이 서너 겹일 경우 문은 여섯 겹 또는 여덟 겹이나 되어도 활짝 열어젖히면 안채로부터 바깥채에 이르기까지 문이 마치 화살처럼 똑바르다.[113)]

윗글 첫 글월은 집의 옆모습과 창문과 출입문의 위치와 모양을 알려주고 있다. 그런데 글의 내용이 점차 세부적 사항과 관련되면서 "부연" 또는 "서까래" 등과 같은 낯선 낱말이 나오고, 이 때문에 읽으미는 갑자기 글의 흐름이 끊기는 느낌을 받게 된다. 만일 글쓰미가 이 낱말의 뜻을 밝혀 주었거나 그에 대한 보기를 들어 주었다면, 읽으미가 글을 읽는 데 훨씬 편했을 것이다. 하지만 글쓰미의 관심을 끌었던 것은 서까래나 담 벽보다는 문의 배치였던 듯싶다. 왜냐하면 문에 대한 풀이가 길고, 그에 대한 비유까지 제시되어 있기 때문이다. 비유는 읽으미에게 풀이거리를 직관적으로 깨닫게 해 주기 위한 장치와 같다.

113) 같은 책, 57-58 쪽.

(마) 풀이말은 풀이거리를 생생하게 드러낼 수 있는 정확한 표현으로

㉠ 매듭풀이는 풀이거리를 읽으미에게 드러내는 게 목적이므로 주관적 의도를 드러내는 게 목적이 아닌 한 객관적 표현으로 꾸려지는 게 바림직하다. “엄청난 잠자리가 날아들었다.”와 같은 자기만의 주관적 표현은 가급적 피하고, 그 크기를 가늠할 수 있는 “객관적 표현”, 보기컨대 “참새만한 잠자리”와 같은 표현을 쓰는 게 좋다. 크기, 형태, 색깔, 재질, 척도, 부분의 배치, 시점 등은 구체적으로 확정되어야 한다.

㉡ 공간의 형태를 나타내는 낱말들은 그 뜻이 정확해야 한다. 네모, 세모, 타원형, 고리 모양, 동그라미, 공 모양, 원반, 소용돌이, 톱니바퀴, 별모양, 대칭성, 비대칭성, 왼쪽, 오른쪽, 가운데, 위와 아래 등의 낱말은 그 뜻에 잘 맞추어 써야 한다. 그리고 시간적 관계를 표현하는 낱말의 뜻도 정확해야 한다. 속도, 먼저와 나중, 운동, 절대시간, 시분초, 시간간격, 표준시, 평균시, 시계, 계절, 시간척도 등은 어설프게 쓰여서는 되레 혼란만 키우므로 그 뜻과 쓰임의 사례를 정확히 알고 써야 한다.

㉢ 생물체의 모양을 기술할 때는 유기체성을 고려하여, 즉 그것의 골격이나 구조 또는 균형 상태 등을 고려하여 적절한 체계를 세우고, 그 체계에 따라 풀이의 짜임새를 갖춰 나가는 게 좋다. 생물의 골격에는 보통 대칭축이 있으므로 그 축을 기준으로 나누어 기술하는 게 좋다. 또 동식물의 경우, 매듭풀이는 그것들이 다 성장한 뒤의 구조를 기초로 이루어질 수도 있고, 발생학적 관점에서 먼저 생겨나는 순서에 따라 이루어질 수도 있다. 동물의 경우는 그 구조상 머리에서 발끝이나 꼬리부분으로 서술해 가는 게 자연스럽고, 식물의 경우는 피어나는 순서에 따라 맨 위에서부터 그려내는 게 알맞다.

㉣ 어떤 기능을 갖는 것(기계)은 각 기능을 체계적으로 연관 짓는

게 필요하다. 기계의 구조를 밝히는 경우, 글은 보통 사용법의 순서를 따르는 게 편리하다. 또 부품들의 결합으로 이루어지는 기계의 경우, 글은 부분들이 하나로 합체되는 방식, 즉 부분이 서로 짝을 이루어 나가는 방식으로 진행되는 게 자연스럽다.

나누기 8. 서술의 실제

매듭풀이로서의 서술은 서술자 자신이 맞부딪쳐 경험한 바를 자신의 말로 바꾸는 일이다. 경험은 감각적 경험, 간접 체험, 생각하기와 깨달음의 경험 등에 이르기까지 제한이 없다. 이는 우리가 매듭풀이로써 말할 수 있는 것에는 그 끝이 없음을 뜻한다. 말로써 말해질 수 있는 모든 것이 매듭풀이의 풀이거리가 될 수 있다. 그러나 우리가 자신이 말하고자 하는 바를 매듭풀이로써 제대로 전달할 수 있으려면, 우리는 무엇보다 경험의 매듭을 말의 매듭으로 옳게 엮어낼 수 있어야 한다. 바꿔 말해 말의 매듭이 경험의 매듭을 올바로 드러내 보일 수 있어야 한다.

그런데 말과 경험이 엮이기 위해서는, 뛰어난 예술품이 빚어지기 위해 예술가의 훈련된 손이 있어야 하듯, 그 둘을 엮는 데 익숙한 솜씨를 갖춘 엮으미가 있어야 한다. 이러한 '매듭-엮기'로서의 글쓰기를 위해서 우리는 경험과 말에 대해 깊은 사무침이 일어야 한다. 이는 보는 눈과 생각하는 머리 그리고 글 짓는 손을 열심히 갈고닦음으로써 가능하다. 이 책에서 서술 연습은 세 갈래로 이루어진다. 첫 번째는 얼굴에 대한 서술이고, 두 번째는 사물에 대한 서술이며, 세 번째는 사건에 대한 서술이다. 이러한 서술 갈래는 그 대상에 따른 것이다.

도막 1. 얼굴 서술

여기서 소개할 얼굴 서술의 보기글은 한국외국어대학교 논술강의를 수강했던 학생들이 제출했던 과제물들이 주가 된다. 이 논술강의의 목적은 중고등학교에서 논술 교육을 담당할 선생님을 길러내는 것이었다. 매주 3시간 동안의 발표와 토론을 중심으로 이루어진 수업은 늘 활기찼고 생산적이었다. 여기서 뽑은 보기글들은 이 글의 목적에 따라 선택된 것일 뿐 평가결과와는 무관하다.

나는 서술의 목적이나 방법에 대한 이론 강의를 마친 뒤 수강생들에게 아무런 도움말 없이 자신의 얼굴을 서술해 오라는 과제를 내주었다. 학생들은 이 과제를 처음에는 별것 아닌 것으로 여기는 듯했지만 나중에는 자신의 얼굴 생김새와 그 느낌을 글로써 풀어내는 일이 얼마나 어려운지를 한목소리로 줄줄이 토로했다. 이러한 어려움은 글쓰기의 대가나 감격에 휩싸인 신비주의자에게도 마찬가지인 듯싶다. 학생들의 과제물을 검토하기에 앞서 먼저 박지원의 글부터 읽어보자.

> 머리에는 꽃을 가득 꽂고, 금비녀·옥귀고리에 연지를 살짝 바르고, 몸에는 검정색 긴 통바지에 은단추를 촘촘히 달아 입었으며, 발에는 풀·꽃·벌·나비 등을 수놓은 한 쌍의 신을 신었다. 아마도 만주 여자인 듯싶었다. 그것은 다리에 붕대를 감지 않고 발에 궁혜(弓鞋)를 신지 않은 것으로 보아 짐작할 수 있었다.
>
> 주렴 속에서 한 처녀가 나오는데, 나이나 얼굴이 스물 남짓 되어 보인다. 그녀가 머리를 양쪽으로 갈라서 위로 틀어 올린 것으로 보아 처녀임을 분별할 수 있었다. 생김새는 역시 억세고 사나우나 다만 살결이

> 희고 깨끗했다. 그녀는 쇠로 된 양푼을 갖고 와서 퍼런 질그릇을 기울여 수수밥 한 사발을 수북하게 퍼 담은 다음 양푼의 물을 부어서, 서쪽 벽 아래 놓여 있는 의자에 걸터앉아 젓가락으로 밥을 먹는다. 또 두어 자 길이나 되는 파뿌리를 잎사귀째로 장에 찍어서 밥과 같이 씹어 먹는다. 목에는 달걀만한 혹이 달려 있다. 밥을 머고 차를 마시는 그녀의 얼굴엔 조금도 수줍어하는 기색이 없었다. 이는 아마 해마다 조선 사람을 보아 와서 낯이 익었기 때문인가 보다.[114]

자연산천과 지방경계와 사물들과 역사적 사건들에 대해서는 놀랄 정도로 완벽한 서술을 자랑하던 박지원도 여자의 모습을 적어 보일 때는 **눈길**을 그 얼굴에 맞추지 못하고 그 입은 옷과 신은 신발과 밥 먹는 모습과 그 먹는 재료에로 피하고 있다. 둘째 단락에 나온 처녀는 그 생김새가 억세고 사납지만 살결만은 희고 깨끗한 모습으로 그려져 있다. 억센 모습은 팔뚝과 다리가 힘이 넘치듯 울퉁불퉁하고 뻿뻿해 보이는 모습을 말하고, 사나운 모습은 옷차림새나 머리모양 또는 몰골이 전혀 꾸민 데 없이 거친 모습을 나타낸다. 게다가 처녀의 목에는 달걀만큼이나 큰 혹이 달려 있어서 여인의 아름다움은 전혀 느껴지지 않는다. 그럼에도 글쓰미의 눈에 틀어 올린 머리와 희고 깨끗한 살결이 쏙 들어온 모양이다. **처녀의 얼굴**에 대한 서술은 단락 끝자락에 "수줍어하는 기색이 없다"는 말로 끝이다.

반면에 찬송가 145장 "오 거룩하신 주님" 제1절은 **예수 그리스도의 고통스런 얼굴**을 마치 마주하듯 노래하고 있다. 노랫말은 성 베르나르도(St. Bernard of Clairvaux, 1091-1153)가 1153년에 지은 것이다. 제1절은 짧지만 그 상징적 대비를 통해 예수님의 얼굴이 감동적으로

114) 박지원 지음, 민족문화추진회 편, 『열하일기(熱河日記)』, 솔, 1997. 76 쪽.

다가온다. 먼저 그 노래를 읽어보자.

> 오 거룩하신 주님 그 상하신 머리
> 조롱과 욕에 싸여 가시관 쓰셨네
> 아침 해처럼 밝던 주님의 얼굴이
> 고통과 치욕으로 창백해지셨네

이 노래에서 주님의 얼굴은 먼저 "아침 해"에 견주어지고 있다. 아침 해는 돋는 해로서 어둠을 뚫고 새 날을 밝히는 생명의 빛을 상징(象徵)한다. 아침 해는 밤의 공포에 떨었던 세상을 위로하고, 사랑하며, 구원을 베푸는 '환한 밝음'이자 '포근한 따뜻함'으로 다가온다. 해가 하느님을 일컫는다면, 아침 해는 그 아들 예수님을 가리키는 말이라 할 수 있다. 노래하미는 생기에 넘치던 얼굴이 모진 고문의 고통과, 병사들과 대중에게 당하는 치욕으로 창백하게 바뀌는 과정을 거룩하게 마주 바라보고 있다. 이 찬송가는 어린아이처럼 해맑던 주님 얼굴이 밤하늘 달빛처럼 창백하게 바뀐 까닭이 바로 가시면류관과 조롱과 욕 때문임을 꾸짖고 있지만 정작 주님의 얼굴 생김새를 보여주지는 않는다.

그렇다면 유명한 소설가는 얼굴 모습을 제대로 그려내고 있는가? 이곳에서는 우리가 놀려먹을 먹잇감으로 삼을 소설가 한 명을 골랐다. 다음의 글을 읽어보자.

> 그녀와 나 사이는 한 오 미터쯤 될까, 그렇게 엇비슷이 마주 앉고 보니 차츰 감정의 과장은 가라앉고, 구체적인 그녀의 얼굴이 하나 둘 눈에 들어왔읍니다. 조금 전의 '아름다움 그 자체' 하는 느낌까지는 아니었지

만 역시 대단한 미인이었습니다. 짙은 눈썹과 서글서글한 눈매, 오뚝한 콧날에 흰 살결은 아직 화장으로 강조되지 않았는데도 그녀를 한눈에 확 뜨이게 했습니다.115)

이 대목은 주인공 임형빈이 첫눈에 사랑에 빠지게 된 서윤주를 처음 만나는 장면이다. 만남의 첫인상은 "아름다움 그 자체"라는 말과 "대단한 미인"이라는 말로 강하게 표현되어 있다. 그렇기 때문에 읽으미는 그 아름다운 얼굴에 대한 사실적 묘사를 기대하게 되지만 저 유명한 소설가의 얼굴 서술은 너무도 평이하게 끝난다. "짙은 눈썹"은 숯덩이 같을 수도 있고, 새까말 수도 있고, "서글서글한 눈매"는 부드럽거나 너그럽거나 상냥한 눈매를 뜻할 수 있으며, 오뚝한 콧날은 도드라지게 높은 코의 날을 일컬을 것이다. 나는 그 얼굴이 어떨지 잘 모르겠다. 만일 여기에 얼굴의 생김새와 머리의 모양새 그리고 이마와 입술 그리고 턱에 대한 서술이 짜임새 있게 갖춰졌다면 윤주의 얼굴은 좀 더 생생하게 두드러졌을 것이다.

그러면 이제 수강생들의 '얼굴-그림말'을 읽어보자. 먼저 **남학생의 얼굴 서술**을 살펴보기로 한다. **남학생들**은 대체로 키가 크고, 자신의 생각을 거침없이 내뱉는 편이고, 자신이 앉은 책상 주변을 완전히 장악하려는 듯한 몸놀림을 보인다. 내 수업에 참여한 남학생들은 거의 군대를 다녀왔고, 아는 것과 외국 경험이 많았으며, 말들을 잘했고 몸매와 옷차림을 잘 가꾸는 편이었고, 자신의 말과 행동에 대한 교수나 다른 학생들의 평가를 매우 존중했다.

그의 얼굴은 전형적인 한국 남자의 형상을 하고 있다. 그의 얼굴 윤

115) 이문열, 『추락하는 것은 날개가 있다』, 자유문화사, 1988. 32-33 쪽.

곽은 타원형을 하고 있으며 턱은 둥그런 편이다. 그의 귀는 눈썹 부분에서 코끝 위치까지의 길이를 하고 있다. 전체적으로 다소 통통하고 붉은 얼굴이다.

좀 더 세부적으로 들어가 보면, 그의 머리칼은 곧게 뻗은 직모이며 주름이 조금씩 생기려하는 이마 밑에 짙은 눈썹이 자리하고 있다. 쌍꺼풀 없이 평이한 눈은 눈 꼬리가 다소 아래를 향하고 있다. 얼굴과 비례해서 코는 약간 큰 편인데 콧날은 곧지만 코끝은 뾰족하지 않다. 입은 작은 편이며, 윗입술보다 아랫입술의 붉기가 더 진하다.

윗글 수강생은 자신의 얼굴을 "**한국 남자의 전형적 얼굴형**"이라고 소개하고 있다. 이러한 소개표현은 객관적인 것처럼 보이지만 사실은 매우 모호하다. 왜냐하면 한국인의 얼굴형은 계속 변하고 있을 뿐 아니라, 북방계와 남방계에 따라 큰 차이를 보이며, 나이에 따라서도 얼굴모양이 크게 달라지기 때문이다. 한국인의 얼굴모양은 보통 고구마 형과 땅콩 형으로 나뉘므로, "전형적 얼굴형"은 보다 세분화된 표현으로 바뀌거나, 아니면 구체적인 사물이나 모양에 비추어 고쳐 쓰이는 게 좋을 듯하다. 또 "타원형"이라는 얼굴 생김과 "둥그렇다"는 턱 모양은 타원형이 "길쭉하게 둥근 모양"을 뜻하므로 중복되는 느낌을 준다. 길쭉함은 성격의 날카로움을 둥금은 원만함을 나타낸다. 얼굴의 통통함과 붉은 빛은 잘 어울린다. 통통함은 푸근한 느낌과 마음씨 좋은 느낌을 주고, 붉은 빛은 활력이 넘치는 활달한 인상을 준다.

그런데 한국인의 얼굴을 서술하려면 한국의 기후와 풍토를 아는 것이 큰 도움이 된다. 동물학에서 일반적으로 통용되는 '**알렌의 법칙**'에 따를 때, 추운 곳에 사는 포유동물일수록 신체의 돌출 부분(코,

귀, 꼬리 등)이 작아지고 둥글어진다. 모든 것이 얼어붙을 정도의 매서운 추위가 몰아치고 폭설이 내리는 겨울을 지내야 하는 지역에 거주하는 사람들이 쌍꺼풀진 큰 눈을 갖는다면 반사되는 자외선에 실명되기 쉽고, 두툼한 코는 동상에 걸리기 쉬우며, 긴 속눈썹과 수염은 입김 고드름만 만들어 사냥을 불편하게 만들고, 두꺼운 입술은 체온 유지가 중요한 한대지역의 거주민들에게는 부적합하다. 이러한 사실 관계는 얼굴 풀이에서도 참고할 만하다.

한국인의 얼굴 모양은 한국의 지형과 먹거리 등에 따라 큰 영향을 받는다. 한국의 기후에 적응한 얼굴은 둥글고 납작한 얼굴, 짧고 흐린 눈썹, 쌍꺼풀이 없는 가늘고 작은 눈, 낮으며 긴 작은 코, 얇은 입술로 얽어져 있다. 하지만 현대 한국인들의 얼굴 모양은 서구화되고 있다. 앞이마는 아기 때 옆으로 누워 재우는 육아법 때문에 앞으로 튀어나오고, 아울러 뒤짱구를 가진 사람도 늘어나고 있다. 정수리 또한 고구마 모양처럼 뾰족한 형태에서 머리 꼭대기 양 옆이 솟아올라 둥근 모양으로 바뀌고 있다. 작고 찢어졌던 눈도 점점 커지고 있고, 코는 높고 길어졌고, 반대로 광대뼈는 들어가고, 큰 턱의 특징이 사라지고 작은 턱으로 급격히 바뀌었으며, 볼록했던 볼도 홀쭉해졌다.

보기 글에서 "그"라는 호칭은 자기가 자신을 가리킬 때 쓰는 "나"라는 '부르는-이름(호칭)'으로 바뀌는 게 옳다. 윗글에서 풀이의 차례가 얼굴 윤곽, 턱, 귀, 얼굴 색깔, 머리칼, 이마, 눈썹, 눈, 코, 입 등으로 이어지고 있는데, 이러한 풀이 매김은 좀 뒤죽박죽이다. **풀이의 흐름**은 먼저 얼굴의 전체적 테두리를 "길둥근 모양"으로 잡아 놓은 뒤, 이마와 눈, 눈썹, 코, 귀를 거쳐 입으로 내려가는 게 좋다. 귀에 대한 서술은 얼굴의 대칭성 때문에 얼굴의 중심에 놓인 코를 언급할 때 함께 해 주는 게 자연스럽다. 풀이의 흐름은 우리가 눈길을 얼굴 위쪽에서 아래쪽으로 내려갈 때 보이는 순서에 따르면 적절하다. 윗글을 고쳐 다시 써 보자.

> 길둥근 내 얼굴은 살집이 전체적으로 통통하여 푸근해 보이고, 발그스름한 기운이 감돌아 생기가 넘치는 듯하지만, 머리칼이 여치 더듬이처럼 뻗치는 편이라 성깔이 있어 보이기도 한다. 이마엔 주름이 조금씩 잡히기 시작했고, 짙은 눈썹, 쌍꺼풀 없이 밋밋한 눈, 살짝 아래로 쳐진 눈 꼬리, 평범한 귀는 친근감을 준다. 얼굴에 비해 코가 약간 크고, 코끝이 뾰족하지는 않지만 콧날이 날카로워 남성스러운 시원함을 풍긴다. 입이 작고, 윗입술보다 아랫입술이 유난히 붉어 귀염성이 있고, 턱이 모난 데 없이 둥그레 성격이 온화해 보인다.

고침 글은 처음 글보다 길이도 짧아졌고, 읽기도 쉬워졌다. 무엇보다 얼굴 생김새를 그려내는 말들이 동시에 그 얼굴의 **사람이 갖는 성격**을 나타내도록 달라졌다. 사람 얼굴은 생물학적 형태에 대한 설명만으로 모두 풀이될 수 있는 게 아니다. 사람 얼굴은 감정과 생각 그리고 성격 등이 복잡하면서도 패턴(pattern/거푸집)화 가능한 방식으로 드러나는, 사람됨의 공연장과 같다. 보기를 들어 뾰족 턱은 신경질을 잘 부리면서 의지나 정열이 약한 차가운 성격을 나타내고, 둥근 턱은 둥근 성격에 다정다감하고 친절하며 남들과 두루두루 잘 어울리는 원만한 성격을 나타내면, 네모 턱은 의지가 강하고 남에게 지기 싫어할 뿐 아니라 잔소리도 많아 모난 성격을 나타낸다.

고침 글은 얼굴을 바라보는 눈길이 위에서 아래로 풀어 내리는 '**내리-풀이**'로 짜였다. 이러한 내리매김 꼴 풀이는 읽으미가 풀이거리로서의 얼굴 모양을 떠올리기 쉽다. 다만 머리칼이 직모이고 뻗치는 경우는 곱슬머리인 경우와 달리 생활력이 강하면서도 남의 주장이나 요구를 잘 들어주는 시원함을 나타내므로 남자의 경우 직모 사실이 강조될 필요가 있고, 코가 남성성을 떠올리게 만들기 때문에 신중히 묘사할 필요가 있다. 고침 글은 유기체로서의 얼굴 모양에 맞춰져 있기 때문에 글 전체가 연속성과 통일성을 갖게 되었다. 또 다른 남학생의 얼굴 서술을 살펴보자.

> 차분하게 정돈된 머리카락은 길지는 않지만 이마를 반쯤 가리고 귀가 보일 듯 말 듯 덮고 있다. 전체적으로 긴 타원형의 얼굴 윤곽에 피부는 약간 어두운 빛을 띤다. 그리 짙은 편이 아닌 눈썹은 끝이 살짝 찢어진 눈과 거의 같은 길이를 유지한다. 눈두덩이는 약간 살이 올라 있고 오른쪽에만 희미한 쌍꺼풀의 흔적을 지니고 있다. 눈의 길이와 거의 비슷한 미간에서 콧대가 시작되어 두툼한 콧망울까지 이어진다. 콧구멍은 옆으로 살짝 퍼져 있고 정면에서 조금 보일 정도로 끝이 올라가 있다. 손가락 한마디 정도로 짧은 인중 아래 코끝보다 조금 더 긴 두툼한 입술을 다물고 있다. 입은 한국인답게 약간 튀어나와 있고 짧은 수염이 인중과 턱 주변에 조금 자라나 있다. 이마 중간과 오른쪽 눈 아래에는 작지만 확실하게 보이는 수두자국이 남아있다.

윗글은 풀이의 흐름이 매끄럽다. 얼굴을 살피는 눈길은 머리카락, 얼굴 테두리, 얼굴 빛깔, 눈썹, 콧대, 콧구멍, 입술, 입, 수염 등으로 옮겨가고 있다. 서술의 짜임새는 전체로부터 부분으로, 위로부터 아래로 갖춰져 있고, 이러한 씨줄과 날줄의 그물 위에서 얼굴의 세부적 특징들이 잘 기술되고 있다. 다만 눈과 턱에 대한 묘사가 빠진 것이 특이하고, 얼굴 생김새가 나타내는 성격이나 인상을 전혀 적어놓지 않은 것도 깊이 생각해 볼만한 점이다. 대신 글쓰미는 "차분하다",

"어둡다"와 같은 모호한 형용 수식어와 "약간", "살짝", "조금" 등과 같은 두드러짐을 피하려는 부사들을 많이 사용하고 있다. 이는 자신의 얼굴 서술에 자신감이 부족했기 때문인 듯 보인다.

또 "약간 어두운 빛"이란 표현은 우울한 성격과 관련되므로 "그을렸다"나 "까무잡잡하다" 등의 색깔 표현으로 바꾸어 의미를 보다 선명하게 하는 게 낫고, 눈썹을 서술하는 "끝이 살짝 찢어진 눈과 거의 같은 길이를 유지한다."는 표현은 그 안에 눈에 대한 서술을 담고 있어 혼란을 일으키므로 눈 서술과 분리해서 기술하는 게 좋다. 그리고 "코끝보다 조금 더 긴 두툼한"이라는 크기 표현은 우리가 코끝의 길이를 얼른 떠올리기 쉽지 않으므로 다른 표현으로 바꾸는 게 바람직해 보인다. 또 제시된 얼굴 생김새가 어떠한 인상과 성격을 뜻할 수 있는지도 함께 밝혀 적는 게 필요하다. 이러한 점들을 이모저모 헤아려 윗글을 고쳐 보자.

> 내 얼굴은 길둥근 모양이고, 얼굴 빛깔은 가무잡잡하여 건강미가 넘쳐 난다. 머리는 머리카락이 앞이마와 귓불을 살짝 덮은 댄디컷 형태이고, 언제나 빗질이 잘 되어 있어 세련되고 깔끔한 첫인상을 불러일으킨다. 눈썹은 숱이 적고, 눈은 끝이 가늘게 찢어져 어딘가 여성스러움이 느껴진다. 오른쪽 눈은 약하게 쌍꺼풀이 져 우유부단해 보인다. 콧방울은 두툼한데, 콧구멍은 속이 들여다보일 정도로 퍼져 있다. 인중은 짧고, 입술은 두툼하며, 입은 약간 튀어나왔다. 정도 많은 반면 성질도 급해 감정적으로 치닫는 경향이 있다. 이마 한가운데 오른쪽 눈 아래 수두자국들이 빼곰 남아있다.

남자 대학생들의 얼굴 서술에서 가장 특징적인 점은 자신의 얼굴을 객관적으로 묘사할 뿐 '자기 자신'을 드러내는 것을 꺼리고 있다는 점이다. 그들은 자신의 얼굴에 담긴 삶의 태도를 적극적으로 드러내려 하지 않는 듯하다. **'얼굴 풀이 속 자기 감추기'**는 거의 모든 학생들에게서 일어난다. 심지어 어떤 남학생은 자신의 얼굴을 거의 외모 중심으로만 서술하고 있다.

> 아, 조금 크긴 큰 얼굴이구나. 거울을 보면서 처음 드는 생각이다. 탄빵이를 아는가. 만화 캐릭터인데 사람도 아닌 탄빵이를 닮았다는 소리를 자주 듣는다. 얼굴은 까무잡잡한 편이며 머리카락은 항상 1~2cm를 유지한다. 턱이 각 졌으며 오른 턱이 약간 삐져나와 있다. 어렸을 때부터 오른쪽으로 음식을 주로 씹어서 그렇다. 인상이 매섭기 때문에 검은 뿔테를 써서 인상을 중화하려고 노력했다.

위 서술문은 현재의 대학생 세대에게 큰 공감을 불러일으킬 수 있는 탄빵이 비유를 사용했다는 점에서 독특하다. 하지만 탄빵이를 모르는 사람에게 이 글은 **먹통**이 될 것이다. 따라서 탄빵이의 전체적인 생김새가 읽으미의 머릿속에 떠오를 수 있도록 그려질 필요가 있다. "검게 탄 찐빵 모양의 탄빵이를 닮았다"라는 표현은 누구나 그 얼굴 모습을 상상할 수 있을 것이다. 만일 탄빵이의 얼굴이 찐빵 모양이라면, 탄빵이는 둥글둥글 시원한 성격에 거부감 없는 인상을 갖추었을 것이다. 그러나 윗글 글쓰미는 자신의 얼굴을 까무잡잡한 얼굴 빛, 스포츠형 짧은 머리, 각이 진 턱, 매서운 인상을 갖춘 용맹한 군인의 모습으로 그려내고 있다. 이는 얼굴 전체에 대한 인상과는 전혀 반대되는 얼굴 모습이다. 여기서 탄빵이 비유는 어울리지 않은 듯 보인다.

윗글 글쓰미는 자신의 **감정**을 말이나 글로 서술하는 데에도 많은 어려움을 겪는 듯 보인다. "아, 조금 크긴 큰 얼굴이구나."와 같은 감탄문은 얼굴의 어찌 꼴을 풀어내는 게 아니라, 자신의 얼굴에 대한 주관적 느낌을 털어놓는 것과 같다. 하지만 이때도 글쓰미는 "크긴 큰 얼굴"이 어느 정도로 큰 얼굴을 뜻하는지를 읽으미에게 짐작케 해 줄 어떠한 비교 대상도 말해 주지 않고 있다. "크다", "작다" 등은 상대적 개념이므로 객관적 기준이 앞서 명시되지 않는 한 애매할 수밖에 없다. 이는 서술의 목적인 드러내 보임에서 크게 벗어나는 서술 방법, 즉 잘못된 서술이라고 할 수 있다.

윗글의 얼굴 풀이에 따를 때 글쓰미는 살이 찐 깍두기 얼굴을 하고 있다. 네모 모양에 빛깔까지 까무잡잡한 얼굴을 한 사람은 감정이 메마른 무뚝뚝한 경상도 사나이 같은 인상을 풍기기 때문에 남에게 호감을 주지도 못할 뿐 아니라 심지어 꺼려지기까지 하므로 사람을 사귀는 데 자신감을 잃는 경우가 많다. 글쓰미는 남에게 비치는 자신의 인상이 매섭다고 판단하여 그것을 누그러뜨리기 위해 뿔테를 쓸 정도로 신중한 성격을 갖고 있다. 하지만 이러한 성격을 지닌 사람은 또 자신을 드러내거나 떠벌리기를 싫어하기 때문에 자신을 대해 말해야 할 때는 할 말을 잘 찾지 못한다. 글쓰미는 심지어 얼굴을 드러낼 때 필수적인 요소인 눈이나 코 그리고 귀 등에 대한 기술마저 아예 **빼먹고** 있다.

만일 윗글의 서술 방법이 얼굴의 짜임새를 드러내는 데 걸맞으려면 무엇보다 얼굴 전체 모습뿐 아니라 '얼굴-쪽'이 마늘쪽 나누듯 자연스럽게 나뉘어 **빠짐없이** 드러내 보여야 한다. 즉 서술거리 전체가 보다 체계적으로 드러날 수 있어야 한다. 바꿔 말해, 풀어내는 이음새가 토막토막 잘리거나 풀이거리 자체가 빠져 버리거나 풀이 자체가 통일성을 이루지 못한다면, 풀이 전체는 어수선해지고, 따라서 서술거리는 올바로 드러날 수 없게 된다. 아래의 보기글은 얼굴 서술의 뒤죽박죽 모양새를 잘 보여준다.

> 나의 얼굴은 무언가 심각하게 고민하고 있는 듯한 얼굴표정으로, 활기찬 표정과는 상반된다. 눈은 매우 작은 평가를 받지만, 나름 속 쌍꺼풀도 숨겨져 있다. 몇 년 동안 변하지 않는 약간 긴 머리 스타일을 유지하는데, 이는 내가 미용실을 가기 귀찮아한다는 것을 잘 반영해준다. 아직도 여드름으로 인한 피부트러블이 있는 것으로 봐서는 나이가 어리지만, 왠지 모르게 삭았다. 언제나 눈은 아래를 향하고 있기에, 눈썹 또한 눈을 의식한 나머지 뒤쪽 끝이 위로 올라간 듯하다. 이러한 눈썹이 내 얼굴과는 조화롭지 못한 것이 사실이다. 높지도 않은 코와 가무잡잡한 입술과, 그리고 작은 눈은 한국인의 피를 이어받았음을 증명한다. 어울리지도 않는 뿔 태안경이 다소 이미지를 모범생 스타일로 만들고 있으며, 평소에는 멍한 표정이다.

이 글은 자신의 감정 흐름을 내키는 대로 적어 놓은 것처럼 보인다. 만일 글쓰미가 자신의 감정을 거리를 두고 관찰했거나 읽으미의 반응에 좀 더 신경을 썼다면, 글의 흐름은 훨씬 자연스러워졌을 것이다. 아마도 글쓰미는 스스로에게 다음과 같이 물어보면 좋을 것이다. "무언가 심각하게 고민하고 있는 듯한 얼굴표정"은 어떠한 표정을 말하는가? 찡그린 얼굴인가, 아니면 이마에 주름살 잡힌 얼굴인가, 그것도 아니면 거푸 한숨을 내뱉는 얼굴인가? 이러한 물음에 대한 대답이 곧 서술 내용이 될 것이고, 그에 대한 대답의 하나로 로댕의 "생각하는 사람"의 비유가 사용될 수도 있고, "멍하게 내리 깔은 눈"의 모습이 제시될 수도 있을 것이다.

먼저, 풀이의 차례가 좀 더 짜임새를 갖출 필요가 있다. 글쓰미는

"얼굴 표정"을 글의 첫 자리에 앉혔는데, 이는 강조나 취향의 문제로 볼 수 있다. 하지만 그 뒤에 이어지는 풀이 순서는 눈, 속 쌍꺼풀, 머리 스타일, 피부, 나이, 눈, 눈썹, 코, 입술, 눈, 안경, 표정 등으로 **뒤죽박죽**이다. 이러한 어수선함은 글쓰미가 얼굴의 생김새나 구조를 자세히 관찰하는 대신 자신의 눈에 들어오는 얼굴 부분들에 대한 세부적 해석에 몰두했기 때문이다. 글쓰미는 "눈은 매우 작은 평가를 받는다."라고 썼다. 이는 글쓰미가 자신의 눈에 대해 '매우 작다'는 평가를 내렸다는 것을 뜻한다. 또 여드름은 "나이 어림"의 증거이지만, 글쓰미 자신은 자신이 이미 "삭아" 버릴 정도로 늙어버렸다고 판단한 듯 보인다. 만일 글쓰미가 객관적 서술과 주관적 평가를 **조화**롭게 연결할 수만 있다면 윗글은 매우 문학적인 서술이 될 것이다.

매듭풀이가 그 풀이거리를 읽으미에게 드러내 보게 해 주는 것이라면, 윗글은 객관적 풀이를 먼저하고, 그런 다음에 주관적 풀이(평가)를 나중에 하는 '**뼈대-살-얽기**'의 순서로 배열될 수 있다. 우리가 서술의 목적에 충실한 글쓰기를 하려면, 우리는 자신이 본 것에 대한 해석과 평가를 내리기에 앞서 그 '본 것 자체'를 읽으미도 함께 볼 수 있는 방식으로 제시해 주어야 한다. 이를 위해 우리는 먼저 서술의 순서나 뼈대를 세우고, 다음에 거기에 맞는 자세한 살붙이기를 해야 한다. 여기서 살붙이기는 해석이나 평가를 뜻한다. 그리고 서술의 명료성을 위해서 우리는 바른 문장을 써야 한다. "활기찬 표정과는 상반된다.", "나름 속 쌍꺼풀도 숨겨져 있다.", "왠지 모르게 삭았다.", "눈썹 또한 눈을 의식한 나머지", "한국인의 피를 이어받았음을 증명한다." 등은, 글의 흐름에 비춰 보았을 때 그 뜻이 이해되지 않는 것은 아니지만, 모두 '**엉뚱-글월(상식에서 크게 어긋난 글월)**'에 해당된다. 윗글을 고쳐 써 보자.

> 나의 얼굴은 고민하는 사람의 표정으로 굳어져 어딘가 활기가 부족한 듯 보인다. 머리 스타일은 몇 년 동안 줄곧 바가지 모양을 고집하고 있는데, 그것은 내가 미용실 가기를 귀찮아하기 때문이다. 얼굴은 아직 여드름 흔적이 남아 있지만, 나이에 비해 삭아 보인다. 눈은 매우 작고 속쌍꺼풀이 있어 웃을 때는 귀엽기도 하고, 뿔테 안경 덕분에 모범생 인상을 풍기기도 한다. 눈은 언제나 내리깔고 다니는 편인데, 눈썹의 끝은 위로 올라가 있어 얼굴의 중심이 가운데로 쏠린 듯한 모습이다. 코나 입의 크기는 알맞지만, 입술은 가무잡잡하다. 내 평소 얼굴은 생각에 골똘히 잠긴 멍한 표정이다.

남자 수강생들은 자신의 얼굴을 여러 모로 꼼꼼히 살펴 그 보이는 바를 적으려 하기보다 자기 얼굴에서 느껴지는 전체적 감정을 감정적으로 내뱉는 경향이 있었지만, 보통은 그러한 감정 표현을 하는 것조차 서툴렀거나 표현의 정확도마저 많이 떨어졌다. **남학생들의 얼굴 풀이**는 감정 쏠림으로 말미암아 체계적으로 이루어지는 경우가 드물었고, 심지어 눈, 코, 턱과 같은 핵심 부위에 대한 풀이가 아예 빠져버리기도 했다. 이러한 현상들은 자기 얼굴에 대한 진지한 관찰과 성찰이 뒤따를 때 사라질 것이다.

여자는, 일반적으로 말하자면, 남자에 비해 키가 작고, 신체적 장악력이 떨어지며, 남자에 비해 덜 충동적이거나 더 수동적이고, 요모조모 잘 따질 줄도 알고, 손해를 보지 않는 쪽을 선호하며, 아기자기 작은 일들 가운데 행복과 아름다움을 찾아낼 줄 안다. **여자 수강생들**은 화장을 통해 얼굴을 잘 가꿀 줄도 알았고, 얼굴 성형수술을 하기도 했으며, 패션에도 식견이 높았지만, 자신의 개성이나 생각을 꾸밈없이 드러내는 데 망설임이 있었고, 논쟁에서 상대를 이기려하기보다 자신의 생각을 끝까지 밀고나가는 것을 중요하게 여겼다. 여학생들의 이러한 일반적 성향은 얼굴 풀이에서도 어느 정도 반영되는 듯 보인다. 그럼 이제 여자 수강생의 글을 읽어보자.

> 얼굴형은 타원형이지만 볼 살이 적어 광대뼈가 살짝 도드라져 보인다. 6대 4정도의 비율로 가르마를 타 넘긴 까맣고 긴 머리카락은 허리에 약간 미치지 못한다. 머리숱은 많은 편이며 복숭아 빛의 얼굴에 솜털도 많다. 눈썹은 아치형으로 숱이 많고 쌍꺼풀이 있는 눈은 큰 편이며 눈꼬리가 아래로 조금 쳐져 순한 인상을 준다. 코는 작고 오뚝하지 않으며 코끝은 동그랗다. 아랫입술이 윗입술보다 약간 도톰하며 옅은 분홍색이며 인중 옆에는 작은 점과 손톱자국 모양의 상처가 하나 있다. 대부분의 이목구비가 동글동글해서 전체적으로 얌전한 인상을 준다.

윗글 자체는 전체적으로 **얌전하다**는 느낌을 자아낸다. 얌전함은 차분하고 조용하면서도 실수를 하지 않으려는 꼼꼼한 성격을 뜻한다. 글쓰미는 감정적으로 들떠 있지도 않고, 자신의 눈에 보이는 것을 부풀리려 하지도 않는다. 윗글쓰미는 글을 가지런히 써 나가고 있다. 그녀는 얼굴의 아름다움을 결정짓는 데 가장 중요한 요소들인 얼굴 형태와 광대뼈 그리고 머리스타일을 가장 먼저 그려냈다. 뿐만 아니라 그녀는 눈코입귀 등을 차례차례 빠짐없이 살피고 있다. 타원형과 광대뼈는 대립되는 것으로 파악이 되어 있고, 눈 꼬리가 내려간 눈매가 순한 인상을 준다는 것도 잘 알고 있다.

하지만 먼저 짚고 넘어가야 할 것은, 만일 우리가 자신의 얼굴을 서술하는 경우라면 우리는 그 얼굴을 "내 얼굴"이라 부름으로써 그 가리키는 바를 명시해 주는 게 바람직하다는 점이다. 다음으로, 한자

낱말은 될 수 있는 한 그 뜻이 보다 명료한 **토박이말**로 바꾸는 게 좋다. 보기를 들어 "타원형(楕圓形)"은 수학 갈말로서 "평면 위에 길쭉하게 둥근 모양"을 뜻한다. 타원 형태의 입체적 얼굴을 풀이하는 데 잘 어울리는 토박이 낱말은 "달걀꼴"이다. 이 말은 여성의 아름다운 얼굴을 표현하는 데도 쓰이므로, 그 담긴 뜻이 더 많아지는 셈이다. "이목구비(耳目口鼻)"라는 한자가 가리키는 얼굴 부위는 귀, 눈, 입, 코의 차례로 되어 있는데, 서술에 적합한 순서는 눈, (귀), 코, 입의 차례이다.

다음으로 윗글에서 묘사된 **얼굴 생김새와 성격의 관계**를 생각해 보자. 광대뼈는 고집이나 실천력 또는 추진력과 관련되므로 "광대뼈가 살짝 도드라져 보인다."는 표현은 글쓰미의 성격이 모나지도 무르지도 않음을 나타낸다. 복숭아 빛 얼굴은 앳되고 귀엽고 건강한 느낌을 주는데, 거기에 솜털까지 나 있다고 덧붙이면, 그것은 점층법적인 표현이 된다. 위로 추켜 올라간 눈 꼬리는 신경질적이거나 무서운 인상을 주지만, 반대로 눈 꼬리가 아래로 처진 눈은 온순한 인상을 주면서도 책임감이 강한 느낌을 준다. 큰 눈은 보는 이에게 뚜렷한 이미지를 심어 주기 때문에 호감을 불러일으키고, 동그란 코는 원만한 성격을 떠올리게 한다. 이러한 점을 고려하여 윗글을 살짝 고쳐 써 보자.

> 내 얼굴은 달걀꼴에 복숭아 빛이고 솜털까지 나 있어 앳되면서도 귀여운 느낌을 자아내지만, 볼 살이 적어 광대뼈가 살짝 도드라지는 바람에 고집은 조금 있어 보인다. 머리숱이 많은 까만 머리는 6대 4 가르마를 타 넘겨 허리춤에 닿을 듯 언제나 깔끔하게 찰랑거린다. 눈썹은 초승달 모양으로 숱이 많아 아담하고 고상한 인상을 주고, 눈은 크고 쌍꺼풀이 있어 여성적이지만 겁이 많게 생겼으며, 눈 꼬리는 아래로 조금 처져

온순하면서도 책임감이 강한 느낌을 준다. 코는 작고 낮으며, 코끝은 동그래 거부감 없이 누구와 친밀히 지낼 것 같다. 입술은 옅은 분홍색이고, 아랫입술이 윗입술보다 약간 도톰하다. 인중 옆에는 작은 점과 손톱자국 모양의 상처가 하나 있다. 눈과 코 그리고 입과 귀 모두가 동글동글해서 전체적으로 얌전한 인상을 준다.

남녀 수강생들은 자신의 얼굴을 서술하기 위해 보통 거울을 보거나 자기 사진을 보았다고 고백했다. 우리가 거울이나 사진 속 자기 얼굴을 바라볼 때 우리 눈은 처음에 위에서 아래로 그리고 왼쪽에서 오른쪽으로 움직이고, 나중에 얼굴의 여러 요소들을 낱낱이 나누어 샅샅이 살피기 위해 특정 부위에 초점을 맞춘다. 이러한 **눈의 움직임**은 우리가 얼굴에서 가장 먼저 보려고 하는 바가 얼굴 전체의 모습이라는 것과, 얼굴 윤곽이 드러난 뒤에야 눈의 초점이 얼굴의 세부에로 옮겨진다는 것을 말해 준다. 우리는 이러한 사실로부터, 그리고 이제까지 분석한 내용으로부터 얼굴 서술과 관련한 몇 가지 지침을 발견할 수 있다.

㉠ 우리가 얼굴을 서술할 때 **가장 먼저 드러내야 할 바는 얼굴 전체의 모양**, 즉 얼굴 생김새가 어떠한가 하는 점이다. 이는 보통 얼굴형을 요약해 주는 것과 같다. 이때 주의해야 할 점은 얼굴형이 일반적으로는 사람의 성격과 밀접한 관련을 갖는다는 사실이다. 얼굴형에 대한 선택은 성격에 대한 암시의 역할까지 담당한다.

보기를 들어 둥근 얼굴은 사람들에게 거부감 없는 인상을 주어 사람들을 쉽게 사귈 수 있는 성격을 나타내는 반면, 말형처럼 긴 얼굴에서는 독단적이라는 느낌이 묻어나지만 강한 성취욕이 돋보인다. 그밖에 우리는 달걀처럼 길둥근 얼굴(달걀꼴), 얼굴 모서리가 모난 얼굴(네모꼴), 통통하게 살찐 얼굴(통통꼴), 말라서 홀쭉한 얼굴(홀쭉꼴), 얼굴 가운데가 우묵 들어간 얼굴(우묵꼴), 너비가 좁은 얼굴(길쭉꼴), 턱이 초승달 모양으로 앞으로 튀어나온 주걱턱 얼굴(주걱턱꼴), 옆으로 넓게 퍼진 얼굴(넓적꼴), 얼굴 아래쪽이 더 넓은 얼굴(세모꼴), 얼굴 위쪽이 더 넓은 얼굴(거꿀세모꼴), 광대뼈(볼)가 볼록 튀어나온 얼굴(볼록꼴) 등의 얼굴 모양을 꼽을 수 있다.

㉡ 다음으로 서술해야 할 내용은 **얼굴의 얽이(구조)**를 드러내는 일이다. 얼굴은 위와 아래, 왼쪽과 오른쪽, 그리고 가운데 등의 공간적 배열을 가질 뿐 아니라 어리거나 젊거나 늙었거나 하는 시간적 깊이도 갖는다.

얼굴의 공간적 얽이는 두 발로 걷는 동물 유기체의 특성에 기초해 있고, 이 경우 서술자의 눈은 보통 위에서 아래로 움직이므로, 서술의 방향은 "위로부터 아래로" 잡는 게 자연스럽다. 즉 풀이의 차례는 이마로부터 눈 코 귀 입 턱의 순으로 잡는 게 매끄럽다. 또 얼굴 모습은 콧날을 기준으로 마주 접으면 서로 포개지는 좌우대칭의 꼴을 갖추고 있으므로, 얼굴은 "안쪽으로부터 바깥쪽으로" 서술될 수도 있고, 거꾸로 "바깥쪽으로부터 안쪽으로" 서술될 수도 있지만, 내 생각에 얼굴의 경우는 "안쪽에서 바깥쪽으로" 서술하는 게 좋아 보인다. 얼굴의 시간적 깊이는 머리털이 세었는지 아닌지, 머리가 빠졌는지 아닌지, 이마나 눈가 또는 입가에 주름살이 잡힌 정도, 피부의 노화 정도나 눈빛 등 얼굴 전체에 새겨져 있다. 이는 우리가 사람 얼굴이 나이를 들어감에 따라 어떻게 바뀌는지를 알고 있다는 것을 뜻한다. 깊다는 것은 어떤 것이 속으로 파고들어 간 길이가 멀다는 것, 달리 말해, 속이 매우 크고 넓다는 것을 말하고, 더 나아가 듬쑥한 믿음과 오래 이어져 내려온 역사를 간직하고 있다는 것을 내보인다. 얼굴의 깊이는 나이테처럼 얼굴 전체를 감싸고돌지만 직접적으로 드러나 있지는 않다. 얼굴 서술은 그 차례가 갈비뼈 모양으로 차려질 때 이해하기 쉽다.

ⓒ 얼굴은 사물이 아니라 수많은 표정을 통해 **감정과 의지 그리고 성격**이 표현되는 상징 공간이다. 그러므로 얼굴 서술에서는 개성을 드러내 줄 특징들이 명시되어야 한다. 서술이 성공적이려면 서술자는 서술 대상의 일반적 특성과 고유한 특성을 통합된 구도에서 기술해야 한다. 세부적 묘사에 치중하면 개성은 두드러지겠지만 전체적 구도를 알기 어렵고, 전체 모습을 제시하는 데 치중하면 서술 대상의 구체적 모습(이미지/'생생-모습')을 떠올리기가 어렵다.

이태준은『문장강화』에서 인물 표현의 묘법(妙法)으로 인물의 외형이나 내면의 특징을 붙잡아 놓는 법을 꼽고 있는데, 이는 마치 인물만화를 그리는 방법과 같다. "그 소박한 몇 줄의 단색선으로 그 복잡한 인물들인 히틀러도 튀어나오고, 무쏠리니도 튀어나온다."[116] 이태준이 추천하는 얼굴 묘사 방법은 "소이불루(疎而不漏)"의 묘법(描法), 즉 "성기되 새지 않게 그려 내기"의 방법이다.[117] 성기다는 말은 서술이 주요한 특징을 중심으로 이루어져야 함을 뜻하고, 새지 않는다는 말은 서술 속에 얼굴에 담긴 고유한 개성이나 성격도 드러나야 함을 뜻한다. 얼굴 서술은 단순히 얼굴 모양만을 그려내는 것으로 끝날 수도 있지만, 사회적 지위나 삶의 태도 등을 나타내는 데까지 나아갈 수도 있고, 더 나아가 얼굴 주인이 교양을 갖춘 사람인지 예술가인지, 도시 사람인지 시골 사람인지도 드러낼 수 있으며, 취미나 직업의 특

116) 이태준, 273 쪽.
117) 이태준, 276 쪽 살핌.

징까지 밝혀 줄 수 있을 것이다.

도막 2. 사물 서술

사물 풀이는 얼굴 풀이와 달리 표정이나 감정 또는 성격과 같은 마음씨를 꼭 엮어낼 필요는 없다. 여기서의 풀이거리인 사물(事物)은 시간과 공간에 의해 규정될 수 있으면서 물질적 속성을 갖는 구체적이고 개별적인 물체를 뜻한다. 시간에 의해 규정되는 모든 것은 그것이 있게 되는 '처음'과 그때로부터 이어져 내려오는 '동안' 그리고 그것이 없어질 '끝', 말하자면, 한 때로부터 다른 때까지의 길이(동안, '때-사이')를 갖는다. 공간에 의해 규정되는 모든 것은, 그때마다의 공간 개념 자체가 다양하게 해석될 수 있을지라도, 그것이 놓이거나 차지하게 되는 '자리'를 갖는다. 만일 어떤 것이 사물이라면, 그것은 시간적 길이를 가져야 할 뿐 아니라, 그것이 놓인 공간적 위치를 제 몫으로 차지하고 있어야 한다.

사물은 그것이 있어온 시간적 길이와 차지하고 있는 공간적 위치 말고도 고유한 형태를 띠고 있어야 한다. 형태(形態)는 물체의 모양과 그 모양에서 드러나는 형세를 말한다. 네모 모양의 물체로부터는 안정된 상태(狀態)가 드러나고, 둥근 모양의 물체는 잘 구르는 상태에 놓이게 된다. 모양과 상태로서의 형태는 꼴과 같다. 꼴은 어떤 물체의 모양을 뜻하기도 하지만 그것의 상태나 행동 또는 능력을 나타내기도 한다. 물질(物質)은 그것이 그것 나름의 꼴을 갖추었을 때 비로소 물체(物體)가 되고, 이 물체가 특별히 사람 눈에 띄어 그것만의 이름이나 개념을 얻게 될 때 물체는 **물건**(物件)이 된다. 물건은 물체가 다양한 방식으로 분류된 것을 말한다.

사물의 가짓수는 얼굴의 그것과 비교할 수 없을 만큼 헬 수 없이 많다. 그렇기 때문에 사물 풀이에서는 무엇보다 그것이 속한 종과 유를 밝혀 놓는 게 필요하다. 이러한 밝힘을 우리는 "분류"라 부를 수 있다. **분류**(分類)는 '**갈래-나누기**'로서 서로 다른 갈래들끼리는 따로 갈라놓지만 같은 갈래에 속하는 것들끼리는 한데 묶는 일을 말한다. 물체는 물질의 씨로써 만들어졌다는 점에서 정신의 씨로써 된 것들(앎, 깨달음 등)과 다른 것으로 분류될 뿐 아니라, 물질로 된 것들 가운데도 그것의 시공간성과 형태 또는 쓰임 등에 따라 그 갈래가 달라질 수 있다.

다만 사람 몸처럼 그 **분류가 쉽지 않은 것**도 있다. 사람의 몸이 비록 물체로 보일 수 있긴 하지만, 그 안에는 '물질 아닌 것', 즉 마음이 깃들어 있고, 몸과 마음은 서로 소통되기까지 한다. 더 나아가 사람의 몸은 그것이 누구임을 나타내는 상징물(象徵物)이자 인권이 뿌리내릴 수 있는 땅과 같기도 하다. 몸은 마음과 더불어 사람이 스스로의 삶을 살아가는 데 꼭 있어야 한다. 몸은 사람의 삶이 가능케 되는 '밑-자리'로서 삶은 몸 없이는 허물어질 수밖에 없다. 몸은 마음과 한 몸일 때만 '제대로 된 몸'이 되고, 마음이 아직 생겨나지 않았거나 마음이 이미 떠나버린 몸은 '덩어리 같은 몸'이 되고 만다.

이처럼 사물 풀이는 그것이 나뉠 수 있는 갈래가 뚜렷이 밝혀져 있을 때 알기 쉽게 풀릴 수 있다. 사물은 크게 자연 상태 그대로 보존되는 것과 사람에 의해 이용되는 것으로 크게 나뉠 수 있다. 앞엣것은 자연물을 말하고, 뒤엣것은 인공물을 뜻한다. **자연물**(自然物)은 그 자체로 있는 것들로서 그것의 있음의 목적이 사람에 의해 설계된 것들이 아니다. 인공물(人工物)은 사람에 의해 만들어진 도구로서 그것의 있음의 목적이 적어도 부분적으로는 사람에 의해 제공된다. 여기서 우리는 인공물과 자연물로서의 사물에 대한 매듭풀이 솜씨를 주로 익혀 본다.

가리 1. 도구 매듭풀이

먼저 사람이 삶을 위해 쓰는 도구에 대한 매듭풀이에는 어떤 특징이 있는지 생각해 보자. 도구 사물은 물체로서 그것 나름의 형태나 물질적 속성을 가질 뿐 아니라 그 만듦의 목적과 과정도 갖는다. 도구 서술은 이러한 형태나 속성을 나타내 주어야 할 뿐 아니라 무엇보다 그것의 도구성, 즉 그것이 무엇을 하는 데 쓰이는 것인지를 밝혀 주어야 한다. 다음의 글을 읽어보자.

> 가장 원시적인 의상의 한 형태인 누의를 예로 들어보자. 누의란 허리에 둘러서 묶는 끈을 말하는데, 여기에 인간은 뭔가 달아매고 꿰어서 끼어 넣는 행위를 하였다. 누의에 조개나 구슬 등 귀중한 물건을 달아서 지위와 권위를 표시하기도 하고 누의에 식물의 푸른 잎을 매달아 치부를 가렸는데, 이는 수치심 때문이라기보다는 신성한 잎으로 재앙을 막고 성기를 지키기 위한 주술적 성격의 상징적 이유에서였다. 뉴기니의 한 부족에게서 발견되는 거대한 페니스 케이스 형태의 누의도 성기의 과대적 현시욕 이외에 수렵과 전투를 하는 용맹한 남성의 힘을 과시하고, 가족 및 부락을 지키는 남성의 책임을 표현하는 상징적 의미를 담고 있다.118)

118) 일상문화연구회, 『한국인의 일상문화』, 한울, 1996. 225 쪽.

윗글에서 풀이된 누의는 현대인에게는 낯선 사물이므로 글쓰미는 먼저 "누의"의 뜻을 "허리에 둘러서 묶는 끈"이라고 명료히 **설명**해 준다. 이에 따를 때 '누의'는 '끈이나 실 또는 줄로 된 옷'의 **종류**에 속한다. 이로써 서술거리가 뚜렷이 확정되었다. 다음에 글쓰미는 누의에 다는 다양한 물건들을 열거하는데, 이는 누의의 갈래를 보다 잘게 나누는 것이다. 누의의 '**잔-갈래**'는 그것에 달리는 사물에 따라 갈릴 뿐 아니라, 주술성과 상징성에 따라서도 갈래진다. 구슬이 달린 누의는 권위의 표현물로서, 성기를 가리는 푸른 잎이 달린 누의는 재앙막이로서, 거대한 성기 집(케이스)은 용맹과 책임의 상징물로서 분류된다.

위의 보기글은 누의 자체의 모양과 기능에 대한 풀이를 넘어 그것이 나타내는 문화적-주술적 상징성까지를 잘 갈래져 드러내 보이고 있다. 다만 윗글은 누의가 만들어진 **재료**를 밝히고 있지 않아 아쉽다. 읽으미는 윗글을 통해 누의가 무엇인가를 꿰거나 끼울 수 있도록 새끼처럼 꼬였을 것이라고 짐작할 수는 있지만 그 정확한 **형태**를 알 수는 없다. 글쓰미는 누의의 모습보다는 그것에 담긴 상징성과 문화성을 드러내는 데 심혈을 기울이고 있다. 그렇기 때문에 글쓰미는 누의에 매단 '푸른 잎'의 종류나 형태에 대해서는 눈길을 제대로 던지지 않은 채 그것을 "재앙을 막고 성기를 지키기 위한 주술 사물"로 해석한다.

이와 달리 '사물-풀이(서술)'는 사물의 쓰임새와 거기에 얽힌 추억을 중심으로 이루어질 수도 있다. 추억에 대한 회상은 글쓰미가 **몸담고 살았던 세계**(世界)를 눈앞에 생생히 재현하는 것과 같다. 사물에 담긴 세계성을 매듭풀이로 드러내는 일은 사물과 사람 사이에 얽힌 '의미 그물'을 눈앞에 펼쳐 보이는 것과 같다. 의미(意味)는 사람이 마음으로 본 사물의 맛과 같다. 의미는 사물의 맛이자 마음의 맛으로서 말로써 구분된다. 사물의 맛에 얽힌 사연과 같은 것, 그것이 곧 의미가 된다. 사물의 세계성은 우리가 그것의 의미를 전체적으로 밝혀 줌으로써 드러내 보일 수 있다. 아래 글은 '도구 사물의 세계성'을 잘 드러내 준다.

> 내 책상 위에 연필 두 자루와 만년필 하나가 있다. 연필 한 자루는 겉이 하얀데 깎으면 속이 까맣다. 흰 원피스에 검은 스타킹을 신은 여자마냥 섹시하다. 잡으면 여자의 다리를 어루만지는 느낌이 들어 연애편지 쓰기에 딱 어울린다. 또 한 자루는 독일제 스테들러다. 소설가 김훈이 쓰던 걸 뺏어 왔다. 노란 바탕에 검은 줄이 쳐진 이 놈은 강고한 사내와 닮았다. 연필심이 종이를 튕겨내는 힘이 있어 전투적인 글을 쓸 때 알맞다. 만년필은 쓴 지 20년 넘은 몽블랑이다. 필촉이 갈라져 글씨가 툭툭 끊기는데, 파필의 묘미가 살아 있어 한시를 베낄 때 안성맞춤이다. 매끈한 감촉이 애인 허리에 팔을 두르는 설렘과 흡사해 몽블랑은 애물이 됐다. 내 연필과 만년필은 정겨운 페티시즘을 촉발한다.
>
> 시인 황지우가 조각 작품을 빚으면서 한 말이 있다. "흙 반죽을 주무르며 살을 느낀다. 살 것 같았다." 그는 '촉각이 영혼을 발전(發電)시킨다'고 장담한다. 글쓰기도 마찬가지다. 필기구의 촉감은 필기의 내용을 장악한다. 글꼴과 글속이 한몸을 이루는 서예가 좋은 예다. 김훈은 노상 말한다. "연필로 쓰면 내 몸이 글을 밀고 나가는 느낌이 든다." 온몸으로 쓰는 글은 필기구의 도움이 있어야 마땅하다. 글씨 쓰기, 곧 필기는 글자 두들기기, 곧 타자와 다르다. 컴퓨터 자판을 두들겨 쓴 글은 허공에 띄운 문장처럼 휘발할 것 같은 초조감이 든다. 실재감이 도통 안 든다. 깜박이는 커서는 변제를 재촉하는 빚쟁이 같다. 폰트의 무표정도 질린다. 필기는 글씨의 표정을 살려낸다. 굵고 가늘고, 빠르고 더디고, 강

하고 약하고, 축축하고 마른 글씨의 모양을, 쓰는 이가 맘대로 연출한다. 글씨는 마음의 그림이고 그림은 표정을 짓는다. 관서지인(觀書知人)이란 말이 그래서 나왔다.[119]

윗글은 글쓰기 도구인 연필과 만년필 그리고 컴퓨터 자판을 **'사람 숨결'**이 느껴지는 정도에 따라 정겨운 것과 그렇지 않은 것으로 갈래 나누어 서술한다. 이 서술은 글쓰기 도구들의 생김새나 기능보다는 우리가 그 도구들을 쓸 때 갖게 되는 **느낌들**과 쓰인 글자들의 **표정**(表情)에 대해 그 초점을 맞추고 있다. 제 몸에 안성맞춤인 글쓰기 도구들로 쓰인 글씨는 곧바로 제 마음의 그림이자 표정으로 여겨진다. 윗글에서 **연필 생김새**는 "겉이 하얀데 깎으면 속이 까맣다."거나 "흰 원피스에 검은 스타킹을 신은 여자마냥 섹시하다."로 표현되는 정도로 그친다. 대신 글쓰기 도구로 글을 쓸 때 주어지는 느낌들은 깊이 있고 세련되게 갈무리되어 있다.

글쓰미는 김훈, 황지우, 몽블랑 등과 같은 익숙한 이름들을 글 줄 사이사이 곁들임으로써 연필과 만년필을 예찬할 뿐 아니라 자신의 글에 대한 높은 친밀감과 신뢰감을 불러일으키고 있다. 윗글 읽으미는 자신이 만일 김훈이 쓰던 연필만 손에 쥐게 된다면 그 자신도 김훈처럼 글을 잘 쓰게 될 것만 같은 착각에 빠져들지도 모르겠다. 도구 매듭풀이는 도구를 감싸고도는 "의미 그물" 또는 "의미의 나이테"를 자아냄으로써 읽으미를 그 도구의 **'의미 세계'** 속으로 이끌고 들어간다. 그로써 읽으미는 하나의 도구를 한낱 물질 덩어리 물체가 아닌 누군가의 숨결이 느껴지고 누군가의 손때가 묻어나며 삶의 역사를 함께 구성하는 애물(愛物), 달리 말하자면, 사람의 벗으로 삼게 된다.

119) 손철주, 「[삶의창] 글씨는 마음의 그림이다」, 한겨레 2008년 10월 10일 자 칼럼.

도구는 사람이 삶을 살아가는 바람직한 모습을 반영하기도 하지만 반대로 고쳐야 할 모습을 비추기도 한다. 도구 풀이는 이런 의미에서 **삶의 거울**과 같다. 도구의 사물성과 세계성, 즉 도구의 도구성을 때론 따로 갈라서, 또 때론 한데 버무려 드러내 보이는 일은 그 도구의 총체적 의미를 밝히는 일에 다름 아니다. 인터넷이라는 도구가 우리의 삶의 의미를 앞 세대와는 비교할 수조차 없을 만큼 송두리째 바꿔놓고 있다는 사실은 '도구-풀이'가 놓인 위상(位相)을 잘 말해준다. 그것은 삶의 세계성과 역사성 그리고 사회성을 그 도구가 갖는 계층 구조에서 규정짓는 역할을 한다. 다음의 보기글로써 이러한 관계를 살펴보자.

> 담은 집의 둘레나 일정한 공간을 둘러막기 위하여 흙, 돌, 벽돌 따위로 쌓아 올린 것이다. 담의 기능은 자신의 영역을 구분하고, 치안을 유지하기 위한 것이다. 하지만 우리의 전통적인 담의 구조는 낮게 되어 있었다. 우리의 담은 이웃집을 훤히 내다볼 수 있는 구조였다. 그래서 담도 아예 흙으로 하는 경우도 있었고, 싸리나무를 집 둘레에 빙 둘러 심고 담으로 삼기도 했다.
>
> 궁궐이나 큰 집의 담은 높게 하기도 했지만, 오히려 담의 겉모습은 지나가는 사람들을 위해 아름답게 장식을 했다. 십장생 그림 등으로 풍요와 행복을 기원하는 의미를 담는가 하면, 주변 경관과 어울리는 수묵화를 그리기도 했다.
>
> 그런데 산업 사회로 치달으면서 담이 치안의 첨병으로 자리했다. 담이 높아지고 위협적인 모습으로 변했다. 흙담을 통해서 이웃과 정을 나누었는데, 이제는 시멘트 담으로 이웃과 완벽한 차단을 했다. 심지어 깨진 병조각과 철조망을 설치해 전선(戰線)을 방불케 했다.
>
> 다행히도 최근에 지방에서부터 담 허물기 운동이 확산되어 도시의

모습이 한층 부드러워지고 있다. 담을 제거하면 공간이 넓어져 주차할 때도 용이하다. 담 밑에 있는 잔디나 나무도 햇빛을 많이 받아 건강한 생장을 할 수 있다. 담을 없애면 이웃과의 거리도 가까워지고, 이사할 때도 편리하다.

담 허물기가 전국적으로 확산되고, 도시 삶의 모습을 변화시키는 등 긍정적인 요소가 많다. 그래서 이 운동의 취지와 내용이 교과서에 실릴 예정이라고 한다. 우리 삶의 모습이 교과서에 실린다니 아이들에게도 좋은 교육 자료가 된다. 이 기회에 '담장 허물기'라는 표현은 버리고, '담 허물기'라고 바른 표현도 남겨야 한다.[120]

윗글이 담의 정의와 기능에 대한 풀이로 시작되는 바람에 읽으미는 윗글 전체 요지를 잘못 깨닫기 쉽다. 읽으미는 윗글 처음에서 담의 구조나 재료에 관한 설명을 기대할 수도 있다. 그런데 윗글 전체 요지는 이웃과 정을 주고받던 우리의 전통적 담의 구조가 산업 사회를 거치면서 **부정적 모습**으로 바뀌었지만 오늘날 '담 허물기'와 같은 **긍정적 운동**을 통해 '도시 삶의 모습'을 변화시키고 있다는 것이다. 게다가 글쓰미는 담의 긍정성을 회복해야 한다고 주장할 뿐 아니라 "담장(-牆)"이라는 겹친 말을 버리고 "담"이라는 올바른 말을 쓰자고 외치고 있기까지 하다. 윗글은 담이라는 도구 사물로써 건립된 우리들의 현재 **삶의 방식**을 두루 되돌아보는 가운데 그 잘못을 꾸짖어 바로 고치려 하는 셈이다.

우리가 윗글의 첫인상 때문에 논지 파악에 혼란을 겪지만 않는다면 윗글은 '도구-풀이'가 삶의 역사성을 고증(考證)하고, 시대의 세계성을 분석(分析)하며, 그로써 우리가 살아가야 할 마땅한 삶의 발길을

120) 윤재열, 『바른 말을 찾아서』, 글벗, 2008, 96-97 쪽.

제시(提示)하는 '본보기-거울(귀감, 龜鑑)'이 될 수 있음을 알려 주고 있다. 도구로서의 사물은 예술작품과 마찬가지로 삶의 세계에 대한 기록물의 의미도 갖기 때문이다. 시대적으로 바뀌어 온 담의 모습을 그려내 준 위 보기글은 담에 얽힌 사연들, 바꿔 말해, 담에 깃들인 삶의 의미들을 담담하게 들려주어 읽으미가 스스로 자기 삶의 현재를 돌아볼 수 있도록 해 준다.

그런데 윗글쓰미는 "하지만", "그래서", "그런데" 등의 이음말들을 잘못 쓰고 있다. 윗글에서 "담의 기능은 자신의 영역을 구분하고, 치안을 유지하기 위한 것이다. 하지만 우리의 전통적인 담의 구조는 낮게 되어 있었다."라는 말에 쓰인 "하지만"이라는 이음말은 '영역 구분'이나 '치안 유지'가 '낮은 담'과 반대된다고 보기 어렵기 때문에 그 이음새가 맞지 않고, 또 "우리의 담은 이웃집을 훤히 내다볼 수 있는 구조였다. 그래서 담도 아예 흙으로 하는 경우도 있었고, 싸리나무를 집 둘레에 빙 둘러 심고 담으로 삼기도 했다."라는 말에 쓰인 "그래서"라는 이음말도 뒷말이 앞말에서 펼쳐진 어떤 행위 결과를 나타내는 것으로 보기 어렵기 때문에 이음매가 크게 버그러져 버렸다.

만일 윗글 글쓰미가 낮은 담이 갖는 긍정적 측면을 돋을새김할 것이었다면, 그는 담의 도구성을 '집과 같은 것을 둘러막기 위한 도구'로 풀이하는 게 바람직했을 것이다. 담의 높낮이는 이러한 도구성의 의미, 즉 시대의 세계성을 잘 갈라 보여준다. 즉 낮은 담은 사람 사이에 오고가는 정까지는 막지 않는 반면 높은 담이나 "치안의 첨병"과 같은 산업 사회의 담들은 이웃을 적대시한다. 뿐만 아니라 담을 쌓는 재료나 방식 또한 사람들의 마음을 잘 드러내 줄 수 있다. 흙담이나 그림이 그려져 있는 담이 이웃을 정으로 대하는 태도를 나타낸다면, 시멘트나 철조망으로 된 담은 이웃에 대한 의심의 눈초리를 드러낸다. 따라서 만일 우리가 담을 낮게 쌓는 것을 넘어 담 자체를 허물어 버린다면, 그곳에서는 이웃이 가족이 되는 흐뭇한 일이 일어나는 셈이다. 이웃과 가족처럼 더불어 살아가는 마을에는 담이 없다. 이렇게 도구의 매듭풀이는 도구의 **도구성과 세계성 그리고 역사성과 사회성이 걸맞도록** 짜여야 한다.

가리 2. 자연물 매듭풀이

자연물은 사람에 의해 제작된 것이 아니다. 도구는 쓸모를 위해 만들어진 사물인 반면 자연물은 '**저 스스로 있는 사물**'이다. 우리가 자연물을 말이나 글로 풀이할 때, 자연물이 비록 우리의 삶에 아무리 큰 영향과 의미를 줄지라도, 이러한 '스스로 있음'은 늘 존중되어야 한다. 이것은 매듭풀이가 언제나 '매듭'을 드러내 보임을 목적으로 하는 한 원칙으로 지켜져야 한다. 자연물에 대한 매듭풀이는 앞서 정리해 놓았던 <매듭풀이 두루 도움말>에 따라 이루어지면 된다. 이때 자연물 가운데 얼굴이 있는 것은 '얼굴-풀이'를 되짚어 살피고, 사물적 구조와 비슷한 것은 '도구-풀이'를 되살피면 좋다.

이곳에서 우리는 자연물 가운데 특히 식물과 동물에 대한 매듭풀이를 연습해 보고자 한다. 동식물의 종류는 그 분류체계에 따라 계(界)문(門)강(綱)목(目)과(科)속(屬)종(種)으로 나뉘지만 '자연물 매듭풀이'는 대개 우리가 알고 있는 동식물의 종 이름에 해당하는 것과 관계한다. 동식물은 자라는 것이므로 '**식물-풀이**'는 열매나 꽃으로부터 줄기를 거쳐 뿌리와 그 환경이 어떠한지를 풀어가는 게 좋고, '**동물-풀이**'는 머리에서 꼬리로 그리고 그것의 서식처 그리고 생활습성이 어떠한지를 풀어가는 게 좋다. 매듭풀이는 그것의 매듭이 드러나 보이도록 하는 게 중요하므로 캐리커처를 그리듯 주요한 특징은 눈에 띄게 강조하고, 그렇지 않은 특징은 넘겨버리는 방식이 어울린다. 다음의 식물풀이를 살펴보자.

> 토마토 식물은 일반적으로 60~180cm의 옆으로 퍼지는 많은 가지가 있어 열매가 맺힐 때는 가로누운 형태이지만, 촘촘하고 곧추서는 것도 있다. 잎은 깃털처럼 갈라진 겹잎으로 다소 털이 있으며 강한 냄새를 풍기는데 길이가 45cm에 이른다. 지름 2cm의 노란색 꽃은 무리지어 핀다. 보통 붉은색·주홍색·노란색의 열매는 지름이 1.5~7.5cm로 다양한데, 모양도 구형에서 달걀형, 길쭉한 형, 배[梨]형 등 다양하다.
>
> 열매는 부드럽고 즙(汁)이 많은 장과(漿果)이며 작은 씨가 있는 2개 이상의 방으로 되어 있는데, 씨는 젤리 같은 과육으로 둘러싸여 있다. 샐러드에 날것으로 쓰거나 채소로 요리해 먹으며, 여러 가지 가공요리나 절임의 재료로 쓰인다.
>
> 토마토는 남아메리카가 원산지인 신대륙산 식물로 16세기 초반에 멕시코에서 유럽으로 전해진 것으로 추정된다. 토마토는 날것을 주스 또는 페이스트 같은 통조림으로 만들거나 이탈리아 남부식 요리의 특징인 다양한 소스를 만드는 데 쓰인다. 비교적 따뜻한 기온과 많은 햇빛을 요구하기 때문에 영국과 유럽 북부에서는 주로 온실에서 기르며 미국과 유럽 남부, 특히 이탈리아에서 가장 많이 재배된다.(출처: 브리태니커)

윗글은 첫 단락에서 서술거리의 이름, 그것의 크기, 가지의 버는 형태, 잎 모양과 냄새, 꽃 색깔과 피는 형태, 그리고 열매의 색깔과 크기 그리고 모양 등을 정확히 기술하고 있고, 둘째 단락에서 토마토 열매의 성질과 쓰임새를 밝히며, 마지막 단락에서 그 유래와 다양한 사용법 그리고 재배 방법 및 지역까지 설명해 주고 있다. 윗글은 먼저 식물로서의 토마토를 가지와 줄기 그리고 잎과 꽃, 마지막으로 열매

등의 요소로 나누어 그려낸 뒤 그 열매에 초점을 맞춰 자세히 설명하고, 마치 토마토에 관한 일반 상식을 알려주듯 그 쓰임새와 재배지를 스치듯 덧붙인다.

동물은 **형태**에 대한 기술을 넘어 그 **행태**까지 밝혀 주어야 한다. 동물에 대한 매듭풀이는 그 움직이는 방향에 맞춰지는 게 자연스럽다. 동물은 주로 머리를 앞쪽으로 움직여 나간다. 머리가 앞쪽이면 꼬리나 엉덩이 또는 다리가 뒤쪽이 된다. 동물도 식물과 마찬가지로 자라는 것이다. 머리는 보통 키를 재는 기준 높이로서 자람의 끄트머리가 되고, 발은 자람의 밑이 된다. 동물에 대한 매듭풀이는 움직임과 자람 그리고 형태와 행태를 밝혀 주면 된다. 동물 매듭풀이는 움직임의 이유나 방식으로 확대될 수도 있다. 먼저 오징어에 대한 간단한 서술을 살펴보자.

> 오징어(문화어: 낙지)는 해양 연체동물로, 몸길이가 10 cm에서 16 m까지 종류마다 다양하다. 한국과 일본, 이탈리아에서는 식용이다. 빨판과 날카로운 입으로 작은 물고기 등을 잡아먹는다. <출처: 위키백과>

이 매듭풀이는 오징어 몸길이, 먹을 수 있음, 먹이 잡는 방법만을 짧게 알려 준다. 윗글을 **보완**해 보자. 우리는 보통 오징어 생김새를 이미 잘 알고 있다. 오징어는 접은 우산 꼴을 하고 있다. 오징어 몸은 머리와 몸통 그리고 다리로 되어 있는데 오징어 머리는 특이하게도 다리와 몸통 사이에 있다. 머리에 달린 두 눈은 10원짜리 동전만 한 크기로 매우 큼직하다. 오징어 뇌는 식도를 둘러싸고 있고, 뇌는 다시금 연골로 둘러싸여 있다. 몸통은 고깔 모양 막으로 싸여 있고, 양쪽 모두에 지느러미가 달려 있다. 오징어 입은 다리에 둘러싸인 머리 중앙부에 있고, 입에는 9개의 이빨이 가로로 마치 끈처럼 줄지어 있다. 오징어는 위험이 닥치면 항문 쪽 등 부위에 달린 먹물주머니에서 먹물을 분출하여 적의 눈을 피한다. 다리는 모두 10개인데 그 가운데 2개는 나머지 8개보다 길다. 다리는 아래로 내려갈수록 가늘어지며 안쪽에 짧은 자루가 있는 빨판이 있다.

여기에 오징어의 움직이는 방법이나 행태에 대한 설명이 곁들여진다면 매듭풀이는 더욱 세밀해진다. 윗글에서 "한국과 일본, 이탈리아에서는 식용이다."라는 문장은 읽는 이에게 세 국가를 제외한 다른 국가에서는 오징어를 먹지 않는다는 오해를 불러일으킬 수 있다. 오징어가 먹을 수 있는 물고기임은 누구나 다 아는 '단순 사실'이므로 이러한 사실을 굳이 밝혀 놓을 필요는 없다. 또 "해양 연체동물"이라는 표현 또한 보다 정확한 서술로 바뀌는 게 좋다. 오징어 유는 모두 바다에서 살지만, 연안(沿岸)에서 심해까지 두루 살고 있다. 그 종류로는 귀오징어, 갑오징어, 살오징어, 화살오징어, 갑오징어 등이 있다. 오징어는 육식성으로 작은 물고기, 새우, 게 등을 먹으며, 한편 대형 어류나 바다거북류 등의 먹이가 된다.

그런데 동식물 매듭풀이에도 감정이나 생활이 얽혀 들어갈 수 있다. 이는 우리가 흔히 "**감정이입**"이라고 부르는 방식을 곁들인 매듭풀이 방법을 말한다. 감정(感情)은 사물에서 불러일으켜진 마음을 말한다. 감정은 흔히 느낌이나 기분(氣分)과 비슷한 현상으로 여겨진다. 사물과 마음 사이에 인과적 또는 필연적 관계가 놓여 있다면, '안으로 옮겨놓기'라는 뜻의 "이입(移入)"이라는 말을 쓸 필요가 없을 것이다. 느낌은 우리가 사물이 부르는 목소리를 알아들었을 때 우리 마음에 저절로 떠오르는 어떤 것이다. 한 사물이 우리에게 어떤 느낌을 불러일으킨다는 것은, 그것이 원인과 결과로 맺어진 필연적 관계가 아닌

한, 그 부름을 듣는 마음에 따라 천차만별일 수 있다는 것을 말한다. 아귀에 대한 다음의 글을 읽어보자.

> 아귀는 생김새부터 흉측하다. 머리는 크고 납작하며, 몸통부분과 꼬리가 가늘고 짧은 편이다. 입이 몸의 앞쪽에 있고 매우 크다. 아래턱이 위턱보다 길고, 양턱에는 뾰족한 빗 모양의 이빨이 조밀하게 나 있다. 비늘은 없고 등의 앞쪽에 긴 가시가 있어 이것으로 작은 물고기를 유인해서 잡아먹는다. 요즘 아귀는 대개 몸길이가 50~60cm쯤 되는 것이지만, 원래는 1m에 달한다. 직접 만져보아도 비늘이 없고 살이 물컹물컹하여 징그럽게 느껴진다. 아귀는 한국의 제주도 연해 및 부산 근해, 일본 홋카이도 이남 해역, 필리핀, 아프리카, 멕시코의 태평양 연해에 분포한다.[121)]

윗글은 아귀가 흉악망측(凶惡罔測)한 생김새를 가진 바다 생물임을 알리고 있다. 흉측한 모양은 아마도 '크고 납작한 머리', '가늘고 짧은 꼬리', '몸 앞쪽에 달린 매우 큰 입', '위턱보다 긴 아래턱', '뾰족한 이빨', '물컹거리는 살'을 말하는 듯 보인다. 흉측하다는 것은 어떤 것이 갖춰야 할 제 모양이 허물어져 보기가 사납다는 것을 뜻한다. 아귀를 흉측하다고 말하는 것은 자연물을 특정한 기준으로 평가한 것이다. 이러한 평가를 위해서는 그 기준이 앞서 밝혀져 있는 게 바람직하다. 윗글은 아귀에 대한 사람들의 일반적 느낌을 먼저 표현해 놓음으로써 친근감은 커졌지만 글의 성격이 흐트러지고 말았다.

만일 글쓰미가 아귀의 흉측함을 실제로 말하려 했다면, 윗글은 아귀의 생김새 가운데 어디가 어떻게 흉측한지를 설명해 주어야 했다.

121) 윤재열, 98 쪽.

흉측함이 우리가 정상적이라고 여기는 어떤 모습이 일그러진 상태에 대한 감정이라면, 아귀의 흉측함을 풀이하기 위해서는 그 모습이 깨지기 이전의 정상적 모습을 제시해 주어야 한다. 아귀 모습은 아마도 '눈알이 튀어나오고, 상어 이빨을 달고, 징그럽게 미끈거리는 살갗을 가진 황소개구리'와 같을 것이다. 윗글의 매듭풀이가 부정확한 까닭은 이 글이 매듭풀이를 목적으로 하기보다는 "아귀"라는 말이 "아구"라는 말로 잘못 쓰이는 것을 바로잡는 데 있었기 때문이다. 이제 아귀에 대한 매듭풀이를 목적으로 한 다른 글을 읽어보자.

> 아귀는 참 못생긴 물고기이다. 넓적한 몸에 비대칭적으로 큰 머리와 그 머리의 대부분을 차지하는 입은 괴물을 연상시킬 만큼 흉측하다. 생긴 꼴이 이러니 예전 어부들은 그물에 아귀가 걸려들면 재수 없이 여겨 물에 던져 버리곤 했다. 이때 물에 떨어지면서 "텀벙" 소리가 난다 해서 아귀를 두고 '물텀벙'이라는 속칭으로 부르기도 했다. 미처 물에 던져 버리지 못해 다른 물고기에 섞여 뭍에까지 딸려 오면 거름으로나 쓰려고 퇴비에 던졌다 하니 아귀에 대한 천시를 미루어 짐작할 만하다.
>
> 그런데 언제부턴가 아귀를 찜이나 탕으로 만들어 먹기 시작하면서 신분이 급상승해 요즘은 참살이 보양식으로 대접받는다. 아귀찜의 원조격인 '마산 아귀찜'은 관광공사가 선정한 1지역 1명품에 올라 있을 만큼 전국적인 명성을 떨친다. 특히 달콤한 맛과 함께 비타민A가 풍부하게 포함되어 있는 아귀 간요리는 세계 3대 진미 중 하나인 프랑스의 거위 간 요리 '푸아그라(Foie-gras)'에 비유되기도 한다.
>
> 아귀는 불교에서 말하는 아귀(餓鬼)에서 나온 이름이다. 아귀는 살아서 탐욕이 많았던 자가 사후에 아귀도에 떨어진 귀신으로, 굶주림의 형벌을 받아 입이 크고 흉하게 생겼다. 그런데 그 큰 입으로 닥치는 대로 음식물을 집어넣어 보지만 목구멍이 바늘구멍같이 작아 음식물을 삼킬

수가 없어 늘 굶주림에 시달린다. 이에 반해 물고기 아귀는 큰 입과 함께 몇 배로 팽창시킬 수 있는 신축적인 위장을 가지고 있어 자기 몸체만 한 물고기도 '아구 아구' 삼킬 수 있다. 큰 아귀를 한 마리 잡으면 그 위장 속에 들어 있는 다른 물고기도 함께 얻을 수 있을 정도이니 입과 바로 통해 있는 위장의 용적을 미루어 짐작할 만하다. 물고기 아귀는 굶주린 아귀에서 이름이 유래하지만 실상은 굶주림과는 꽤이나 거리가 있다는 이야기이다. 아귀의 식습성을 관찰한 정약전은『자산어보』에서 낚시를 하는 물고기라는 뜻으로 조사어(釣絲魚)라 적고 있다.

실제로 물속에서 아귀가 사냥하는 장면을 지켜보면 정약전의 관찰력에 탄복할 만하다.[122] 아귀는 헤엄치는 속도가 매우 느려 물고기를 쫓아서 잡을 수가 없다. 그래서 먹잇감을 유인하는 방법을 터득했는데, 바닥에 납작 엎드린 채 긴 등지느러미의 첫 번째 가시를 미끼처럼 흔드는 것이다. 이를 본 물고기는 만만한 먹잇감으로 알고 가까이 접근한다. 이때 아귀는 순간적으로 큰 입을 '쩍' 벌려 먹이를 한 입에 삼켜 버린다. 서양에서는 아귀가 미끼를 가지고 낚시하는 물고기라는 의미에서 앵글러피시(Anglerfish)라고 부른다.[123]

윗글은 옛날 어부들이 아귀를 천시했지만 아귀찜과 아귀탕 요리가 생겨나면서 아귀가 귀한 대접을 받게 되었다는 것, "아귀"라는 말의 불교적 유래, 아귀가 낚시하듯 먹이를 잡는다는 것과 같은 **재미있는 내용**을 알려주고 있다. 윗글은 아귀의 생김새보다는 아귀와 관련된 사실과 사료 또는 자신의 감상을 형식에 크게 구애받지 않은 채 자유롭게 늘어놓고 있다. 그러나 글쓰기의 자유와 글의 자유는 다른 문제

122) 이 문장은 주어가 빠졌다. 주어를 넣어보자. "나는 스쿠버 장비를 착용하고 물속에서 아귀의 사냥 모습을 지켜본 적이 있었는데, 그 모습은 정약전이 기술한 바와 똑같았다. 잠수 장비가 전무했던 그 시절을 감안해 볼 때 그의 관찰력은 탄복할 만한 것이었다."

123) 박수현,『바다 생물 이름 풀이사전 』, 지성사, 2008.

이다. 글은 읽으미를 위해 일관성과 체계를 갖추어야 한다.

그렇다면 윗글의 **체계**는 어떻게 고칠 수 있는가? 그것은 아귀가 **자연물**이라는 것으로 뼈대를 삼으로써 가능하다. 아귀는 바닷물고기로서 머리와 꼬리가 있다. 머리가 있는 동물은 대게 눈이나 귀, 입이나 코도 갖게 마련이며, 꼬리가 있는 물고기는 어떤 목적을 달성하기 위해 헤엄을 친다. 풀이차례는 머리로부터 꼬리로 이어지는 게 좋고, 아귀가 왼쪽과 오른쪽에 달린 두 눈이 서로 마주 접히는 꼴을 갖추었으므로 이러한 대칭성을 활용하는 것도 나쁘지 않다.

윗글도 아귀가 흉측하다고 말하고 있지만 정작 그 흉측함을 제대로 표현하지는 못하고 있다. 글쓰미가 아귀의 모습을 표현하고 있는 "참 못생긴 물고기"라든지 "넓적한 몸에 비대칭적으로 큰 머리와 그 머리의 대부분을 차지하는 입" 등의 풀이말은 그저 자신의 감정을 토로하는 수준에 그친다. 글쓰미는 자신이 직접 본 모습을 글로 바꿔 놓는 데 어려움을 겪는 듯 보이는 반면 아귀의 행태나 지식에 대해서는 훌륭한 서술을 보여 주고 있다.

아귀 모습에 대한 풀이가 끝나면 윗글에서처럼 아귀만의 독특한 **습성이나 능력**을 알려주는 것도 읽는 재미를 더할 것이다. 이때도 그 내용에 따라 갈래를 나누는 게 좋다. 먼저 놓일 설명은 "아귀"라는 말의 유래와 관련한 것이고, 뒤따라 나와야 할 것은 읽으미의 지식을 키워주는 내용들이 좋다. 아귀의 중요한 특징인 낚시하는 모습을 정약전의 조사어(釣絲魚)와 서구의 앵글러피시(Angler-fish)라는 이름과 연관시켜 설명한 부분은 한데 모아 놓는 게 바람직하고, 아귀의 요리법과 효능에 대한 소개는 마지막에 두는 게 마땅하다.

사물에 대한 감정이입은 우리가 사물을 우리 마음의 해석에 맞춰 파악하기를 좋아한다는 사실을 잘 보여준다. 이러한 경향이 높아지면 사물 매듭풀이는 마음풀이 또는 세상풀이에 종속되기 쉽다. 다음의 보기글에서 이러한 **뒤바뀜** 현상을 살펴보자.

> 산수유꽃에선 늙은 스님의 마른기침 소리가 들린다. 콜록! 콜록! 겨우내 절집 뒷방에서 신열에 시달리다 게워낸 노란 열꽃. 나무는 마른 명태처럼 깡마르다. 기름기 없는 마라톤 선수의 몸 같다. 나무껍질은 연한 갈색, 그 위에 검버섯이 여기저기 피었다. 갈퀴 같은 뿌리는 모래밭이나 돌밭에 뻗어 구불퉁구불퉁하다. 고행하는 사막의 성자 머리카락을 닮았다.
>
> 산수유는 꽃이 먼저이고, 잎은 나중에 핀다. 가슴속이 용광로처럼 뜨거워 우선 꽃부터 토해놓는다. 꽃은 우르르 돋아 앙증맞다. 별과자 모양의 꽃판 하나에 20~30개의 꽃이 오종종 달려 있다. 꽃은 투욱~ 툭! 두 번 핀다. 한번은 겉꽃이 열리는 소리, 다음은 속꽃이 피는 소리다. 꽃말은 '지속 불변'. 이 '시러베 같은 세상!' 목에 칼이 들어와도 지킬 건 꼭 지킨다.124)

윗글은 산수유나무(山茱萸-)와 그 나무에서 피는 꽃을 묘사(描寫)하기보다 그 꽃에서 풍겨나는 느낌을 **문학적**으로 표현하고 있다. 본디 글에서는 산수유나무 꽃 사진이 곁들여져 있어 그 모양을 글로 베껴 놓을 필요가 없기는 하다. 산수유는 자라고 그 꽃은 피는 것이므로 우리는 그 생김새를 위로부터 아래로 적어 나가는 게 좋지만, 윗글에서는 **뜬금없이** 산수유꽃을 마른기침에 빗대고 있다. 마른기침 비유는 마른 명태처럼 깡마른 산수유나무에도, 더 나아가 갈퀴 같은 뿌리에도 쓰이고 있다. 이러한 비유를 따르자면 산수유나무는 고행을 상징하고, 산수유꽃은 신열의 고통을 나타낸다. 결국 윗글은 산수유를 진리

124) 김화성 지음, 『길 위에서 놀다』, 동아일보사, 2009. 65 쪽.

를 얻기 위해 목숨을 걸고 고행을 무릅쓰는 수도자에 빗대고 있다.

윗글은 단순히 꽃이라는 자연물을 그려내는 게 아니라 그것이 '그렇게 있는 까닭'을 사람의 삶에 비추어 밝혀 보려 하고 있다. 꽃의 노란 빛깔은 신열에 시달리는 늙은 스님이 고통스레 뱉어내는 기침처럼 나무가 자신의 속 깊은 곳으로부터 게워낸 물감과 같고, 나무가 명태처럼 깡말랐다는 것은 마라톤 선수가 결승선까지 고난의 길을 다 달려가듯 모진 풍파를 견디어 내느라 진이 다 빠졌음을 나타내며, 모래밭 돌밭에 갈퀴처럼 뻗어나간 나무뿌리는 사막을 가로지르는 고행 성자의 머리카락처럼 새봄에 아름답게 피어날 꽃과 열매를 향한 불굴의 의지를 불태우는 듯 보인다.

만일 우리가 윗글의 짜임 차례를 나무 모양, 꽃 모양, 나무껍질의 성질, 나무뿌리나 주변 환경에 대한 풀이 순서로 잡는다면 산수유의 모양과 느낌이 훨씬 쉽게 떠오를 수 있을 것이다. 또 "겨우내 절집 뒷방에서 신열에 시달리다 게워낸 노란 열꽃"이라는 표현이나 "검버섯이 피었다"는 표현, "가슴속이 용광로처럼 뜨거워 우선 꽃부터 토해 놓는다."는 표현, 그리고 꽃이 열리고 피는 모습을 소리에 빗대어 표현한 것은 시적인 표현으로는 허용될 수 있어도 사물 매듭풀이에서는 피하는 게 좋다. 이 표현들을 서술 방식에 어울리게 바꾸어 보자. "겨우내 절집 뒷방에서 신열에 시달린 늙은 스님이 마른기침으로 게워낸 노란 열꽃처럼 피어난 꽃잎들", "검버섯 피듯 여기저기 얼룩져 있었다.", "가슴속 용광로에서 불똥이 튀어 오르듯 우선 꽃부터 토해 놓는다."

글은 그 쓰인 목적이 뚜렷할수록 읽기가 쉽다. 윗글은 산수유에 대한 감정이입 방식의 매듭풀이를 목표로 하고 있다. 산수유나무는 봄에 꽃이 피고(시간적 규정), 그 뿌리는 모래밭이나 돌밭에 뿌리를 뻗어 자리를 차지하며(공간적 규정), 줄기는 연한 갈색이며, 별모양의 꽃은 나뭇가지에 오종종 달리듯 무리지어 피며, 겉 꽃과 속 꽃으로 나누어 핀다(고유한 형태 또는 생태). 윗글은 사물 매듭풀이가 갖춰야 할 요소들을 잘 갖추고 있다. 다만 우리가 이러한 사물적 요소를 감정적 요소들과 엮을 때는 그로써 뜻하고자 하는 바가 뚜렷이 드러날 수 있도록 많은 주의를 기울여야 한다.

도막 3. 사건 서술

사건(事件)은 '**벌어진 일**'로서 묻혀 있던 어떤 일의 터짐을 뜻한다. 터지는 순간, 사건은 특정한 시공간의 한 지점으로 기술될 수 있지만, 그것이 터지고 벌어져 뻗어나간다는 점에서 과정(過程)이 될 수도 있다. 터진 일은 팽창의 속도에 따라 빠르거나 느리게 또는 동시다발적으로 전개될 수 있다. 일의 번져 나감의 방식 가운데 가장 널리 알려진 것은 **인과적** 방식이다. 우연한 사건은 그 인과의 사슬이 또렷하게 밝혀지지 않는다는 점에서 그 사건의 앞뒤 매듭을 파헤치기 힘들다. 흐름 갈래가 뚜렷하게 잡히지 않던 일에서 그 연쇄의 투명한 끈이나 실이 발견되었다면 우리는 우연한 사건에 대한 '포괄 법칙적 설명'을 제시할 수 있게 되고, 그에 따라 사건을 환하게 깨닫게 될 것이다. 사건에 대한 '인과적 짜임새(플롯)'는 사건의 전개 과정을 탄탄하게 만들 뿐 아니라 그 사건을 쉽게 이해시켜 준다.

사건은 '**눈에 띔**'을 통해 비로소 '사건'이 된다. 날마다 해가 뜰지라도 그 사실이 누군가의 눈에 떠오름으로써 그 사실은 '하나의 사건'

이 된다. ‘해 뜨는 일’은 자연의 인과 법칙에 따라 일어나는 해와 땅의 운동 현상에 따른 것이지만, 그 ‘해 뜨는 일’이 모진 어둠을 견디고 죽음의 공포에서 헤쳐 나온 사람에게는 ‘새로운 날’, 즉 ‘희망의 새날’이 될 수 있고, 이때 이 새날은 다른 날과 완전히 다른 날이 된다. ‘해 뜸’의 사건은 일종의 카이로스(운명의 순간)가 된다. 해가 뜨는 자연의 일조차도 누군가에게는 놀라운 일일 수 있다. 이러한 사건은 누군가의 세계를 굽이치게 하고, 꺾이거나 크게 뒤바뀌게 만든다. 사건은 누군가의 삶에 **‘새로운 마디**(전환점)’가 만들어지는 일이다. ‘사건’은 ‘삶의 마디 생김’이다.

하지만 객관적 언어로 기술되는 사건들, 자연과학의 발견물들은 그저 **‘생긴 일’**이다. 하늘에서 비가 오는 것은 ‘생긴 것’으로서의 비가 하늘로부터 땅으로 떨어지는 ‘일’을 말한다. ‘비 [오는] 사건’은 ‘비가 생기는 일’로부터 비롯되어 ‘비가 떨어지는 일’로 이어진 것이다. ‘떨어지는 일’은 ‘생기는 일’ 또는 ‘생긴 일’의 연장선상에 놓인 것으로 볼 수 있다. ‘생기는 일’은 연쇄적이다. 만일 어떤 일이 물리적 인과 관계에 따라 생겨났다면, 그 생김의 잇따름에는 그 끝이 있을 수도, 반대로 없을 수도 있다. 생김의 비롯(원인)과 뒤끝은 유전적으로 이어져 내릴 수도 있고, 물리적으로 또는 화학적으로 되풀이될 수도 있다. 생긴 일은 주로 물질에 관계된다.

‘벌어지는 일’이나 ‘생기는 일’을 포괄하는 말이 곧 **‘일어나는 일’**이다. 일어난 일은 모든 일에 쓰일 수 있다. **이야기**는 이 ‘일어난 일’의 줄거리를 나타낸다. 줄거리에는 가지가 있다. 이야기는 ‘일어난 일’의 나무와 같다. 이야기가 비록 특정한 방향으로 나아간다손 치더라도 그 나아가는 말 줄기는 구부러지거나 휘어지거나 꺾이거나 부러질 수밖에 없다. 화살표처럼 진행되는 이야기는 불가능하다. 화살

표는 이야기가 아니라 '방향 기호'와 같은 것이기 때문이다. 이야기 속에 담긴 '일어난 일'은 '벌어진 일'로 해석될 때는 그 의미나 의의 또는 주관성에 연결되지만, '생기 일'로 받아들여질 때는 객관적으로 설명된다.

'사건 매듭풀이(서술)'는 크게 보면 **벌어짐과 생김의 두 갈래**로 나뉠 수 있다. '벌어진 일'은 사람들마다 그 입장과 태도에 따라 서로 다르게 대응할 수 있고, 그 다름이 때로는 갈등과 대립을 낳는 반면, '생기는 일'은 얼굴 여드름이 생기는 일로부터 전지구적 대재앙을 불러오는 기상이변이 일어나는 일에 이르기까지 그 종류와 범위가 제한되지 않을 뿐더러 예상치 못했던 뒷일들을 불러일으키기도 한다. '사건 서술'은 '일어난 일'을 매듭으로 하는 풀어내기로서 벌어지는 갈등과 생겨나는 영향 관계를 주로 그 풀이거리(대상)로 삼는다.

사실(事實)은 '일어난 그대로의 일' 또는 '그러한 일'을 말한다. 사실은 그 일이 벌어진 것이든 생긴 일이든 상관없이 '그러하다고 할 수밖에 없는 일'을 말한다. '그렇게 된 일'은 그 일의 그러함을 아는 사람들에게는 특정한 방향으로 되어 가는 것으로 나타난다. '그러한 일'이 이러저러하게 '되어 가는 모양', 즉 상황이 곧 **사태(事態)**이다. 사건에는 '그렇게 된 일'로서의 사실뿐 아니라 '되어 가는 일'로서의 사태도 함께 포함된다. '사건 풀이'는 우선 '일어난 일'의 어떠함에 대한 것일 뿐 아니라, 또한 그 일의 되어 감에 대한 것이기도 하지만, 더 나아가 그 일의 유래와 현재 그리고 미래를 한데 아우르는 **사연(事緣)**, 즉 일이 비롯된 까닭과, 전개 과정이 그렇게 된 이유 그리고 그 일로 말미암아 벌어진 관련 사건들을 엮어내는 일이기도 하다.

사건 서술에서 **가장 먼저 진술되어야 하는 바**는 독자가 가장 알고자 하는 바 또는 저자가 가장 알리고자 하는 바이다. 그것은 사실일 수도 있고, 사태일 수도 있으며, 사연일 수도 있고, 이 세 가지 모두일 수도 있다. 따라서 사건을 잘 서술하기 위해서는 사람의 삶과 마음에 대한 깊은 이해가 필요하다. 즉 사람들이 어떤 점을 알고 싶어 하고, 또 어떤 점이 알릴만한 가치가 있는 것인지를 알아채는 게 중요하다. 만일 사건 서술이 사람들의 관심 사항 위주로 이루어진다면, 그것은 통속적이 되기 쉽고, 반대로 사건 서술이 사람들이 알고 있어야 바를 중심으로 펼쳐진다면, 그것은 계몽적이기 쉽다. 사건 서술의 관점은 사건의 겹겹 짜임새로 말미암아 거의 전적으로 글쓰미의 선택에 달렸다. 아래의 기사를 사건 서술의 보기글로 읽어보자.

〈환율폭등〉 한국, 美·유럽과 다른가, 같은가

연합뉴스 | 입력 2008.10.07 14:03

(서울=연합뉴스) 이준서 기자 = 미국 금융위기가 유럽으로 번지면서 전 세계 금융시장을 공포로 몰아넣고 있다.

'만병통치약'처럼 여겨졌던 ①미 구제금융안이 의회를 통과했음에도 ②뉴욕 다우지수가 4년 만에 10,000선 밑으로 추락하고 ③유럽의 주요 증시도 연쇄적인 급락세를 연출했다.

④우리나라 금융시장도 환율이 치솟고 주가가 추락하는 등 글로벌 충격에 거의 무방비로 노출됐다. 외환시장만을 놓고 본다면 10년 전 외환위기를 방불케 하는 상황이다.

당국은 위기의 원인과 파급 경로를 따져보면 미국이나 유럽과는 근본적으로 차별화된다고 판단하고 있다. 하지만 국내 금융시장이 해외발(發) 충격에 그대로 휩쓸리면서 우리나라도 위기로 이어지는 것 아니냐는 시장의 우려는 갈수록 커지고 있다.

위 기사(記事)에서 사실에 해당하는 부분은 ① 미 구제금융안이 의회를 통과했고, ② 뉴욕 다우지수가 4년 만에 10,000선 밑으로 추락했으며, ③ 유럽의 주요 증시도 연쇄적인 급락세를 보였고, ④ 우리나라 금융시장도 환율이 치솟고 주가가 추락했다는 내용이고, 사태가 되는 바는 "외환시장만을 놓고 본다면 10년 전 외환위기를 방불케 하는 상황"이다. 이러한 사실이 빚어지고 새로운 위기 사태가 벌어진 사연은 국내 금융시장이 "글로벌 충격에 거의 무방비로 노출"되어 있기 때문인 것으로 소개되었다. 이는 한국 외환시장은 그 자체로는 안전하지만 해외 시장이 불안한 경우 곧바로 위험해질 수 있다는 것을 뜻한다.

읽으미는 현재 사태가 '앞으로' 어떻게 전개될 것인지가 무척 궁금할 뿐 아니라, 올바른 경제 전망을 갖추고 싶어 할 것이다. 문제는 전망이 너무 불투명하다는 데 있다. 이는 사태에 대한 전망이 사람에 따라 크게 달라질 수 있다는 것을 뜻한다. 무엇보다 사건에는 사람의 선택과 결단에 따라 뒤바뀔 수 있는 일들과 사람의 앎의 한계를 넘어서서 생겨나는 일들이 포함되어 있기 때문에 사건 서술의 기자는 '앞으로 일어날 일'을 단정적 관점에서 서술하지 못하고, 서로 대립된 두 관점에서 차례로 기술하고 있다. 이로써 기자는 어느 한쪽에 일방적으로 치우치지 않는 보다 안전하고 건전한 '사건 서술'을 하게 된다.

기자가 먼저 선택한 서술 관점은 위기가 닥치지 않을 것이라는 낙관론이다. 윗글 바로 다음에 이어지는 기사 내용을 좀 더 살펴보자.

◇ "위기의 출발점이 다르다"

미국 금융위기는 과도한 부동산 거품이 붕괴하면서 이를 기반으로 만들어진 각종 유동화 파생상품을 통해 금융시장 전반으로 부실이 확산됐다. 특히 신용도가 낮은 서브프라임 모기지(비우량 주택담보대출)가 뇌관 역할을 했다.

유럽도 영국을 중심으로 부동산버블이 일시에 꺼지면서 부실이 발생했고 미 채권시장에 대거 투자한 글로벌 금융사에 의해 미국 금융위기가 그대로 전이됐다.

다행히 우리나라 금융시장은 이 같은 위기의 본질에서 한발 벗어나 있는 것으로 분석된다. 이른바 수도권의 '버블세븐' 지역의 고가주택을 중심으로 20~30% 싼값의 급매물이 속출하고 있지만 전국 평균적으로는 본격적인 부동산 하락국면에 이르진 않은 단계다. 금융권의 담보인정비율(LTV)도 50% 수준으로 주택발 금융위기를 겪는 미국이나 유럽에 비해 안정적이다.

무엇보다 선진국처럼 파생상품 및 유동화 시장이 발달돼 있지 않고 관련된 해외 상품에 투자한 글로벌 금융사도 미미한 실정이다.

신용상 금융연구원 거시경제연구실장은 "미국과 유럽의 금융위기는 부동산버블의 붕괴와 유동화 파생상품이라는 '루트'를 통해 자생적으로 발생했지만 우리나라의 금융불안은 사실상 해외발"이라며 "국내 부동산가격은 아직까지는 조정 단계에 불과하고 집값의 하락이 금융위기로 이어지는 경로도 어느 정도 차단돼 있다"고 진단했다.

이창용 금융위원회 부위원장도 7일 국내외 증권사 애널리스트들을 만난 자리에서 "우리 시장의 상황은 위기의 본원지인 미국이나 유럽과는 다르다"며 자체적인 금융위기 가능성을 일축했다.

윗글에 따를 때 우리나라가 금융위기를 겪지 않을 것이라고 볼 수 있는 까닭은 크게 두 가지이다. 첫째, 우리나라가 부동산 거품이 아직 심각하지 않기 때문이고, 둘째, 우리나라가 금융 파생상품이 발달돼 있지 않기 때문이다. 기자는 앞일을 좋게 보는 관점을 정당화하기 위해 두 가지 근거를 끌어온다. 첫째 근거, 부동산 가격이 안정세를 유지하고 있다. 둘째 근거, 두 명의 전문가가 안전할 것이라고 증언했다. 특히 전문가 증언에 "사실상 [해외발]"이라는 표현이나, "[조정 단계에] 불과하고", "차단", "진단", "일축" 등의 표현이 사용됨으로써 마치 금융위기가 결코 일어날 수 없는 일인 양, 또는 마치 무능한 분석가만이 금융위기 가능성을 인정할 뿐이라는 강한 인상을 풍기고 있다.

그런데 윗글 바로 다음에 이어지는 기사는 정반대 견해를 내세우고 있다. 특히 소제목에 쓰인 "불안요인 산재"와 "뇌관"이란 표현은 독자들로 하여금 글을 읽기도 전에 위기에 대한 강한 불안감을 불러일으킨다. 기사의 나머지를 읽어보자.

◇ 국내 불안요인 산재. 외화유동성 '뇌관'

위기의 성격은 다르지만 금융시장이 패닉 상황을 보이고 있는 모양새는 같다. 한국처럼 대외의존도가 높은 '소규모 개방경제'에서는 해외불안이 국내에 그대로 파급돼 경제위기가 발생할 우려가 적지 않다.

미 서브프라임 사태와 동일한 경로로 위기가 발생할 가능성은 낮겠지만 국내 경제의 잠재적인 불안요인이 외부 충격과 겹쳐질 경우 예기치 못한 위기 상황이 펼쳐질 수 있다는 지적이다.

무엇보다 문제가 되는 곳은 외환시장이다. 지난달 말 1,207원이었던 환율은 4거래일 만인 7일 장중 1,350원까지 치솟는 등 글로벌 시장의 불안이 확산 증폭되는 모습이다.

글로벌 신용경색이 지속되고 있는 가운데 경상수지 적자와 외국인 주식투자분 유출 등으로 다른 통화에 비해 원화만 유독 약세를 보이고 있다. 미국·유럽에서는 펀더멘털상의 문제를 반영해 주가가 폭락했지만 국내에서는 환율이 가장 민감하게 반응하면서 금융시장 전반의 불안을 부추기고 있다.

전효찬 삼성경제연구소 수석연구원은 "미 달러화나 유로화와 달리 원화는 기축통화도, 글로벌통화도 아니어서 외환시장의 충격이 크다"며 "여기에 경상수지 적자 요인과 신흥시장 중 자금회수가 쉬운 구조 등으로 외화유동성이 특히 문제가 되고 있다"고 설명했다.

환율 급등은 수입 단가를 높여 정유업체 등 수입업체나 항공사 등의 수익성을 악화시킬 수 있다. 반면 세계 경기가 위축된 상황에서 수출업체가 누릴 수 있는 혜택은 제한적이다. 물가 측면에서도 수입물가와 소비자물가의 불안을 불러와 거시경제 전반을 강하게 짓누르게 된다.

저축은행과 중소기업의 부실 우려도 수그러들지 않고 있다. 6월말 현재 저축은행의 주택담보대출 연체율은 6.31%로 심상치 않은 수준이다. 은행의 중소기업대출 연체율도 작년 말 1.0%에서 8월 말 1.5%로 급등했다.

jun@yna.co.kr

(끝)

윗글의 첫 문장 "위기의 성격은 다르다."라는 말은 마치 바로 앞에 실린 '위기 부정'의 내용을 그대로 인정하는 듯한 말이지만, "[미국과 한국의] 금융시장이 패닉 상황을 보이고 있는 모양새는 같다."라는 단정적 표현은 그것이 마치 사실을 있는 그대로 기술하는 듯한 글투로 되어 있기 때문에 기사의 앞 내용을 **사실과 다른 것으로 보이게** 만든다. 즉 윗글 첫 문장은 위기의 성격은 다르지만 그 본질은 같다는 투로 읽힐 수 있다. 곧바로 이어지는 "대외의존도"니 "해외불안"과 같은 말은 '해외발 위기'가 곧바로 '우리의 위기'가 된다는 주장을 강하게 연상시키고, 기사의 나머지는 이러한 연상을 강화하기 위한 내용으로 채워지고 있다. 그로써 독자들은 "예기치 못한 위기 상황"이 전개될 수 있다는 **불안감**을 갖게 된다.

위 기사는 앞으로의 사태에 대한 전망을 두 가지 대립된 관점에서 차례로 펼쳐 주어 견해의 다양성을 알려 주고 있지만, 바로 그렇기 때문에 독자에게 '결정적인 전망'을 제시할 수는 없다. 이 '**확실한 전망**'이 바로 독자가 이 기사에서 가장 바라는 바였을 것이다. 만일 그렇다면 이 기사를 읽은 독자는 적지 않게 실망하거나, 아니면 기대를 품었던 자신을 비웃을지도 모를 일이다. 이 기사는 사실이나 사연보다는 사태를 더 많이 다루고 있다. 이는 이 기사가 일종의 추측 기사임을 뜻한다. **사건 서술에서 중요한 점**은 사실과 사태에 대한 정확한 사연을 알려 주는 것이다. 사연이 주로 숨겨져 있다면 글쓰미는 그 사연을 끝까지 밝히도록 노력해야 한다. 사연 없는 사실과 사태는 대개 편견과 선입견에 치우치기 쉽다.

그렇다면 사건을 치우침 없이 바르게 서술하기 위한 방법은 없을까? 이 방법은 사건 매듭풀이의 핵심을 이해하는 가운데 찾을 수 있다. 사건 매듭풀이의 요체는 우리가 한 사건이 다른 사건으로 이어지는 올바른 **이엉**(시퀀스, 연속체)을 짜는 데 있다.[125] 이엉은 지붕과 같은 것을 이기 위해 엮어 놓은 짚의 타래(직조물)이다. 두 사건은

'이엉-짜기'의 마름(이엉을 엮어서 말아 놓은 단)들로서 하나로 꿰어질 수 있어야 한다. 사건들 사이의 '이에-짬(두 물건을 맞붙여 이은 짬)'은 상상력으로써 메워지는데, 이때 이음매가 단단하거나 촘촘하면 그 서술은 탄탄하다고 할 수 있고, 만일 그 이음새가 헐겁다면 그 서술은 느슨하다고 할 수 있다.

사건 서술은 특정 사건을 하나의 매듭으로 묶어 놓는 일과 이 앞선 매듭을 다른 사건 매듭과 다시 엮어 나가는 방식으로 이루어지는 게 좋다. 사건이 주로 시간 흐름에 따라 벌어진다면 그 서술은 '처음-가운데-끝'의 차례로 펼쳐지게 된다. 사건과 사건 사이의 '이음-고리'가 곧 **사연(事緣)**에 해당한다. 사연은 그 사건을 알고 있는 사람이 자신의 관점에서 덧붙이는 해석이다. 사연 없는 사건은 없다. 만일 '사건-풀이'에서 사연이 빠진다면, 그 풀이는 '너무도' 중립적이고 객관적인 것처럼 보여 마치 누군가 앞뒤 이야기를 쏙 빼먹고 하는 것 같다는 인상을 준다. 이러한 객관적 '사건 서술'의 보기글을 읽어보자.

> **"멜라민 검출 락토페린 최소 12개 제품에 사용돼"**
>
> 연합뉴스 | 기사입력 2008.10.02 08:12 | 최종수정 2008.10.02 08:20
>
> 식약청 "남양유업, 파스퇴르 사용 내역 조사 중"
>
> (서울=연합뉴스) 하채림 기자 = 멜라민이 검출된 뉴질랜드산 분유 원료가 최소 12개 분유와 이유식 제품에 사용된 것으로 확인됐다.

125) 최시한, 「사건의 개념과 갈래-서술 층위를 중심으로」, 『한국문학이론과 비평』(제15집, 349~370 쪽, 한국문학이론과 비평학회, 2002), 7 쪽 살핌: "사건은 작품에서 갖가지 양상과 기법으로 서술되지만, 동사 혹은 동태(動態)진술로 요약 혹은 해석된다. 사건들은 변화의 과정, 즉 한 사건에서 다른 사건으로의 변형을 기술하기 위해 연속체를 이뤄 배열된다."

식품의약품안전청은 멜라민이 검출된 뉴질랜드 타투아 협동조합 낙농회사(타투아)의 락토페린을 사용한 것으로 확인된 남양유업과 파스퇴르의 분유 및 이유식은 현재까지 12개 품목이라고 2일 밝혔다.

식약청은 앞서 1일 뉴질랜드 타투아사(社)의 락토페린에서 멜라민이 검출됐다는 정보에 따라 이 회사로부터 락토페린을 수입한 업체 7곳을 대상으로 수거검사를 실시한 결과 남양유업과 파스퇴르유업이 수입한 원료에서 멜라민이 각각 3.3ppm과 1.9ppm이 검출됐다고 발표했다.

식약청은 또 타투아 락토페린을 사용한 5개 유가공품 업체의 제품 40건을 수거해 그 가운데 19건에 대해 멜라민 검사를 실시한 결과 제품에서는 멜라민이 검출되지 않았다고 설명했다. 나머지 21건에 대해서는 현재 검사가 진행 중이다.

국내에서 타투아사가 만든 락토페린을 수입한 업체는 남양유업, 매일유업, 일동후디스, 파스퇴르유업, 성풍양행, 씨엔엘상사, 진성에프엔비 등 7곳이며 이 회사의 원료로 분유와 이유식 등을 제조한 업체는 남양유업, 매일유업, 일동후디스, 파스퇴르유럽, 비락 등 국내 5개 주요 유가공품업체가 망라돼 있다.

식약청은 이날 오전 뉴질랜드산 분유원료에서 멜라민이 검출된 데 대해 공식 발표할 예정이다.

tree@yna.co.kr

(끝)

이 기사의 특징은 기자가 **자신의 관점을 철저히 배제**한 채 식약청의 발표 자료를 객관적으로 보도했다는 데 있다. 이 '사건 서술'에서는 식약청 조사가 왜 이루어졌고, 그 조사 결과 앞으로 국민 건강에 어떠한 사태가 벌어질 것이며, 그러한 사태에 대한 원인과 책임은 어디에 있는지를 밝히는 일이 완전히 빠져 있다. 이 기사 내용의 핵심은 "뉴질랜드 타투아사(社)의 락토페린에서 멜라민이 검출됐다."라는 사실과 "[이 락토페린을 사용해 만든] 제품에서는 멜라민이 검출되지 않았다."라는 사실에 있다. 윗글이 알리고자 하는 사실을 사건이 벌어진 순서대로 적어보자.

처음: 분유원료에서 멜라민 검출이 확인되었다.
가운데: 제품에서는 멜라민이 검출되지 않았다.
끝: 문제의 업체는 총 12개 회사이다.

읽으미가 먼저 **궁금해 할 내용**은 원료에서 검출된 멜라민이, 그 원료를 사용해 만든 제품에서는 검출되지 않은 까닭일 것이다. 그 까닭은 우선 검사가 잘못 되었든지, 아니면 원료와 가공 제품 사이에 어떤 차이가 있기 때문이든지 할 것이다. 다음으로 읽으미가 알고 싶어 하는 내용은 비록 분유에서 멜라민이 검출되지 않았다손 치더라도 그 분유를 아기에게 먹이는 게 무해한 것인지가 될 것이다. 만일 갓난아기에게 분유를 먹이는 아기엄마가 이 기사를 읽었다면, 그 엄마는 분유를 먹어야 하는지, 아니면 먹이지 말아야 하는지를 결정하는 데 아무런 도움도 받지 못한 채 '막연한 불안과 걱정'에 사로잡히게 될 것이다. 사실만 옮겨주는 사건 풀이는 그 사건의 사연을 모르는 사람들에게는 그저 '밑도 끝도 없는 이야기'에 불과할 뿐이고, 따라서 읽으미는 그 기사를 믿어야 할지 말아야 할지 모르게 된다.

위 기사가 좋은 기사가 되려면 그것은 단순히 사실만 보고해서는 안 되고, 그 사실이 놓인 사태와, 사태가 그렇게 된 사연까지 **함께 파헤쳐** 알려 주어야 한다. 멜라민 파동이 분유에까지 미치고 있다는 사실은 충격적일 뿐 아니라, 수많은 아기들과 국민의 건강에 큰 악영향을 끼칠 수도 있기 때문에 위험하기도 하다. 기자는 독자들이 아기가 처해 있 위험이 어떠한 종류의 것이고, 그 위험이 일어나는 과정과 그로써 가족이 겪게 될 고통을 알기 쉽게 밝혀 주어야 한다. 이제 사실과 사태 그리고 사연이 잘 갈무리된 기사 한 쪽을 읽어보자.

[사이언스 in 뉴스] 배트맨의 진짜 적은 조커가 아니었다.

이영완 기자, 기사입력 2008-09-02 03:44 | 최종수정 2008- 09-02 10:38

배트맨이 숙적 조커보다 더 강력한 적수를 만났다. 대안 에너지로 부상하고 있는 풍력발전기 아래에서 숱한 박쥐의 사체가 발견되고 있는 것이다. 새들이 풍력발전기 날개에 부딪혀 죽는 일은 흔히 있어 왔다. 하지만 초음파를 쏘아 어떤 장애물도 능수능란하게 피할 수 있는 박쥐의 죽음은 의외의 일이다. 더욱이 박쥐의 사체에는 상처 하나 없었다. 누가 박쥐를 죽였을까.

캐나다 캘거리대의 로버트 바클레이(Barclay) 교수와 대학원생 에린 배어발트(Baerwald)는 학교 근처 풍력발전기 아래에 숨져있는 박쥐를 수거해 사인(死因)을 추적했다. 가장 먼저 눈에 띈 것은 사체에 외상이 전혀 없다는 점이었다. 일반적으로 풍력발전기 주변에서 발견되는 새의 사체는 토막이 나있다. 풍력발전기 날개에 몸이 잘려 죽은 것이다. 박쥐의 사인은 내출혈이었다. 해부 결과 75마리 중 69마리에서 내출혈이 발견됐다. 연구진은 '압력'을 범인으로 지목했다. 풍력발전기가 돌면 날개 끝에서 공기 압력이 갑자기 낮아진다. 박쥐와 같은 포유류의 허파는 풍선과 같다. 풍선은 바깥쪽 공기 압력이 낮아지면 크게 부풀어 오른다. 즉 박쥐는 초음파를 이용해 날개를 비켜가는 데는 성공했지만, 그곳의 공기 압력이 너무 낮아 허파가 급팽창한 탓에 혈관이 터져 죽은 것이다. 이는 수압이 높은 심해에서 작업하던 잠수부가 갑자기 물 밖으로 나올 때 허파 손상을 입는 것과 같은 이치다. 반면 새는 포유류와 달리 허파가 잘 늘어나지 않아 이 같은 내출혈이 발생하지 않는다.

캐나다에는 9종의 박쥐가 사는데 풍력발전기 주변에서 사체로 발견된 3종은 모두 철새처럼 가을에 서식지를 옮기는 박쥐였다. 박쥐는 바람이 약할 때 가장 왕성하게 활동한다. 연구진은 가을에 바람이 약할 때는 발전기 가동을 중단해야 박쥐의 죽음을 막을 수 있다고 주장했다. 이번 연구결과는 '커런트 바이올로지(Current Biology)'지 8월 26일자에 발표됐다.

윗글은 읽는 이의 흥미를 끌기위해 유명한 영화 제목을 이용한 점이 눈에 띌 뿐 아니라, 도입부에서 "누가 박쥐를 죽였을까"라고 물음으로써 마치 살인범을 추적하는 것과 같은 긴장감과 호기심을 유발함으로써 **읽으미의 관심을 크게 자극**하고 있다. 사실 박쥐나 풍력발전기라는 주제는 일반인의 관심사에서 거리가 멀다. 그럼에도 이 기사가 흥미를 끄는 이유는 그 기사의 매듭풀이가 사실, 사태 그리고 사연이라는 삼박자를 잘 갖추었기 때문이다. 이 세 부분을 구분해 보자.

사실 부분: "풍력발전기 아래에 숨져있는 박쥐", "박쥐의 사인은 내출혈", "일반적으로 풍력발전기 주변에서 발견되는 새의 사체는 토막이 나있다.", "풍력발전기가 돌면 날개 끝에서 공기 압력이 갑자기 낮아진다.", "박쥐와 같은 포유류의 허파는 풍선과 같다.", "공기 압력이 너무 낮아 허파가 급팽창한 탓에 혈관이 터져 죽은 것이다.", "사

체로 발견된 3종은 모두 철새처럼 가을에 서식지를 옮기는 박쥐였다." **사태** 부분: "가을에 바람이 약할 때는 발전기 가동을 중단해야 박쥐의 죽음을 막을 수 있다." **사연** 부분: "박쥐의 죽음은 의외의 일이다.", "캐나다 캘거리대의 로버트 바클레이(Barclay) 교수와 대학원생 에린 배어발트(Baerwald)는 학교 근처 풍력발전기 아래에 숨져있는 박쥐를 수거해 사인(死因)을 추적했다." "이번 연구결과는 '커런트 바이올로지(Current Biology)'지 8월 26일자에 발표됐다."

이러한 분석을 통해 보자면, 위 기사는 박쥐 죽음의 원인을 밝히는 쪽으로 맞춰져 있다는 것을 알 수 있지만, 사태와 사연이 빠지지는 않았다. 게다가 이 기사는 허파 손상으로 인한 뇌출혈을 일반인에게 이해시키기 위해 잠수부 보기를 드는 수사학적 방법이 쓰였다. 읽으미는 자신이 마치 박쥐 떼가 맞이한 의문의 죽음을 스스로 밝혀내는 듯한 착각에 빠져들 정도다. 사건 매듭풀이는 이렇게 **사실과 사태 그리고 사연**을 읽으미가 관심을 가질 사항에 초점을 맞춰 이엉을 엮듯 잘 짜 맞출 때 좋은 풀이가 된다.

『禮記』, (新完)四書五經. 7,8,9, 南晩星 譯, 平凡社, 1976.

강정인, 『자유민주주의의 이념적 초상. 비판적 고찰』, 문학과지성사, 1993.

공자, 『논어(論語)』, 홍승직 옮김, 고려원, 1999.

구연상, 「글쓰기의 목적과 사무침」, 『우리말 글쓰기와 학문』, 우리말로학문학기모임, 한국외국어대학교 대학원 1층 브릭스 센터 발표집, 2008년 2월29일.

구연상, 「논술(論述)의 뜻과 성격」, 『철학논총』(제50집), 새한철학회, 2007.

구연상, 「말의 얼개와 특징」, 『하이데거연구』(제11집), 2005.

구연상, 「번역, 옮김인가 뒤침인가?」, 『하이데거연구』(제15집), 2007.

김광수, 「철학과 논술」, 『철학과 현실』, 철학문화연구소, 2006 여름 69호.

김삼웅(독립기념관장), 「선비들의 사대 곡필과 주체적 글쓰기」, 『인물과 사상』, 2007.10.

김상봉, 『그리스 비극에 대한 편지』, 한길사, 2004.

김상현, 『원효연구』, 민족사, 2000.

김성일, 「뇌는 어떻게 기억하는가」, 『뇌를 움직이는 마음, 마음을 움직이는 뇌』, 해나무, 2004.

김영민, 「글쓰기의 징후, 혹은 징조의 글쓰기」, 『사회비평』(제34권, 77-91), 2002.

김영민, 『문화, 문화, 문화』, 동녘, 1998.

김영민, 『손가락으로, 손가락에서: 글쓰기(와) 철학』, 민음사, 1998.

김영민, 『탈식민성과 우리 인문학의 글쓰기』, 민음사, 1997.

김영정, 「통합교과형 논술의 특징」, 『철학과 현실』(여름 69호), 철학문화연구소, 2006.

김영진, 『철학적 병에 대한 진단과 처방 - 임상철학』, 철학과 현실사, 2004.

김영호, 「원효 화쟁 사상의 독특성-회쟁(인도) 및 무쟁(중국)과의 대조-」, 『철학』제64집, 한국철학회, 2000.

김용환, 「임상철학을 위한 시론」(『한국인을 위한 논리』, 김영진, 철학과 현실사, 2001 서평), 『철학과 현실』 제50권, 2001.

김우진, 『대한민국 LEET』, 법률출판사, 2008.

김원명, 「원효 『열반경종요』의 열반론 연구」, 한국외국어대학교 대학원 철학과 박사학위논문, 2006.

김원명, 「원효의 화쟁 글쓰기」, 『철학논총』제52집 제2권, 새한철학회, 2008.

김원명, 「현대 문명 위기 극복을 위한 원효와 하이데거의 존재 이해」, 『하이데거 연구』 제15집, 한국하이데거학회 엮음, 두리터, 2007.

김정탁·이경열, 「원효의 의사소통관-화쟁론을 중심으로」, 『한국방송학보』 Vol.20, No.3, 한국방송학회, 2006.

김진나·박주식, 「인문학의 위기시대에 필요한 새로운 '사유틀' 모색」, 『비평과 이론』 제4권 1호, 1999.

김철범, 「한문고전의 글쓰기 이론과 그 현재적 의미-이조후기 古文論을 대상으로-」, 『작문연구』(창간호), 2005.

김한승, 「법학적 소양 대 철학적 소양」, 『대동철학』(제43집), 대동철학회, 2008.

김화성 지음, 『길 위에서 놀다』, 동아일보사, 2009.

김화영 편역, 『홀로서기 논술과 요약』, 도서출판 창, 1995.

동경대학 편, 『정보』, 권은경 역, 계명대학교출판부, 1983.

레지스 드브레 지음, 『이미지의 삶과 죽음』, 정진국 옮김, 시각과 언어, 1994.

리처드 플로리다, 『창조적 변화를 주도하는 사람들』, 이길태, 2002, 전자신문사.
린다 플라워, 『글쓰기의 문제해결전략』, 원진숙, 황정현 옮김, 동문선, 1998.
릴케, R. M., 『말테의 수기』, 강두식 옮김, 삼중당, 1992.
마릴린 모라이어티 지음, 『비판적 사고와 과학 글쓰기』, 정희모·김성수·이재성 옮김, 연세대학교 출판부, 2008.
마티니치, A. P., 『철학적으로 글쓰기 입문』, 강성위·장혜영 옮김, 서광사, 2007.
박구용, 「무엇이 논술이며, 왜 논술인가」, 『우리교육』, 2006, 11.
박덕유, 『문장론의 이해』, 한국문화사, 2002.
박수현, 『바다 생물 이름 풀이사전』, 지성사, 2008.
박정일, 「논술과 토론의 개념」, 『철학과 현실』(가을 70호), 철학문화연구소, 2006.
박종덕, 『국어논술 교육론』, 박이정, 2005.
박주영, 「작품의 성격과 사회상을 근거로 한 서술 형태의 변천에 대하여」, 2008년 1월 25일 외대 대학원 세미나실 발표문.
박지원 지음, 민족문화추진회 편, 『열하일기(熱河日記)』, 솔, 1997.
박태원, 「한국 고대불교의 통합사상-원효와 의상을 중심으로-」, 『한국사상사학』 제14집, 2000.
배식한, 「'논리적 글쓰기'에서 '논리적'이란 말이 의미하는 것」, 『철학과 현실』(봄 68호), 철학문화연구소, 2006.
비트겐슈타인, L., 『철학적 탐구』, 이영철 옮김, 서광사, 1994.
빌렘 플루서, 『디지털시대의 글쓰기. 글쓰기에 미래는 있는가』, 윤종석 옮김, 문예출판사, 1998.
성백효 역주, 『논어집주(論語集註)』, 전통문화연구회, 1994.
셔어리 그린 지음, 『피임의 풍속사』, 이덕주 옮김, 내일을 여는 책, 1993.

손동현 외, 『학술적 글쓰기』, 성균관대학교 출판부, 2005.
손철주, 「[삶의창] 글씨는 마음의 그림이다」, 한겨레 2008년 10월 10일 자 칼럼.
쇼펜하우어, 『문장론』, 김욱 옮김, 지훈, 2005.
스티븐 미슨 지은, 『마음의 역사. 인류의 마음은 어떻게 진화되었는가?』, 윤소영 옮김, 영림카디널, 2001.
신광현, 「대학의 담론으로서의 논문 - 형식의 합리성에 대한 비판」, 『사회비평』(제14권), 1996.
신선경, 「대학 글쓰기 교육의 방향 정립을 위한 제언」, 『관악어문연구』(제30집), 2005.
신정근, 『사람다움의 발견. 仁 사상의 역사와 그 문화』, 이학사, 2005.
아리스토텔레스 지음, 『니코마코스 윤리학』, 최명관 옮김, 서광사, 1991.
안드레아스 베버 지음, 『자연이 경제다』, 박승재 옮김, 프로네시스, 2009.
안장리, 「인문학적 사유를 바탕으로 한 장르변형 글쓰기 - 정인보의 唐陵軍遺事徵」, 『동방학지』(제130집, 279-304), 2005.
앤드루 돕슨 지음, 『녹색정치사상』, 정용화 옮김, 민음사, 1993.
양해림, 「인문학의 패러다임과 인문학 위기의 극복책을 위하여-딜타이와 신칸트학파, 베버, 하버마스를 중심으로」, 『해석학연구』, 2001.
오경웅 지음, 『禪의 황금시대』, 류시화 옮김, 경서원, 1993.
원효 저, 『원효의 금강삼매경론』, 은정희 역주, 일지사, 2000.
원효 저, 『원효의 대승기신론소·별기』, 은정희 역주, 일지사, 2002 10쇄.
원효 저, 『이장의』, 은정희 역주, 소명출판, 2004.
원효, 『열반종요(涅槃宗要)』, 한불전1.
유재원, 「자기 말로 학문한 사례 소개. 그리스인들의 그리스말로 학문하기」, 『우리말로 학문하기의 사무침』(우리말로 학문하기 모임 엮음), 푸른사상, 2008.

유협 지음, 『문심조룡』, 최동호 역편, 민음사, 1994(초판), 2005(6쇄).
윤재열, 『바른 말을 찾아서』, 글벗, 2008.
이문규, 『고전소설의 서술 원리』, 새문사, 2010.
이문열, 『추락하는 것은 날개가 있다』, 자유문화사, 1988.
이승환,「동양 철학, 글쓰기 그리고 맥락」, 『동아시아 연구 - 글쓰기에서 담론까지』, 살림, 1999.
이엽, 「악에 대한 윤리학적 이해」, 『악이란 무엇인가』, 도서출판 창, 1992.
이왕주, 「사람의 무늬와 학문의 소통」, 『새한영어영문학』, 제42권 2호, 2000.
이왕주, 「호랑이 굴로 들어가기」, 『철학과 현실』 제28권, 1996.
이원재, 「제1부 과거시험을 봐야 했던 진짜 이유들」,『과거공부를 알아야 우리 교육이 보인다』, 문음사, 2005 3쇄.
이윤일, 『논리로 사고하기 논리로 말하기』, 씨엘, 1999.
이태준, 『문장강화』, 임형택 해제, 창비, 2005.
이황직, 『독립협회, 토론공화국을 꿈꾸다. 민주주의 실험 천 일의 기록』, 프로네시스, 2006.
일상문화연구회, 『한국인의 일상문화』, 한울, 1996.
일연 지음, 『삼국유사』, 이동환 옮김, 장락, 1994.
임재해, 「우리말 '본풀이'의 역사인식과 본풀이 사관의 수립」, 『우리말로 학문하기의 용틀임』, 우리말로 학문하기 모임, 채륜, 2010.
장석주, 「논문이냐, 주체적 글쓰기냐」, 『사회비평』(제34권), 2004.
전성기, 「학문적 글쓰기-임상수사학적 탐구」, 『텍스트언어학』 20, 2006.
전성기, 「학문적 글쓰기-임상수사학적 탐구」, 『텍스트언어학』(20권), 한국텍스트언어학회 , 2006.
정창영, 「'고부가가치형 산업구조' 이뤄야」, 『나라경제』, 2003년 8월.
정현기, 『흰 방울새와 최익현』, 푸른사상, 2006.

제러미 리프킨 지음, 『소유의 종말(The Age of Access)』, 이희재 옮김, 민음사, 2000.
조혜정, 『탈식민지 시대 지식인의 글읽기와 삶읽기(1)』, 도서출판 또 하나의 문화, 1992, 2004, 증보판.
주제 사라마구 지음, 『눈먼 자들의 도시』, 정영목 옮김, 해냄, 1998.
주희 지음, 『태극해의』, 곽신환·윤원현·추기연 옮김, 소명출판, 2008.
최봉영, 「한국인에게 정치는 무엇을 뜻하는가」, 『우리말 글쓰기와 학문』, 우리말로학문학기모임, 한국외국어대학교 대학원 1층 브릭스 센터 발표집, 2008년2월29일.
최수묵, 『기막힌 이야기 기막힌 글쓰기』, 교보문고, 2011.
최시한, 「사건의 개념과 갈래-서술 층위를 중심으로」, 『한국문학이론과 비평』(제15집), 한국문학이론과 비평학회, 2002.
최시한, 『소설, 어떻게 읽을 것인가. 이야기의 이론과 해석』, 문학과지성사, 2010.
최신일, 「해석학, 해체 그리고 글쓰기」, 『철학연구』(제58집), 1996.
최재목, 「인문학, 편집술, 事的 글쓰기 혹은 緣起的 글쓰기」, 『인문연구』제45·46집, 영남대 인문과학연구소, 2004.
최재목, 『크로스오버 인문학-젊은 철학자의 늪의 글쓰기』, 장승, 2003.
최종욱, 「인문학의 위기-인문과학의 위기에 대한 담론분석을 위한 시론」, 『어문학논총』 제18집, 국민대학교 언문학연구소, 1999.
크로스화이트, J., 『이성의 수사학』, 오형엽 옮김, 고려대학교출판부, 2001년.
하병학, 「탐구와 소통의 논술」, 『철학과 현실』(가을 70호), 철학문화연구소, 2006.
하병학, 「탐구와 소통의 논술」, 『철학과 현실』, 철학문화연구소,, 2006 가을 70호.
하이데거, 『논리학』(GA21), 이기상, 까치, 2000.

하이데거,『존재와 시간』, 이기상, 까치, 1997.

하이데거,『철학입문』, 이기상·김재철 옮김, 까치, 2006.

한나 아렌트 지음,『인간의 조건』, 이진우·태정호 옮김, 한길사, 1996.

한일섭,『서사의 이론. 이야기와 서술』, 한국문화사, 2009.

햄린, W.,『인식론』, 이병욱 옮김, 서광사 1989.

홍석욱,「인문학적 사유의 창조성과 '실용성': 인문학의 위기 극복을 위한 한 가지 제안」,『동향과전망』(통권44호), 2000.

황송문,『글쓰기의 이론과 실제』, 국학자료원, 2002.

LSA 로스쿨아카데미,『실전모의고사 LEET』, 박문각, 2009.

사람이름 찾기

A

ㄱ

ㄴ

ㄷ

ㄹ

ㅁ

ㅂ

ㅅ

ㅇ

l

ㄱ

ㄴ

ㄹ

ㅁ

ㅈ

ㅊ

서술원리 논술원리 1

서술은 매듭-풀이다.

초판 인쇄 2011년 10월 21일
초판 발행 2011년 10월 31일

지은이 ▪ 구연상·김원명

펴낸이 ▪ 박 철

펴낸곳 ▪ 한국외국어대학교 출판부
130-791 서울특별시 동대문구 이문동 270
전화 02)2173-2495~7
팩스 02)2173-3363
홈페이지 http://press.hufs.ac.kr
전자우편 press@hufs.ac.kr

출판등록 ▪ 제6-6호(1969. 4. 30)

편집 · 디자인 ▪ (주)이환디앤비 02)2254-4301

인쇄 · 제본 ▪ SM C&P 02)468-6100

ISBN 978-89-7464-694-3 04700 정가 13,000원
ISBN 978-89-7464-693-6 (세트)

* 잘못된 책은 교환하여 드립니다.